Hitze in der Großstadt.

© ELEFANTEN PRESS Verlag GmbH, Berlin 1991
Alle Nachdrucke sowie Verwertungen in Film, Funk und
Fernsehen und auf jeder Art von Bild-, Wort- und Ton-
trägern honorarpflichtig und nur mit Genehmigung des
Verlages.

Herausgeber: Adelheid von Saldern und Sid Auffarth
Redaktion: Susanne Döscher-Gebauer und Uta Ziegan
Umschlag und Layout: Sylvia Christian-Kleint
Satz: MSP Satz und Graphik

Printed in the Federal Republic of Germany

EP 407
ISBN 3-88520-407-X

ELEFANTEN PRESS
Oranienstraße 25, W-1000 Berlin 36

Die Deutsche Bibliothek − CIP-Einheitsaufnahme

Wochenend und schöner Schein: Freizeit und modernes
Leben in den Zwanziger Jahren: das Beispiel Hannover/
Adelheid von Saldern; Sid Auffarth (Hg.) . unter Mitarbeit
von Susanne Döscher-Gebauer und Uta Ziegan. − Berlin:
Elefanten Press, 1991
    ISBN 3-88520-407-X
NE: Saldern, Adelheid von [Hrsg.];
Döscher-Gebauer, Susanne

Bildnachweis

Ballhause, W., Überflüssige Menschen, Leipzig 1981:
S. 118

Die Freundschaft, Nr. 19, 1. Jg., 1919: S. 32

Deutsche Bauhütte 1929: S. 127

Elkart, Neues Bauen in Hannover, Hannover 1929: S. 57,
93

Engel, W., Veronika, der Lenz war da. Schlager der Zwanziger Jahre, Hannover 1986: S. 31

Eyssen, J., Hannover in historischen Luftbildern, Braunschweig 1980: S. 102

Festschrift zum 25jährigen Bestehen des Fürstlich-Schaum-
burg-Lippischen- Seglervereins Steinhude 1908−1933:
S. 42, 45, 46, 47, 50, 51

Förster, F., Geschichte der Deutschen BP 1904−1979,
Hamburg 1979: S. 126

Führer durch das städtische Opernhaus, Hannover 1927:
S. 85

Gröning, G. / Wolschke-Bulmahn, Von der Stadtgärtnerei
zum Grünflächenamt., Berlin/Hannover 1990: S. 54

Hannover. Die Großstadt im Grünen, Hannover 1927:
S. 88

Hannoversche Geschichtsblätter, N.F. Bd. 12, Hannover
1959: S. 97, 98

Koberg, H., Hannover 1945, Hannover 1985: S. 120

zur Nedden, F., Hannover − ehemals, gestern und heute,
Stuttgart 1984: S. 137

Röhrbein, Waldemar, Hannover so wie es war, Düsseldorf
1979: S. 18, 101, 111, 113

Zankl, F.-R., Hannover in alten Ansichtskarten, Frank-
furt/Main 1977: S. 135

Zehn Jahre Aufbau. Die Hauptstadt Hannover von
1925−1935, Hannover 1935: S. 61

Zeitschrift des Architekten- und Ingenieur-Vereins zu Hannover, Bd. XXXVII, Heft 8, Blatt 34, Hannover 1891: S. 91

Zeitschrift des Architekten- und Ingenieur-Vereins zu Hannover, Bd. XL, Heft 2 + 3, Blatt 4 + 5, Hannover 1894:
S. 110, 112

Historisches Museum Hannover: S. 83, 99, 103, 104, 132

Stadtarchiv Hannover: S. 138, 139

Nieders. Institut für Sportgeschichte, Hoya: S. 64, 65, 66,
68, 69, 70

Privat: S. 28, 35, 36, 37, 55, 56, 67, 114

Alle nicht aufgeführten Abbildungen sind aus dem Pro-
jekt-Archiv im Institut für Bau- und Kunstgeschichte der
Universität Hannover

Wochenend & schöner Schein

Freizeit und modernes Leben in den Zwanziger Jahren

Das Beispiel Hannover

ELEFANTEN PRESS

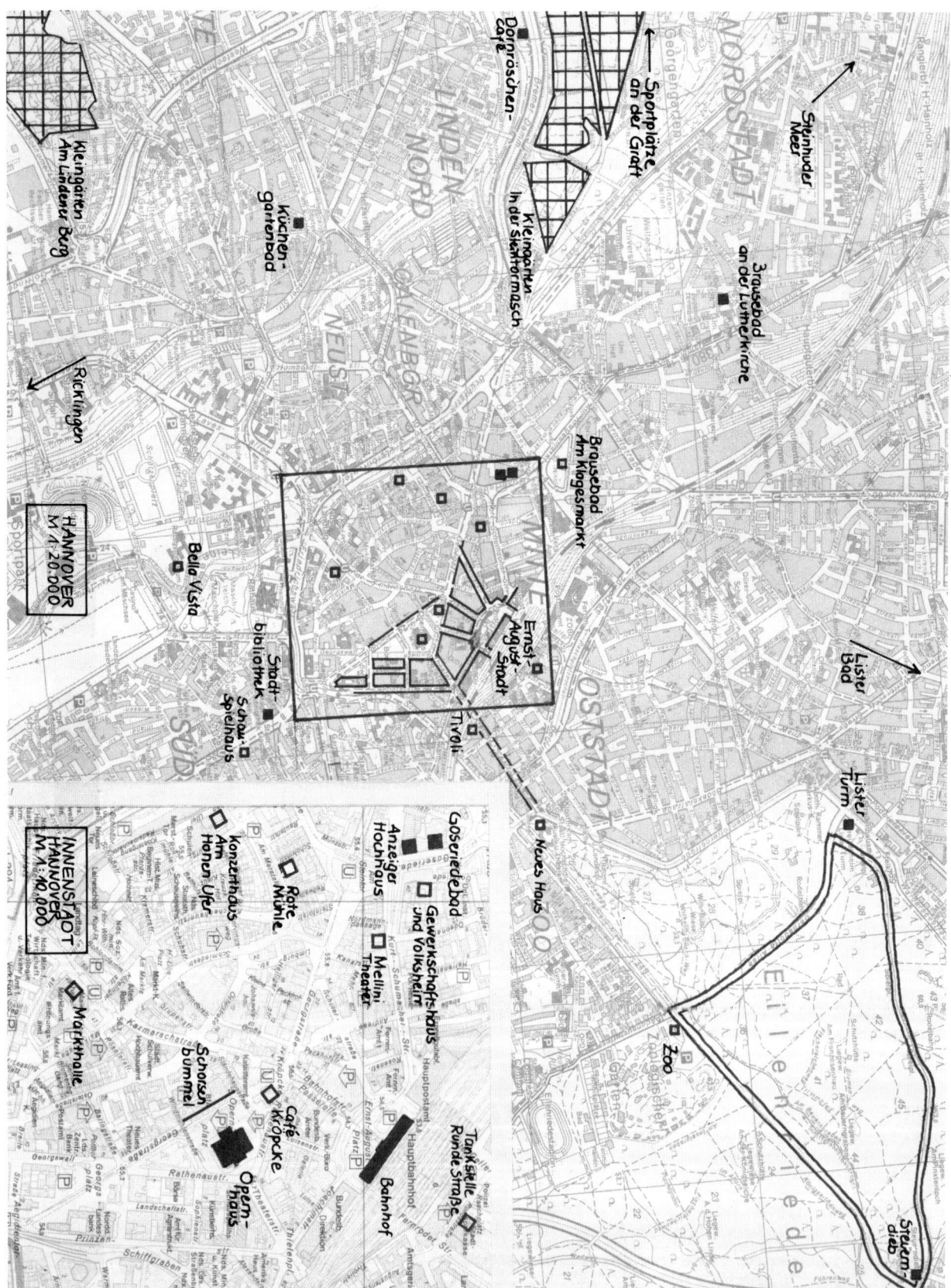

Inhaltsverzeichnis

Vorwort

Technik, Tempo und Idole, Werbung, Massen, Sensationen: Das Titelfoto vom Motorradrennen 1930 im hannoverschen Stadtwald thematisiert einige Elemente des neuen Lebensgefühls nach dem Ersten Weltkrieg, mit dem vor allem die jüngere Generation in den Großstädten die brüchige Existenz zu überdecken versuchte. Ein »Gefühl der Befreiung aus nachbarschaftlicher Bevormundung und traditionaler Einbindung« trieb sie, ob BürgerIn, ob ArbeiterIn, zu den neuen Freizeitangeboten.

Wer aber etwas über die gesellschaftliche Freizeit-Realität und vielfältigen urbanen Lebenswelten erfahren will, findet meist nur Einzelstudien zur Kultur in Arbeiterorganisationen. Anders als für den Produktionsbereich ist die Geschichte der modernen Massen- und Freizeitkultur des frühen 20. Jahrhunderts kaum aufgearbeitet. Im vorliegenden Band werden nun – am Beispiel Hannover – verschiedene Einzelthemen behandelt, die in ihrer Gesamtheit auch einiges zur Geschichte der Modernisierung städtischer Strukturen beitragen.

Die Studie entstand in enger Kooperation zwischen dem Institut für Bau- und Kunstgeschichte und dem Historischen Seminar der Universität Hannover zeitweise im Rahmen einer praxisnahen Ausbildung. Das Projekt war auch dazu gedacht, durch Erfahrungen im Umgang mit Archivalien den Übergang der Studierenden bzw. Examinierten von der Universität in den Beruf zu erleichtern. Wegen der intensiven Betreuung eines solchen Vorhabens brauchen alle Beteiligten einen langen Atem. Wesentlich erleichtert wurde die Arbeit durch die Historikerinnen Uta Ziegan und Susanne Döscher-Gebauer, die die vorliegenden Aufsätze wissenschaftlich überarbeitet haben, Sylvia Christian-Kleint fertigte die Repros an und half bei der graphischen Gestaltung, Christoph Gradmann besorgte die Computer-Endfassung. Ihnen allen sei sehr gedankt.

Ein großer Teil des Quellenmaterials besteht aus zeitgenössischen Photographien bzw. Abbildungen. Daher wurde von uns gleichzeitig eine Ausstellung zu diesem Thema erarbeitet und mit tatkräftiger Unterstützung der niedersächsischen Landesmedienstelle organisiert. Diese ist in Hannover im Kubus zwischen dem 16. November und dem 8. Dezember 1991 zu sehen. Die Landesmedienstelle wird die Ausstellung im Anschluß daran übernehmen und als Wanderausstellung einsetzen. Eine Ton-Dia-Reihe mit dem Titel »Frieda« ergänzt das gemeinsame Ausstellungs- und Buchprojekt. Hierbei wurden zahlreiche empirische Ergebnisse über die Alltagskultur der Zwanziger Jahre so zusammengefügt, daß eine kleine Geschichte über die Büroangestellte Frieda entstand.

Die vorliegende Aufsatzsammlung wäre ohne die Unterstützung verschiedener Personen und Einrichtungen nicht zustandegekommen. Unser Dank gilt vor allem der Universität Hannover, der Landesmedienstelle, dem Landesarbeitsamt, dem Niedersächsischen Hauptstaatsarchiv, dem Historischen Museum, der Niedersächsischen Landesbibliothek, der Stadtbibliothek, dem Freizeitheim Linden und diversen ZeitzeugInnen, besonders aber dem Stadtarchiv Hannover, das uns stets ermunternd und geduldig mit Aktenmaterialien versorgte.

Adelheid von Saldern   Sid Auffarth
                              Hannover, im Herbst 1991

Einleitung: Adelheid von Saldern

Die Zeit fährt Auto…

Zeit- und Raumveränderungen im Zeichen der Moderne

»Die Zeit fährt Auto. Doch kein Mensch kann lenken«, schrieb Erich Kästner 1928.[1] Neue Raum- und Zeiterfahrungen kennzeichnen die Epoche der Moderne, die seit der Jahrhundertwende deutliche Konturen erhielt. In den Jahrzehnten zwischen 1880 und 1930 entstand unsere moderne Lebenswelt. »Der Aufbruch in die Moderne entließ die Zeitgenossen in eine von Grund auf veränderte Alltagswelt, in der sich neue Wahrnehmungs- und Verhaltensweisen entwickelten.«[2]

Tempo wurde zum dominierenden Zeitgefühl vieler Menschen, besonders in den Zwanziger Jahren. Die sozialdemokratische hannoversche Zeitung Volkswille sprach von einer Zeit, »wo in den rußgeschwärzten Fabriken die Maschine herrscht und die Menschen in ihr selbst zur Maschine geworden seien«, als eine Zeit, »wo täglich tausende von Kraftfahrzeugen im Zeichen der Hast und der Jagd die Großstadtstraßen durcheilen und die letzten zur ständigen Gefahrenquelle machen …«[3]

So knapp bemessen Zeit war, so erhielt sie doch damals schon – als Freizeit – einen Eigenwert. Freizeit war vor allem auf den Samstagnachmittag und auf den Sonntag bezogen. »Wochenend und Sonnenschein …« so ertönte es aus dem neuen Grammophon. Eine ›Wochenendbewegung‹ sei »üppig ins Kraut geschossen«, hieß es einmal in der in Hannover publizierten Weltschau.[4] »Das Schönste vom Sonntag ist der Sonnabend abend.« (Theobald Tiger = Tucholsky)

Das Wochenende wurde zum Symbol für eine neuartige Lebensfreude, für ein kunterbuntes Gemisch von Wirklichkeit und schönem Schein. Massenkultur und Freizeitkommerz ermöglichten quasi ein Herausspringen aus realen, vielfach tristen und monotonen Alltagszwängen in eine für alle offen erscheinende Welt des Glanzes und der Bilder, sei es in Form von Lichtreklame, Kinopalästen und Filmen oder in Form von Massenveranstaltungen und technischen Sensationen. Gesellschaftliche Widersprüche und soziale Ungerechtigkeiten wurden in dieser »zweiten Realität« verdeckt und verklärt, kamen in einer solchen Welt des schö-

nen Scheins allenfalls noch in recht gebrochener Form zum Ausdruck oder schrumpften gar zu »feinen Unterschieden« – je nach Geldbeutel und Geschmack – zusammen.

In den ersten Jahrzehnten unseres Jahrhunderts kam es zu einem großen und schnell wirksam werdenden Entwicklungsschub. Technische Erfindungen (z.B. Photographie, Film, Radio, Grammophon, Motor) ermöglichten den Ausbau einer hochkommerzialisierten Freizeit-Kultur, befriedigten dadurch kulturelle Bedürfnisse der Menschen und schufen gleichzeitig im Selbstlauf immer neue. Die alltägliche Lebensweise der Menschen wurde mehr denn je vom kapitalistisch geprägten Marktmechanismus bestimmt. Der neue Freizeitkommerz durchdrang, überlagerte oder verdrängte die Überreste älterer Volks- und Kommerzkultur (z.B. Jahrmärkte), darüber hinaus die klassenspezifisch geprägten kulturellen Praxisformen (z.B. Arbeiterkulturvereine). Auch wer sich Vieles nicht leisten konnte, was auf den Markt kam, wurde von ihm tangiert: Kaum ein Arbeiter konnte sich zum Beispiel selbst ein Auto kaufen, aber er erlebte, wie »sein« städtischer Lebensraum sich durch dieses neue Verkehrsmittel veränderte.

Den Begriff »Moderne« beziehen viele zunächst auf die künstlerische Avantgarde. Doch die Avantgarde war nur die (sichtbare) Spitze des Eisbergs. Die Veränderungen gingen tiefer, betrafen die Lebens- und Arbeitsweise der Menschen selbst, lösten die traditionellen Lebenszusammenhänge auf, verursachten erste Einbrüche in das klassische Klassen- und Schichtensystem der Gesellschaft.

Im Produktionsbereich erfolgte eine wachsende Mechanisierung, Technisierung und Arbeitsteilung. An- und ungelernte Arbeiter konnten deshalb viele Tätigkeiten übernehmen, die vorher von gelernten Kräften ausgeübt worden waren. Die Zahl der Angestellten sowie die weibliche Erwerbstätigkeit nahmen zu, zumal der Dienstleistungssektor starke Ausweitung erfuhr. Großorganisationen dominierten immer mehr, Funktionsteilungen und Zentralisierung (incl. Filialgründungen) bestimmten Handel und Gewerbe, Banken und Versicherungen. Die industriellen

Beziehungen zwischen Kapital und Arbeit wurden durch das Tarifvertragssystem verrechtlicht. Rationalisierung galt als ein erstrangiger Wirtschafts- und Kulturfaktor und beeinflußte sämtliche Lebensbereiche der Menschen, veränderte deren Mentalitäten und Bedürfnisse. Die Gesellschaftspolitik unterlag einer Verwissenschaftlichung und Bürokratisierung, besonders im Fürsorge- und Gesundheitswesen. Auf vielen Gebieten, von der Industriearbeit bis hin zum Sport, kam es zu gewaltigen Tempo- und Leistungssteigerungen. Die Elektrifizierung der Alltagswelt (Betrieb, Wohnung, städtischer Raum) tangierte den Arbeits- und Lebensrhythmus sowie das Sehvermögen der Menschen. Ein globales Netz aus Handel und Markt umspannte immer mehr den Alltag der Menschen, kommerzialisierte ehemals häuslich hergestellte Warenproduktion und Dienstleistungen einerseits, technische Erfindungen, Kulturprodukte und den (weiblichen) Körper andererseits. Auch die Innenstädte veränderten im Zuge der sogenannten Citybildung seit ca. 1880 ihr Gesicht und ihre Funktionen; sie galten nunmehr mit Recht als Zentren des Kommerzes und der geschäftsbezogenen Kommunikation. Frauen wurden in der Öffentlichkeit sichtbarer. Neue Frauenbilder entstanden im Zeichen der Moderne (z.B. rauchende, autofahrende, modisch gekleidete und geschminkte Frauen mit Bubikopf etc.), auch wenn diese nur in höchst widerspruchsvoller Weise und mit großen Abstrichen den weiblichen Lebenszusammenhang zu beeinflussen vermochten. Ein neues Körper- und Naturgefühl führte zu einer Vielgestaltigkeit lebensreformerischer Bestrebungen, von der Abstinenzbewegung bis hin zu den Wandervögeln und Naturfreunden. Andersartige Rhythmen (Jazz) bestimmten Musik- und Bewegungsabläufe, wie an den diversen Ausdruckstänzen, aber auch an Tänzen wie Tango, Shimmy und Charleston festgestellt werden kann. Besondere Bedeutung kam immer und überall der Jugend zu. Jugendlichkeit galt als kulturelles Kapital, das nicht nur dem Individuum, sondern auch der ganzen Gesellschaft zugute kommen sollte.

Wichtiges Kennzeichen der Moderne ist die Vielfältigkeit ihres Entwicklungspotentials[5]. Chancen und Bedrohungen liegen dicht beieinander; ihre Wirkungsweise wird durch Ambivalenz gekennzeichnet. Dem jeweiligen gesellschaftlichen Nutzen stehen häufig nicht aufrechenbare gesellschaftliche Kosten gegenüber.[6]

**

Die Stadt Hannover war gewiß damals nicht der Nabel des modernen Deutschlands, konnte Berlin nicht das Wasser reichen, obwohl die künstlerische Avantgarde (Schwitters, El Lissitzky, van Doesburg) sich gerade in Hannover ein Stelldichein gab und aus Hannover Re-von-nah[7] zu machen versuchte. Doch wer nach orts- und zeitspezifischen Mischungen von Altem und Neuem fragt, kann sich mit guten Gründen dem Hannover der Zwanziger Jahren zuwenden. Zu entdecken gibt es da noch viel.

Die Konzentration auf die Lokalgeschichte bringt Vorteile mit sich: Allgemeine Aussagen können konkretisiert und präzisiert werden. Die historische Rekonstruktion der Erfahrungsräume und Lebensweisen an einem Orte in einer bestimmten Zeitspanne bleibt schwierig genug. Das liegt vor allem an der Quellenlage. In keinem Archiv finden wir eine Akte mit der Überschrift »Veränderung der Alltagskultur«. So beginnt eine mühsame und zeitraubende Suche nach Photos, Plakaten, Zeitungsartikeln und Erinnerungsberichten. Viel Kleinarbeit ist dabei, vergleichbar der Anfertigung eines Mosaiks. Auch wenn zahlreiche Steine noch fehlen, wird allmählich doch das Grundmuster der Entwicklung erkennbar.[8]

Freie Zeit – Freizeit

Heute wird für viele Menschen Freizeit immer wichtiger. Während der Arbeit freut man sich auf die freien Stunden hinterher, ab der Wochenmitte rückt gedanklich das Wochenende schon in greifbare Nähe, Urlaubsreisen in immer fernere Länder unterbrechen den Jahresrhythmus und manchmal sogar den eingefahrenen Lebensstil.

Wie anders ist unser Alltagsinteresse – im Vergleich zur Zeit vor hundert oder hundertzwanzig Jahren, vor drei bis vier Generationen! Damals waren die lohnabhängigen Menschen 10-12 Stunden am Tag (häufig noch länger) an ihrem Arbeitsplatze. Weite Wege von und zur Fabrik verkürzten oftmals die Nicht-Arbeitszeit zusätzlich. Arbeiterfrauen mußten sich – nach getaner Erwerbsarbeit – zudem meist auch noch um Haushalt und Kinder kümmern. Freie Zeit war demnach knapp bemessen. Nur die Sonn- und Feiertage unterbrachen den hauptsächlich von Arbeit bestimmten Alltag der Menschen.

Wen wundert es da, wenn die internationale Arbeiterbewegung nicht nur um höhere Löhne, sondern auch um einen kürzeren Arbeitstag, den 8-Stunden-Tag, kämpfte. Zwar gab es Arbeitszeitverkürzungen auch schon vor 1914, doch erst die Revolution von 1918/19 brachte schließlich die prinzipielle Wende: Der 8-Stundentag wurde gesetzlich eingeführt, allerdings nur für kurze Zeit, denn seit 1923/24 wurde dieser infolge der Schwächung der Arbeiterbewegung und der schlechten wirtschaftlichen Gesamtlage wieder zurückgenommen, und schließlich ging man dazu über, die über den 8-Stundentag hinausgehenden Arbeitszeiten als Überstunden zu bezahlen. Trotz der knapp bemessenen Nicht-Arbeitszeit begann gerade in den Zwanziger Jahren die freie Zeit sich zur sogenannten Freizeit zu entwickeln.

**

Was mit Freizeit gemeint ist, wissen alle, wer jedoch diesen Begriff genauer bestimmen möchte, tut sich schwer. Wir begnügen uns hier mit Überlegungen zu den historischen Komponenten des Begriffs.

Freizeit entstand aus der freien, d.h. der relativ disponiblen Zeit. Gemeint ist damit die Zeitspanne, die außerhalb der Arbeitszeit lag. Freie Zeit war historisch gesehen für die breiten Bevölkerungsschichten vor allem eine arbeitsabhängige Rest-Zeit, ohne eigenständige Bedeutung für Individuum und Gesellschaft. In vor- und frühindustrieller Zeit gab es zwar Phasen, in denen nicht gearbeitet wurde, aber keine Freizeit im heutigen Sinne.[9]

Wie sollte dies auch möglich sein in Anbetracht der Dominanz protestantisch-puritanischer Arbeitsethik des Bürgertums, bei welcher die Arbeit generell und für alle den eigentlichen Sinn des Lebens ausmachte? »Nicht Muße und Genuß, sondern nur Handeln dienen dem Willen Gottes zur Mehrung seines Ruhms. Zeitvergeudung ist demnach die erste prinzipiell schwerste aller Sünden.«[10] Dieses Arbeitsethos hatte im historischen Prozeß ursprünglich eine emanzipative Funktion, als es nämlich um die kulturelle Herausforderung der alten adeligen Oberschichten durch das aufstrebende Bürgertum ging. Allmählich verselbständigte sich jedoch dieses Ethos, wurde vom Bürgertum verinnerlicht und formte Mentalitäten. Schließlich diente es auch der Legitimation, um die lohnabhängigen Volksschichten extensiv (bis zu 16 Stunden am Tag) mit samt ihren Kindern ohne jegliche Skrupel zu (entfremdeten) Lohnarbeiten in Manufakturen und später in Fabriken anhalten zu können.

Ein Großteil der im 19. Jahrhundert spärlich bemessenen sogenannten. Nicht-Arbeitszeit stand zudem gar nicht zur freien Verfügung des Individuums. Sowohl kirchliche als auch weltliche Sitten und Gebräuche sorgten noch für eine weitgehende Einbindung der Menschen in regulierte Handlungsabläufe.

Auch waren die Möglichkeiten, zwischen verschiedenen Aktivitäten in der freien Zeit zu wählen, im 19. Jahrhundert noch recht gering, »natürlich« für die breiten Volksschichten geringer als für die Mittel- und Oberschichten. Hatten die zuletzt Genannten meist die finanziellen und sonstigen Möglichkeiten, ihre freie Zeit nicht nur zu Hause oder im Wohnquartier zu verbringen, sondern konnten beispielsweise eine Oper besuchen oder in die Sommerfrische fahren, so kam diese Art von Betätigung für Arbeiterinnen und Arbeiter nicht in Frage. Die soziale und berufliche Situation wirkte sich also in starkem Maße auf die Gestaltungsmöglichkeiten der freien Zeit aus.

Ein wesentlicher Faktor in dem Entstehungsprozeß der Freizeit war das veränderte Verhältnis der Menschen zu ihrer Zeit. Diese wurde nicht mehr wie noch im Mittelalter zyklisch und natureingebunden (Tag und Nacht; Winter und Sommer; Ebbe und Flut) begriffen, sondern als eine linear fortschreitende teil- und meßbare Berechnungseinheit. Damit konnte überhaupt erst der Gedanke sinnvoll werden, Zeit zu teilen und sich einzuteilen. Zeitliche Normierungen durch Industriebetrieb und Maschinenarbeit formten den Alltag seit dem 19. Jahrhundert mehr und mehr. Die Uhr wurde zum Symbol einer vom Menschen beherrschten Zeit. Die Stechuhr kontrollierte den pünktlichen Arbeitsbeginn. Die Standuhr hielt Einzug in die Wohnungen vieler Arbeiterfamilien und half mit, die unterschiedlichen Zeitrhythmen der einzelnen Familienmitglieder zu koordinieren. Schul-, Arbeits- und Einkaufszeiten waren ja genau festgelegt.

Zeiteinteilung, Zeitplanung und Zeitbewußtsein trugen zur Entstehung der modernen Freizeit bei. Doch Freizeit blieb vielfach Männersache. Haushaltsführung und Kinderbetreuung ließen sich nämlich nicht in das neue Zeitmuster pressen. Mütter (aber auch Töchter) waren hauptsächlich davon betroffen. Ihre freie Zeit war in lauter kleine Einheiten zerstückelt; freie Zeit ergab sich – wenn überhaupt – eher beiläufig; spontane Betätigungen, wie zum Beispiel ein kurzes Schwätzchen mit der Nachbarin, waren – unter einem solchen Aspekt gesehen – durchaus der Situation vieler Frauen angemessen.

Ähnliche Entwicklungsmomente wie auf zeitlicher Ebene sind auch auf räumlicher Ebene festzustellen. Maßgeblich für die Entfaltung des Bewußtseins, freie Zeit zu haben, war die im Zuge der Industrialisierung zunehmende räumliche und organisatorische Trennung von Arbeitsbereich und häuslichem Bereich, von Arbeits- und Familienleben.[11]

Auch hierbei waren Männer im Vorteil. Mit dem Verlassen der Arbeitsstätte ließen sie buchstäblich die Arbeit hinter sich, vor ihnen lag sozusagen die freie Zeit, während Frauen nach der Fabrikarbeit zusätzlich noch Hausarbeit zu erledigen hatten.

Bei der geschichtlichen Entstehung und Entwicklung von Freizeit spielten schließlich auch die Vereine eine maßgebliche Rolle. Begreift man den Verein als eine freiwillige Vereinigung von (meist männlichen) Individuen zu einem bestimmten Zweck, so läßt sich an den seit 1850 zahlreichen Vereinsgründungen (z.B. Gesangs-, Turn-, und Schützen vereine) ablesen, daß freie Zeit gerne in Organisationen verbracht wurde, deren Mitglieder gleiche Interessen hatten.[12] Vereine dienten der Emanzipation des Bürgertums und der Schaffung neuer Milieus, auch bei Arbeitern.

Mit der realen und bewußtseinsmäßigen Entwicklung von freier Zeit entfaltete sich auch die Erkenntnis der Herrschaftsträger, daß die freie Zeit neue Probleme der kulturellen Herrschaftssicherung mit sich bringen würde. Wie sollten Arbeiter und Arbeiterinnen ihre arbeitsfreie Zeit nutzen? Wie konnte Freizeit kontrolliert werden? Besonders die bürgerlichen Sozialreformer und -reformerinnen sannen darüber nach und entwickelten ratgebend viele Angebote, wie die unteren Volksklassen ihre Freizeit »sinnvoll«, »vernünftig« und »nützlich« verbringen könnten und sollten. Während die lohnabhängigen Menschen in der Arbeitszeit einer strengen Reglementierung durch die Betriebsleitung unterstanden, fiel eine gleichwertige Kontrolle in der freien Zeit ja weg. Kein Wunder, daß zum Beispiel Großunternehmer versuchten, für »ihre« Arbeiter – häufig im Zusammenhang mit dem Werkswohnungsbau – auch »nutzvolle« Beschäftigungen für die arbeitsfreie Zeit zu empfehlen und entsprechende Einrichtungen anzubieten, vor allem Büchereien mit »guter Literatur« bzw. sogenannte Erbauungsliteratur. Durch solche die freie Zeit ausfüllende Volksbildung sollte das Industrieproletariat möglichst kritiklos in das vorhandene Gesellschaftssystem eingepaßt werden. Erst die Arbeitervereine und später die Arbeiterbewegung durchbrachen dieses von Staat, Bürgertum und Kirche getragene Volksbildungs- und Erziehungsmuster, indem sie ein alternatives gesellschaftskritisches und emanzipationsorientiertes Bildungskonzept entwickelten, das die freie Zeit der Arbeiterinnen und Arbeiter ausfüllen sollte – unter der Devise, die Wilhelm Liebknecht mit den Worten prägte: »Wissen ist Macht«. Historisch gesehen gehörten Bildungsarbeit bzw. Erziehung und freie Zeit also eng zusammen.

Mit zunehmender Industrialisierung der Gesellschaft, vor allem aber seit der Jahrhundertwende, vergrößerte sich das Angebot kommerzieller Freizeitbeschäftigungen. Moderne öffentliche Verkehrsmittel, etwas verbesserte Reallöhne und kürzere Wochenarbeitszeiten (bei freilich zunehmender Arbeitsintensivierung) ließen neue Handlungsspielräume und Bedürfnisse entstehen, die nicht mehr nur auf Organisationskultur und Bildungsarbeit, sondern auch auf die neuen Massenvergnügungen ausgerichtet waren.

»Erst eine im Vergleich zur alten Arbeitsweise in Landwirtschaft, Handwerk und Herrschaftsdienst klare und saisonunabhängige Trennung von Arbeit und Nichtarbeit – von Arbeitsplatz und Wohnung, von Kontrolle und Ungebundenheit, von Zeitdruck und einer ›leeren‹ Zeit ohne vorgegebene Bräuche, von Konzentrationszwang und Zerstreuungsbedürfnis – schuf ein großes Publikum für die Massenvergnügungen.«[13]

***

Die modernen Freizeitangebote waren mehr oder weniger an alle gerichtet, egal welcher Schicht und Klasse die Menschen angehörten. Wer es sich leisten konnte und Lust verspürte, ging zu Sportveranstaltungen oder ins Theater. Somit wurde Freizeit ein Stück weit demokratisiert. Dennoch »griffen« gleichzeitig neue Mittel der sozialen und kulturellen Differenzierung, die sich freilich meist subtiler auswirkten. Sie wurden nicht primär und direkt über die Klassenzugehörigkeit, sondern mehr indirekt, über Preise, Geschmack und Interessen gesteuert. Kino-Erstaufführungen waren zum Beispiel nicht für alle bezahlbar. Für den Besuch des »Puschen-Kinos« im Arbeiterquartier mußte weniger Geld ausgegeben werden als für den Besuch von Kinopalästen im Stadtzentrum. Eintrittspreise wurden überdies noch nach der Qualität der Plätze gestaffelt, im Kino wie bei Sportveranstaltungen.

Die Massenfreizeitkultur führte zu neuartigen Unterscheidungen innerhalb der Klassen und Schichten. Diese basierten zum einen auf dem unterschiedlich großen Anteil, der vom Lohn bzw. Familieneinkommen für kommerzielle Vergnügungen aufgewendet werden konnte. Unverheiratete, die in stabilen Arbeitsverhältnissen standen, hatten hierbei häufig den größten Handlungsspielraum.

Zum anderen bildeten sich kulturelle und mentale Unterschiede innerhalb der Klassen und Schichten heraus und zwar je nach Konsumgrad der neuen Massenkultur. Die einen ließen sich ohne Hemmungen, ja sogar mit Lust und Freude auf die kommerzialisierten Freizeitangebote ein, die anderen zeigten sich zurückhaltend und wählerisch, bevorzugten stattdessen mehr die »wahre (Hoch) Kultur«, die traditionelle Vereinskultur oder das weniger kommerzialisierte Natur- und Familienleben.

Gewiß kam es auch zu individuellen Gemengelagen eines »Sowohl-als-auch« – oder eines »Alles-zu-seiner-Zeit« – Standpunktes, doch diente die neue Massenkultur gerade in den Zwanziger Jahren dazu, als bedeutsames kulturelles (und sogar z. T. als politisches) Symbol für bewußtes oder unbewußtes Distanzverhalten von Individuen oder Gruppen gegenüber den jeweils anderen zu fungieren. Dies führte zu Unterschieden im Geschmack und damit in den Lebensformen, auch in ein und derselben Schicht bzw. Klasse.[14] »Vorlieben«, zum Beispiel für bestimmte Sportarten, entfalteten sich nicht beliebig und zufällig.

Wir wissen noch relativ wenig über die konkrete historische Entwicklung der Freizeit, beispielsweise welche bürgerlichen Schichten und welche Arbeitergruppen welche Formen von Freizeitaktivitäten aus welchen Gründen bevorzugten. Wenn heute darüber diskutiert wird, ob Freizeitverhalten mehr als Kompensation zur Arbeit oder mehr als Regeneration von der Arbeit zu begreifen sei (wobei häufig von einer vielfach entfremdeten Arbeit ausgegangen wird), so werden damit Fragen angeschnitten, die ebenso für die geschichtliche Aufarbeitung der Freizeit Bedeutung erlangen können. Auch müßten dabei die zeitspezifischen Wünsche und Phantasien der Menschen, die gerade in der Freizeit nach Erfüllung suchten, berücksichtigt werden.[15] Darüber hinaus gilt es, geschlechtsspezifische und generationsspezifische Unterschiede – soweit dies aufgrund der Quellenlage gelingt – herauszuarbeiten. Frauen fühlten sich von jeher von der traditionell männlich geprägten Vereinskultur weniger angesprochen oder waren erst gar nicht zugelassen. Jugendliche erprobten oftmals eigene Gruppenformen (zum Beispiel in Form von wilden Cliquen), fanden aber auch vermehrt Gefallen an individuellen Raum- und Zeitnutzungen (z.B. Kino gehen, Tanzen, Besuch von Sportveranstaltungen etc.). Das traditionelle Sozialmilieu begann aufzubrechen. Eine neuartige sozial-

räumlich und soziokulturell ungebundenere »Vergnügungssucht« machte sich breit.

* * *

Mit »Spektakel im Stadtwald« überschreibt Richard Birkefeld seinen Beitrag über das damalige Eilenriede-Motorrradrennen. Und in der Tat, hier war die moderne Welt quasi faßbar: Das Neueste der Technik wurde geboten, ein immer Schneller- und Schneller-Werden war angesagt, Helden wurden geschaffen. Nervenkitzel, Sensationslust und Technikbegeisterung lockten die ZuschauerInnen an, der Sport wurde, wie so viele andere Freizeitvergnügen, hochgradig kommerzialisiert. Doch die Zuschauermassen konsumierten das sportliche Jahresereignis auf unterschiedliche Weise: Vielen war der Volksfestcharakter des Zusammenkommens genau so wichtig wie das Aufheulen der Motoren.

Über die angebliche Vergnügungssucht der »einfachen Leute« klagten bürgerliche Sozialreformer und -reformerinnen schon eh und je, doch nach dem Ersten Weltkrieg verdichtete und verbreitete sich das Phänomen, wurde dabei aber auch klassenübergreifender. Eine regelrechte Tanzwut brach damals aus, so als ob die Menschen unter Beweis stellen wollten, daß sie den Krieg überlebt hatten. Marina Diop und Helma Meier-Kaienburg fangen in ihren Beiträgen etwas von dieser Nachkriegsstimmung ein, aber auch von dem Bemühen der Behörden, zu reglementieren, Sitte und Moral zu wahren und zu schützen – vor allem im hannoverschen Landkreis, wo die Dorfbevölkerung nicht dem Sog städtischer Lebensweise ausgesetzt werden sollte, wo der Versuch gemacht wurde, das platte Land vor dem »Schlechten« der Stadt zu behüten.

Einige Freizeitbeschäftigungen waren so teuer, daß sie nur vom Bürgertum ausgeübt wurden, zum Beispiel Segeln auf dem Steinhuder Meer. Wie Christel Ring herausarbeitet, verlor das Segeln zwar nach dem Ersten Weltkrieg an Exklusivität; auch verflüchtigte sich allmählich der imperialistische Beigeschmack, der sich in Anlehnung an die Kaiserliche Marine einst herausgebildet hatte. Sportliches und leistungsorientiertes Segeln war stattdessen angesagt. Aus dem Lustsegeln wurde der Segelsport, welcher jedoch weiterhin ein rein bürgerlicher Sport blieb, wie Tennis und Reiten auch.

Arbeiterfamilien fand man zuhauf woanders, zum Beispiel in den Schrebergärten, die gerade in den Zwanziger Jahren wie Pilze aus dem Boden schossen. Solche Kleingärten übten mehrere Funktionen aus: Entlastung des Haushaltsbudgets durch Eigenanbau, selbstbestimmte Arbeit, Erholung, Vergnügen, Naturgenießen und Geselligkeit. Die damals weit verbreiteten lebensreformerischen Ideale kamen zum Zuge. Der Hunger nach Luft und Sonne ließ ein neues Körpergefühl entstehen. Natur galt als Kraftquelle für Gesundheit und Lebensmut. Beliebt waren Schrebergärten schon damals, verklärt werden sie im Rückblick, wie auch aus dem Beitrag von Elmar Wellenkamp hervorgeht.

Charakteristisch für das Deutschland der Zwanziger Jahre war, daß viele Arbeiter und Arbeiterinnen ihre Freizeit noch in der Arbeiterkulturbewegung verbrachten.[16] Die Organisationskultur erreichte gerade in diesen Jahren den Höhepunkt ihrer Entwicklung. Schwimmen, singen, Schach spielen, Radio basteln, radeln, turnen und viele andere Freizeitbeschäftigungen wurden vereinsmäßig organisiert. Hier waren Arbeiter (z. T. auch zusammen mit Arbeiterinnen) mehr oder weniger unter sich; häufig standen sie den Arbeiterparteien nahe oder waren aktive Mitglieder. Im Vergleich zur Kaiserzeit schwächten sich zwar die Gegensätze dieser Arbeiterkulturvereine zu den mehr bürgerlich geprägten Kultur- und Freizeitorganisationen ab, waren aber noch vorhanden. Die äußeren Formen glichen sich an: Wo einer turnte, im bürgerlichen oder im Arbeiter-Turnverein, war auf den ersten Blick nicht mehr entscheidend, subventioniert wurden sie übrigens beide. Und in der Tat waren auch viele Arbeiter in bürgerlich geprägten Vereinen zu finden.

Verbürgerlicht seien auch die Arbeitervereine selbst, so ist häufig in der Literatur zu lesen. Doch ist Vorsicht bei solchen Beurteilungen geboten. Denn neben klassenbezogenen Denk- und Gefühlsweisen waren alternative Vorstellungen über die Natur gesellschaftlicher Beziehungen, die soziale Utopie einer »guten Gesellschaft« (mit solidarischen Verkehrsformen) lebendig geblieben. Intentionen und kulturelle Kontexte wiesen noch Unterschiede auf. So sollte Sport nicht nur um seiner selbst Willen getrieben werden, sondern er galt ebenso als wichtiges Erziehungsmittel für den Sozialismus. Die Arbeiterbewegung, so formulierte der Historiker Dieter Langewiesche, »hatte ihre kulturellen Organisationen stets als ein Stück vorweggenommener Zukunft der gesamten Gesellschaft betrachtet. Die kapitalistische Vermarktung der Freizeit hatte diese optimistische Zukunftsaussicht nicht eingeplant.«[17]

An Hand der hannoverschen Arbeitersportbewegung (Hartmut Lohmann) und der Freien Volksbühne Hannover (Uta Ziegan) gewinnen wir Einblicke in die konkrete Entwicklung der Arbeiterkulturbewegung vor Ort. Der organisierte Arbeitersport Hannovers blieb im politischen Kontext der Arbeiterbewegung. Dem Leistungssport begegnete man mit Vorbehalten, dennoch setzte sich der Leistungsgedanke auch in der Arbeitersportbewegung immer mehr durch. Als während der großen Wirtschaftskrise viele Mitglieder arbeitslos wurden, diente der Lindener Arbeiterturnverein als soziales Netz.

Das Beispiel der Freien Volksbühne zeigt die historische Errungenschaft, daß Arbeiter und Arbeiterinnen nunmehr bürgerliche Hochkultur in Form von organisierten Theaterbesuchen konsumieren konnten. Von Demokratisierung der Kultur war in der Zeit der Weimarer Republik viel die Rede, und die Freien Volksbühnen, die den Theaterbesuch der Arbeiter und Arbeiterinnen in die Hand nahmen, bildeten dabei ein wichtiges Scharnier. Allerdings fand die Demokratisierung der Theaterkultur in Hannover nicht, wie in Berlin, in eigenen Bauten und Räumen statt, sondern im bürgerlichen Theatermilieu. Dieses Milieu erforderte viel Disziplinierung von den Besuchern und Besucherinnen aus Arbeiterkreisen. Uta Ziegan zeigt auch, in welchen Formen die fortbestehende kulturelle Distanz zwischen Bürgertum und Arbeiterschaft zum Ausdruck kam.

Mehr Pflicht als Vergnügen war das Aufsuchen der öffentlichen Brause- und Wannenbäder. Ihre Benutzung bedeutete für viele Menschen, vor allem aus Arbeiterschichten, ein Bedürfnis, solange es in den Wohnungen noch keine derartige Reinigungsmöglichkeit gegeben hat. Erst im Massenwohnungsneubau der Zwanziger Jahre waren Dusch- bzw. Badezimmer serienmäßig vorgesehen. Aber die meisten Arbeiterfamilien konnten sich solche Neubauwohnungen nicht leisten. Öffentliche Brause- und Wannenbäder (siehe den Beitrag von Anni Schultz und Stefan Gostomczyk) erfüllten also ihren Sinn, so lange in Arbeiterwohnungen solche Einrichtungen nicht vorhanden waren.

Während die meisten Arbeiterfamilien, die noch in älteren Häusern wohnten, also in ihrer freien Zeit ein öffentliches Brause- und Wannenbad aufsuchen mußten, um sich vom Wochendreck reinigen zu können, gehörten für jene oberen Arbeiterschichten und für kleinbürgerliche Familien, die in Neubauten zogen, solche Waschvorgänge zu den Vorrichtungen, die fortan quasi nebenbei und sehr privat in der eigenen Wohnung erledigt werden konnten.

Öffentlicher Raum

Die neue Massenkultur veränderte auch den Raum der Stadt. Schon seit den 1880er Jahren hatte die sogenannte Citybildung eingesetzt. Mit fortschreitender Industrialisierung und zunehmender Arbeitsteilung wuchsen Nachfrage und Angebot an Dienstleistungen aller Art. Kleinbetriebe und kleine Handelsgeschäfte konnten den Bedarf nicht mehr befriedigen. Gefragt waren größere und besser durchstrukturierte Organisationsformen, wie Großbanken und ihre Filialen, wie Versicherungsgesellschaften, Kauf- und Warenhäuser. Um näher bei der Kundschaft zu sein und um optimale Kommunikations- und Informationsmöglichkeiten zu schaffen, drängte der Dienstleistungssektor in die Innenstädte. Dieser Prozeß erreichte in den 1880er und 1890er Jahren seinen ersten Höhepunkt und setzte sich dann in Schüben im 20. Jahrhundert fort. Wegen der großen Nachfrage nach Grundstücken im Zentrum stiegen dort die Preise überdimensional an. Die hohen Grundstückspreise fungierten selbst wieder als eine Art Motor, mit dem der Umbau der Stadt vorangetrieben wurde. Gleiches ist von der Einführung der elektrifizierten Straßenbahn und später der Motorisierung zu sagen. Die City wurde für alle mehr oder weniger leicht erreichbar, gleichgültig wo man wohnte. Die hohen Grundstückspreise erlaubten sowieso nurmehr eine verdichtete Bauweise, um Investitionen überhaupt rentabel zu machen. Kritiker sprachen von Auswüchsen der modernen Geschäftswut. Dabei gingen Arbeitsstätten älteren Typs verloren, wurden ehemalige Wohnhäuser umfunktioniert oder gar durch neue Geschäftshäuser ersetzt. Im Zuge der Citybildung wurde ein Teil der Wohnbevölkerung aus der Innenstadt verdrängt, wobei die ökologisch besten und landschaftlich schönsten Außenbezirke den Oberschichten vorbehalten blieben.

In den Zwanziger Jahren veränderte sich der innerstädtische Raum erneut. Rainer Marwedel beschreibt dies für Hannover so: »Hochhäuser an der Ihmebrücke und am Geibelplatz erhoben sich übers kleinstädtische Ambiente, das Anzeiger-Hochhaus und die vertikal sich erstreckende neue Stadtbücherei waren architektonische Merkzeichen einer neuen Zeit, milchig-weißes Licht strahlte von den Bogenlampen, die Straßen, Ecken und Plätze erleuchteten, deren Schein fiel auch auf die Litfaßsäulen, die oben gleich Burgturmspitzen abschlossen.«[18]

Bei solchen vielgestaltigen Veränderungen im Zeichen der Moderne klang der Ausruf: »Hannover soll eine gemütliche Stadt bleiben« wie ein vergebliches Wehklagen, bestückt mit Erinnerungen an die angeblich gute alte Zeit (Alke Bauer u.a.). Auf die sogenannte Ernst-August-Stadt, rund um den Kröpcke, geht Silke Radloff in ihrem Beitrag ein und gibt dadurch Einblicke in den hannoverschen Citybildungsprozeß. Unter anderem wurde die Georgstraße zur Pracht- und Renommierstraße ausgebaut, Verunzierungen und Widrigkeiten aller Art von ihr weitgehend ferngehalten. Die Georgspassage mit ihrem Automatenrestaurant symbolisierten Urbanität und Fortschritt.

Die sogenannte neue Städtetechnik schuf quasi das »Unterfutter«, damit Stadt-Umbau und Stadt-Ausbau funktionsfähig werden konnten. Zur »neuen Städtetechnik« gehörte auch die neue Markthalle (siehe den Beitrag von Richard Birkefeld). Markthallen zählten schon vor dem Ersten Weltkrieg zum Image derjenigen Städte, die modern sein wollten. Die Markthallen drängten die Bedeutung der alten offenen Märkte zurück. Im Zuge der zunehmenden Funktionstrennung bzw. Funktionsaufteilung städtischen Raums (jeweils separiert für Gewerbe, Wohnen, Verkehr und Erholung) kann die Markthalle als Symbol rationalisierten und zentralisierten Lebensmittelangebots und -verkaufs gelten. Der Einkauf dort war stärker funktionsorientiert als das Einkaufen in den Tante-Emma-Läden im Wohnquartier oder auf den offenen Märkten, wo Frauen, denen ja meist das Einkaufen als »natürliche« Aufgabe oblag, und die sie begleitenden Kinder so manches nebenbei erlebten und in Erfahrung bringen konnten, was nichts mit Lebensmittelbeschaffung im engeren Sinne zu tun hatte, aber unter Umständen Spaß und Vergnügen bereitete. Der Autor zeigt darüber hinaus, wie Funktions- und Arbeitsteiligkeit sich auch noch auf anderem Gebiete durchsetzte: Immer mehr drängte sich zwischen die bäuerlichen Anbieter und den KäuferInnen eine neue Schicht von Händlern. Und schließlich wird noch etwas anderes Zeittypisches in diesem Artikel deutlich: Das Lebenshaltungsniveau der städtischen Bevölkerung war so niedrig, daß die Geschichte der Markthalle in den Zwanziger Jahren wesentlich vom Auf und Ab der Konjunktur bestimmt wurde.

Eine Veränderung anderer Art widerfuhr der Stadt der Zwanziger Jahre durch das Automobil. Zwar war der Motorisierungsgrad in Deutschland noch lange nicht so hoch wie in den USA, doch gehörte das Auto damals schon zum alltäglichen Straßenbild, denn Hannover war eine Autofahrerstadt. Thomas Masselink fängt die Eroberung der Stadt durch das Auto mittels der Geschichte der ersten Tankstellen in Hannover ein. Sein Beitrag zeigt, welche Gefahren für die städtische Bevölkerung damals noch vom Tanken ausgingen, bis schließlich die sicherheitstechnische Entwicklung weit genug fortgeschritten war, um wenigstens dieses Problem zu lösen. Andere Probleme blieben aber bestehen. Die neuen Zapfsäulen störten z. B. das ästhetische Empfinden vieler Bürger und Bürgerinnen. Und welche der großen Firmen sollte das Privileg erhalten, auf stadteigenem Boden »Autler« zu bedienen? Deutlich zeigt der Autor auf, wie die Stadtverwaltung sich schon damals schwer tat, mit den Nachfolgeproblemen einer neuen technischen Erfindung wie dem Auto fertig zu werden.

Auch konzentrierte sich der Freizeitkommerz (zumindest zum Teil) auf die Innenstädte, schuf dort viele neue Vergnügungsstätten, die dem Profil der City der Zwanziger Jahre andersartige Züge verliehen. Zeitgenossen sprachen vom neuen Flitterglanz der Städte – wohl doppeldeutig gemeint, – auf Lichtreklame und Vergnügungsofferten gleichzeitig anspielend.

Daneben aber gab es offensichtlich in der City noch immer rein bürgerliches Freizeitvergnügen, wie in früheren Zeiten. Beim Schorsenbummel – sonntags auf der Georgstraße – (vgl. den Beitrag von Ines Katenhusen) flanierten die Paare, um zu sehen und gesehen zu werden. Dabei waren Leute, die »nicht dazu gehörten«, recht unerwünscht. Im Grunde zählte aber der Schorsenbummel selbst zu den Relikten jener vergangenen Zeit, in der die Grundmuster

der Klassengesellschaft im zentral gelegenen öffentlichen Raum für alle noch sichtbar, riechbar und greifbar gewesen waren. Die Zwanziger Jahre waren eine kulturelle Umbruchszeit, in der rein bürgerlich geprägte, also klassenbezogene Betätigungen mehr und mehr aus dem allgemein öffentlichen Raum zurückgedrängt wurden. Wer immer noch unter sich – in einem rein bürgerlich geprägten Milieu – bleiben wollte – und das waren wohl noch viele – mußte mehr und mehr separierte Räume und Örtlichkeiten nutzen, z.B. das Segel-Clubhaus am Steinhuder Meer oder bestimmte Tribünenabschnitte beim Pferderennen. Relativ ungestört war das wohlhabende Bürgertum auch in gewissen Urlaubsorten, in exclusiven Clubs und in teuren Lokalen. Am sichersten jedoch war der private Raum, Treffen und Festlichkeiten bei Freunden oder zu Hause.

***

Während in der Arbeitswelt und im politischen Leben der Weimarer Republik um Herrschaftsfragen oftmals laut, direkt und vehement gerungen wurde, verliefen Auseinandersetzungen um Fragen der kulturellen Dominanz (Gramsci) in Raum und Zeit zumindest nach außen hin (wenn auch nicht immer so doch oftmals) lautloser und indirekter, kamen Klassenauseinandersetzungen häufig nur noch in gebrochener Form oder versteckt zum Tragen, so wenn gegen den sittlichen Verfall der Städte gewettert oder die gute alte Zeit heraufbeschworen wurde. Gleichwohl handelte es sich bei der neuen Massenkultur, die die Lebens-Räume und Zeit-Räume so stark veränderte, um ein neuartig strukturiertes gesellschaftspolitisches Kampffeld, das die verschiedenen gesellschaftlichen Gruppierungen (mit asymmetrisch verteilten Chancen) beherrschen wollten. Die »Spielregeln« für dieses Kampffeld waren komplizierter denn je, durchbrachen tradierte Klassenschranken und waren markt- und konsumabhängig geworden. Keineswegs ging es dabei nur um eine Demokratisierung von Kultur, wie viele Liberale und Linke es sich damals erhofften, aber auch nicht nur um bloße Manipulation der Menschen durch die herrschenden Eliten, erst recht nicht nur um eine besonders von Kulturkonservativen befürchtete Vermassung. In Wirklichkeit hing die Art und Weise, wie Freizeitkommerz und Massenkultur in Raum und Zeit von den Menschen genutzt und konsumiert wurden, von vielen Faktoren ab und war oftmals in sich recht widersprüchlich und doppeldeutig. Selbst Adorno, der große Kritiker der Massenkultur, sprach einmal im Zusammenhang mit dem Freizeitkommerz von einem »gedoppelten Bewußtsein«. Was die Kulturindustrie den Menschen in ihrer Freizeit vorsetze, das werde »zwar konsumiert und akzeptiert, aber mit einer Art von Vorbehalt ... Mehr noch vielleicht: es wird nicht ganz daran geglaubt.«[19] Der Schein wird als schöner Schein erlebt.

Doch die Jagd nach dem Erlebnis bleibt Kennzeichen der neuen, der modernen Zeit. Schon Max Weber suchte nach den Ursachen:

»Die alten vielen Götter, entzaubert und daher in Gestalt unpersönlicher Mächte, entsteigen ihren Gräbern, streben nach Gewalt über unser Leben und beginnen untereinander wieder ihren ewigen Kampf. Das aber, was gerade dem modernen Menschen so schwer wird, und der jungen Generation am schwersten, ist: einem solchen Alltag gewachsen zu sein. Alles Jagen nach dem ›Erlebnis‹ stammt aus dieser Schwäche.«[20]

Anmerkungen:

1 Für Kritik und Anregungen danke ich Sid Auffarth, Uta Ziegan und Susanne Dö-scher-Gebauer. Der Hinweis auf das Zitat von Kästner stammt von R.Birkefeld; sie-he seinen Aufsatz über das Eilenriede-Motorradrennen.

2 In: August Nitschke u.a. (Hg.), Jahrhundertwende. Der Aufbruch der Moderne 1880-1939, 2 Bde., Reinbek 1990, Klappentext. Der Begriff der Moderne wird also zeitlich enger gefaßt, wohlwissend, daß die Aufklärungsphase die eigentlichen Grundlagen der Moderne schuf.

3 Volkswille vom 1.10.1930. Aus der Sicht unserer heutigen Erfahrungen mit Verkehrs-dichte und Geschwindigkeit muten solche Äußerungen natürlich als übertrieben an; doch kommt es wesentlich auf die dadurch bezeugte damalige Wahrnehmung des neuen Tempos an.

4 Weltschau Nr. 34 v. 18.8. 1928.

5 Eingeschlossen in dieses Entwicklungspotential sind auch Diktatur, Terror und Ge-walt wie zum Beispiel am Dritten Reich deutlich wird.

6 Hier wird auf Max Weber und die diversen Arbeiten von Detlev J.K. Peukert Bezug genommen. Vgl. vor allem Detlev J.K. Peukert, Max Webers Diagnose der Moder-ne, Göttingen 1989, passim. Mit fortschrittsgläubigen Modernisierungstheorien ha-ben solche Analysen als nichts gemeinsam; Erkenntnisinteressen und -bezugspunkte sind anders gelagert.

7 Hannover umgekehrt geschrieben ergibt Revonnah (vgl. Schwitters).

8 Vgl. dazu auch die im Projekt schon erarbeiteten Bausteine in: Geschichtswerkstatt Hannover (Hg.), Alltag zwischen Hindenburg und Haarmann, Hamburg 1987; Adel-heid von Saldern (Hg.), Stadt und Moderne. Hannover in der Weimarer Republik, Hamburg 1989.

9 Auch der früher verwendete Begriff der Muße und der Mußestunden verweist auf die Unterschiede zur modernen Freizeit. Vgl. dazu z.B. Wolfgang Nahrstedt, Die Entstehung der Freizeit, Göttingen 1972, S. 289f; Gert Eichler, Spiel und Arbeit. Zur Theorie der Freizeit, Stuttgart-Bad Cannstatt 1979.

10 Max Weber, Die protestantische Ethik. Eine Aufsatzsammlung, hrsg. von J. Winkel-mann, 3. Auflage, Hamburg 1973, S. 166.

11 Historikerinnen und Historiker sprechen in diesem Zusammenhang auch von der Auflösung des »ganzen Hauses«. Dort waren Arbeit und Wohnen räumlich noch eins. Man denke zum Beispiel an einen größeren Handwerksbetrieb oder an ein Handels-haus.

12 Die Zielsetzung solcher Vereine war aber von Anfang an doppelbödig angelegt: Zwar war der Primärzweck Singen oder Turnen, diese Tätigkeiten wurden jedoch auch mit politischen Bestrebungen verknüpft. Erinnert sei zum Beispiel an die Rolle, die die Deutsche Turnerschaft bei der Verbreitung der Nationalidee gespielt hat.

13 Werner K. Blessing, Fest und Vergnügen der »kleinen Leute«, in: Richard von Dül-men, Norbert Schindler (Hg.), Volkskultur. Zur Wiederentdeckung des vergessenen Alltags, Frankfurt 1984, S. 375.

14 Vgl. allg. dazu die Untersuchungen von Pierre Bourdieu, Die feinen Unterschiede (dt. Ausgabe), Frankfurt 1984, vor allem S. 283. Solche Prozesse schlossen auch den Wohnbereich bzw. die sich im Zeichen der Moderne ausdifferenzierende Wohnkultur mit ein.

15 Vgl. zur Analyse der Wunschproduktionen Christoph Behnke, Probleme einer Theo-rie der Freizeit, Hamburg 1981.

16 Dazu siehe auch meinen Überblicksartikel. Arbeiterkulturbewegung in der Zwi-schenkriegszeit, in: Friedhelm Boll (Hg.), Arbeiterkulturen zwischen Alltag und Po-litik, Wien, München, Zürich 1986, S. 29-71.

17 Dieter Langewiesche, Zur Freizeit des Arbeiters. Bildungsbestrebungen und Freizeit-gestaltung österreichischer Arbeiter im Kaiserreich und in der ersten Republik, Stutt-gart 1979, S. 300.

18 Rainer Marwedel, Theodor Lessing 1872 – 1933. Eine Biographie, Darmstadt/Neu-wied 1987, S. 209 f.

19 Theodor W. Adorno, Stichworte. Kritische Modelle 2, Frankfurt 1989. Adorno ge-hört mit Horkheimer an sich zu den schärfsten Kritikern der Kulturindustrie, weil sie Menschen manipulieren würde; Max Horkheimer/Theodor W. Adorno, Dialektik der Aufklärung, Amsterdam 1968 (Erstveröffentlichung 1944).

20 Max Weber, Wissenschaft als Beruf (1919), Berlin 1984 (7. Aufl.), S.28.

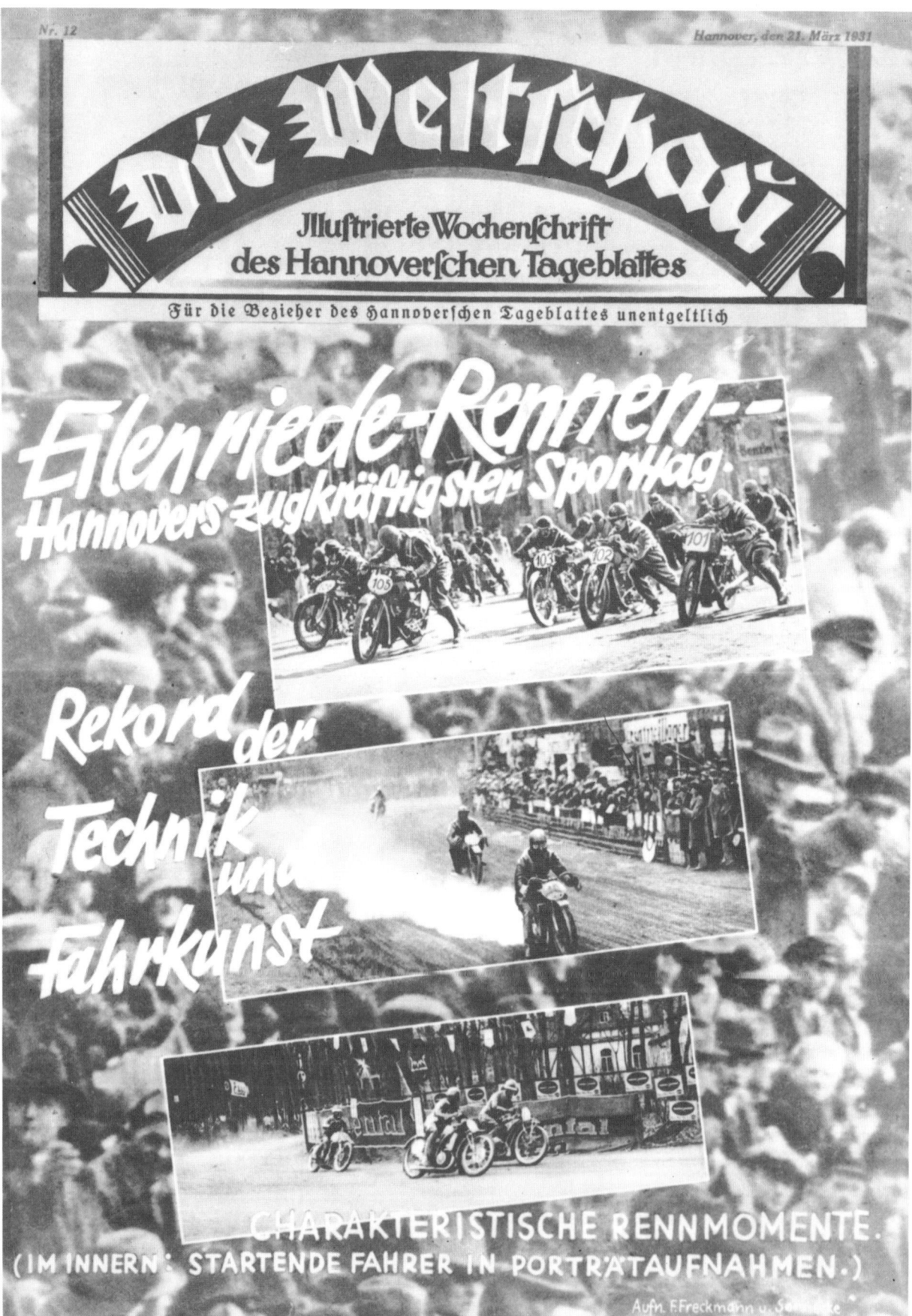

Nr. 12   Hannover, den 21. März 1931

Die Weltschau

Illustrierte Wochenschrift
des Hannoverschen Tageblattes

Für die Bezieher des Hannoverschen Tageblattes unentgeltlich

Eilenriede-Rennen —
Hannovers zugkräftigster Sporttag

Rekord der
Technik und
Fahrkunst

CHARAKTERISTISCHE RENNMOMENTE.
(IM INNERN: STARTENDE FAHRER IN PORTRÄTAUFNAHMEN.)

Aufn. F. Freckmann u. Schröder

Abb. 1 -

14

Richard Birkefeld

Spektakel im Stadtwald

Die Motorradrennen in der Eilenriede

Mit 100 km/h ins 20. Jahrhundert

Am Anfang war der Verbrennungsmotor und der Luftreifen. Carl Benz konstruierte 1885 ein Dreirad mit einem Einzylinder-Verbrennungsmotor, und Gottlieb Daimler schuf in Cannstadt bei Stuttgart das erste Motorrad der Welt, seinen zweirädrigen »Knochenrüttler« mit hölzernen Rädern. Aber bereits 1888 entwickelte John Boyd Dunlop den Luftreifen, der mit weiteren motortechnischen Verbesserungen die Voraussetzung schuf, die Entwicklung des Motorrades in seiner heutigen Form um die Jahrhundertwende einzuleiten. 1904 fand in der Nähe von Paris das erste bedeutende Motorradrennen der Welt auf einem Rundkurs statt.

Der europäische Kontinent wurde zum Zentrum des Motorradsports; besonders in Frankreich wurde der sportliche Aspekt der neuen »Höllenmaschinen« betont. In England hingegen wurde die Entwicklung des Motorsports durch rigorose Geschwindigkeitsbegrenzungen zunächst einmal stark gehemmt. Maschinen, die bereits 100 km/h Spitze liefen, durften erst 5 km/h, dann 20 km/h und schließlich 30 km/h fahren. Während man auf dem europäischen Festland schon spezialisierte Renn-Motorräder baute, abenteuerliche Konstruktionen, die von den Engländern spöttisch als »Monster« bezeichnet wurden, legte man auf der Insel mehr Wert auf eine solide Konstruktion, die, zuverlässig und preiswert in der Herstellung, verkaufsfördernde Impulse ausstrahlen sollte.

Um die Jahrhundertwende setzte sich auch in Deutschland immer mehr die Erkenntnis durch, daß der Motorrad- und Autoentwicklung nicht nur die sportliche Seite abzugewinnen war, sondern daß sie auch eine wirtschaftlich zukunftsträchtige Perspektive bot.

Außerdem organisierten sich die größtenteils noch bürgerlichen Motorrad- und Autofahrer in der »Deutschen Motorfahrer-Vereinigung«, um ihre Interessen zu wahren und Einfluß zu gewinnen. Im Jahre 1903 hielt die »Deutsche Motorfahrer-Vereinigung«, sie besaß damals 25 Mitglieder, in ihrer Gründungsresolution folgende Intentionen fest:

»Daß das Motorrad sich mehr und mehr zum rationellsten Fortbewegungsmittel für den Einzelnen entwickelt, daß die Konstruktion des Motorrades bereits heute (1903!) eine Vollkommenheit erreicht, die ihm eine ganz bedeutende Ausbreitung garantiert; daß es notwendig ist, die Vorurteile und Hindernisse, welche vielerseits, wie allem Neuen, so auch dem Motorrade entgegengebracht werden, zu bekämpfen.«[1]

Bereits 1904 waren 3300 Mitglieder in der »Deutschen Motorfahrer-Vereinigung« organisiert. Da 1911 der Anteil der Autobesitzer auf 75 Prozent der eingetragenen Mitglieder gestiegen war, änderte die Vereinigung ihren Namen in »Allgemeiner Deutscher Automobil-Club« (ADAC).

Zwischen den motorherstellenden Ländern herrschte weiterhin ein ausgeprägter Konkurrenzgeist, der immer wieder nach technisch-sportlichen Vergleichen rief. Einer dieser ersten Ländervergleiche fand auf der Radrennbahn von Canning Town in England statt, zu dem die begeisterten und wohlbetuchten Zuschauer so festlich gekleidet erschienen, als wären sie beim Pferderennen in Ascot – dennoch bemerkte man gelegentlich schon sportliche Norfolk-Jacken und -Kappen, die die Vorboten einer legeren Freizeitmode und eines veränderten Freizeitverständnisses waren.[2]

Extra für Motorradrennen geschaffene Rennstrecken, unzählige internationale Vergleiche in Langstrecken- und Zuverlässigkeitsrennen und wachsender Zuschauerzuspruch schufen durch ständige technische Innovationen und Geschwindigkeitsrekorde eine atemraubende Dynamik in der Motorrad-Entwicklung, die erst durch den Ersten Weltkrieg unterbrochen wurde.

Zu Beginn der Zwanziger Jahre setzte der Motorsport mit aller Macht wieder ein, zumal sich auch unter den Zuschauern ein tiefgreifender Wandel vollzogen hatte. Sportveranstaltungen genossen eine unvorstellbare Popularität, die in diesem Ausmaß vor dem Ersten Weltkrieg nur ver-

15

einzelt zu beobachten war. Boxen, Fußball, Rad-, Motorrad- und Autorennen strahlten eine magnetische Anziehungskraft aus, die deswegen so bemerkenswert ist, weil sie sich gerade in einer Zeit krisengeschüttelter Wirtschaft und einer gesellschaftspolitisch zerklüfteten Landschaft herauskristallisierte. Die exponierte Bedeutung, die dem Motorradrennen dabei zufiel, lag wohl in dem Umstand begründet, daß die Technologiebegeisterung in der Weimarer Republik, die Faszination an der Geschwindigkeit, die das Zeitgefühl der Moderne so tief und nachhaltig geprägt hat, mit dem wirtschaftlichen Beginn der Massenmotorisierung zusammenfiel.

Das Motorrad war seinen Kinderschuhen entwachsen, hatte sich im Ersten Weltkrieg als ein effizientes Transportmittel erwiesen, und zeigte nun, daß es mehr war, als ein Spielzeug verschrobener und elitärer »Motorradler«, sondern ein faszinierendes Sportgerät und ein durchaus auch für breitere Schichten erschwingliches Fortbewegungsmittel, von dem das Automobil als Fahrzeug für den »Mann auf der Straße« noch weit entfernt war. Das gängige motorisierte Verkehrsmittel der Zwischenkriegszeit in Europa war eben das Motorrad, und die Herstellerfirmen samt ihrer Fahrer wollten dem erstaunten und begeisterten Publikum jener Jahre demonstrieren, was alles in den motorisierten Zweirädern steckte. Die internationale Konkurrenz wetteiferte um die Gunst eines Publikums, das die Herstellerfirmen auch als zukünftige Kundschaft entdeckt hatte. Dröhnendes Renn-Spektakel und verkaufsorientierte Spekulation gingen eine Symbiose ein, an deren Ende die heutige motorisierte Gesellschaft stehen sollte.

Zwar hatte es in Deutschland schon seit der Jahrhundertwende unzählige schlagzeilenträchtige Langstrecken- und Zuverlässigkeitsrennen, sogenannte Bergrennen wie der Freiburger Bergrekord, das Feldberg-, Gabelbach-, Lükkendorf-, Riesengebirgs-, Raselberg-, Ratisbona-, Wachenberg-, Wartberg-, Würgauer Bergrennen u.v.m. gegeben, aber diese Rennen wurden zumeist noch von bürgerlichen Herrenfahrern ausgetragen, die von den nicht-bürgerlichen Zuschauerinnen und Zuschauern eher mit skeptischer Distanz als mit identifizierender Zustimmung betrachtet wurden. Das sollte sich nun aber ändern. Ab 1920 rekrutierten sich die Rennfahrer hauptsächlich aus Werkteams, die von den entsprechenden Firmen und von interessierten Zubehörherstellern unterstützt wurden. Die große Zeit der berühmten Strassen- und Rundstrecken, die zuschauerwirksam inszeniert wurden, begann: 1924 das Schleizer-Dreiecks-Rennen, 1925 das Solitude-Rennen bei Stuttgart und das Rennen »Rund um Schotten« am Vogelsberg, das Avus-Rennen 1921, das Eifelrennen 1922 und 1924 das Eilenriederennen in Hannover.[3]

Startschwierigkeiten

Da während des Krieges die Mitgliederzahlen im ADAC stark rückläufig waren, bedingt durch Aufkäufe und Requirierung der Autos und Motorräder durch die Heeresleitung, begann die Reorganisation des Vereins nach 1919 recht schleppend. Öl, Benzin und Gummi waren Mangelware, Autos waren nicht im Handel, abgesehen von ausge-

Abb. 2 Rennmomente. Eilenriede-Rennen 1928

musterten Heereswagen, die aber nur wenigen Bevorzugten mit besonders guten Verbindungen vorbehalten blieben. Deshalb gründete der ADAC Niedersachsen zunächst den Motorrad-Club-Niedersachsen (MCN), der bis 1923 rund 300 Mitglieder in sich vereinigte und langsam wieder Motorradveranstaltungen organisieren konnte. Die wiedererwachende Industrie stellte mittlerweile leistungsstarke Motorräder her und ermöglichte so die ersten internationalen Motorradrennen auf der Pferdeturmbahn in Kleefeld. Aber die ganz große vom Motorrad-Club-Niedersachsen angestrebte motorsportliche Veranstaltung war dieses Rennen noch nicht...

Wer die Initiatoren des Eilenriederennens waren, ist mit letzter Gewißheit nicht mehr zu rekonstruieren, denn es geistern mehrere Versionen durch die ohnehin nicht lückenlosen Annalen. Eine davon erzählt folgendes: Eines schönen Tages wanderten drei honorige Männer, Fritz Bunte, Ferdinand Redecker und Fritz Hapke, allesamt Funktionäre des Motorrad-Club-Niedersachsen, durch den Stadtwald und fanden heraus, daß das Eilenriede-Dreieck Steuerndieb – Lister Turm – Zoo – Steuerndieb eine hervorragende Strecke wäre, Motorradrennen darauf abzuhalten. So wurde der Plan dieses »Dreimännerkollegiums« in die Tat umgesetzt.[4]

Die andere Version berichtet vom MCN-Mitglied »Bubi« Stolberg, der auf die Idee kam, man müßte doch auf den damals schon hervorragenden Radfahrwegen und Straßen in der Eilenriede ein Motorradrennen veranstalten können, zumal der Stadtwald für den öffentlichen Verkehr verboten war. Als er eines Tages mit ein paar Freunden die Strecke mit dem Fahrrad abfuhr, kam MCN-Gausportleiter Richard Dörnke dazu. Auch er begeisterte sich für die Idee des Eilenriederennens. Dörnke überzeugte daraufhin seinen Vater, der damals Senator war, und dieser wiederum beeinflußte die hannoversche Stadtverwaltung dahingehend, dem Eilenriederennen zuzustimmen.[5]

Wer auch immer den Zuschlag für die Eintrittskarte ins Rennsport-Pantheon erhalten haben mag, fest steht, und darüber sind sich die älteren MCN-Mitglieder einig: »Wenn wir den alten Dörnke nicht gehabt hätten und den Richard Dörnke, dann hätten wir nie ein Eilenriederennen zustande gekriegt.«[6]

Aber sicher ist auch, daß die Organisatoren des Rennens nicht nur massive Widerstände seitens des Magistrats, sondern auch seitens der in unterschiedlichen Vereinigungen organisierten Bürger Hannovers zu überwinden hatten, um in den Anfangsjahren die Grundlage für die jährliche Abhaltung des Rennens sicherzustellen.

Der Hauptausschuß für Leibesübungen, Hannover e.V., gab die gesundheitsgefährdenden Risiken für Fahrer und Zuschauer zu bedenken; die Naturfreunde sorgten sich um das Brutgeschäft der Vögel und um die Zerstörung des Strauchwerkes und der Bäume durch Zuschauer, ferner um die Verschmutzung der Eilenriede durch den immensen Abfälle der Besucher nach dem Rennen.

Der Magistrat und das Bürgervorsteherkollegium waren in zwei Fraktionen zerstritten. Die eine sah im Eilenriederennen eine spektakuläre Veranstaltung, die Zuschauer nach Hannover locken und dem Geschäftsleben Hannovers zu Mehreinnahmen verhelfen und außerdem den imagefördernden Ruf Hannovers als Sportstadt unterstreichen würde. Die andere Fraktion verhielt sich nach dem Motto eines hannoverschen Potentaten in Angelegenheiten der Holzsammelrechte im Stadtwald – »Latet dä Börgers öhre Eilenriee«[7] – und sah Hannovers »Grüne Lunge« durch ein

Sakrileg bedroht. Die gummiverarbeitende Industrie in Hannover, die Continental-Caoutchouc- und Gutta-Percha-Compagnie und die Gummiwerke »Excelsior« in Limmer machten durch entscheidungshelfende Eingaben den Magistrat darauf aufmerksam, welche Bedeutung das Eilenriederennen für die Reifenindustrie habe, deren Metropole schließlich in Hannover läge – von der impulsgebenden Wirkung auf die immer noch herrschende wirtschaftliche Depression ganz zu schweigen. Der Magistrat einigte sich. Das Rennen konnte stattfinden, aber die überschüssigen Einnahmen der Veranstaltung sollten dem Wohlfahrtsamt zur Verfügung gestellt werden. Dieser Kompromiß des Magistrats vermittelte der Öffentlichkeit den Eindruck, beim Eilenriederennen handele es sich um eine Wohltätigkeitsveranstaltung. Das ist aber das Eilenriederennen mit Sicherheit nie gewesen. Der Polizeipräsident von Hannover sah das auch so. Jahr für Jahr verweigerte er die »Inanspruchnahme der Polizei für ein privates Unternehmen, dessen sportliche Bedeutung sehr zweifelhaft ist, das vielmehr vornehmlich gewerblichen Zwecken dient und sich auch als recht lukrativ erwiesen hat.«[8] Wie dem auch war, der Startschuß konnte fallen.

Kurven, Köter und Karacho

Am Sonntag, dem 30. März 1924, fand das erste Eilenriederennen bei strahlendem Sonnenschein statt. 168 Werks- und Privatfahrer starteten in vier Rennen der unterschiedlichen Hubraumklassen. Die Rennstrecke war 4,8 km lang und bildete in ihrem Streckenverlauf ein großes Dreieck. Start und Ziel waren an der Waldgaststätte Steuerndieb. Von dort ging es gegen den Uhrzeigersinn auf einer Kleinpflaster-Chaussee (dem heutigen Radweg) zum Lister Turm, von dort nach einer Spitzkurve auf geteerter Straße (der heutigen Bernadotte-Allee) zum Zoo. Hier war nun wiederum eine Spitzkurve zu durchfahren, um dann nach einer langen Geraden am Zoo entlang und durch den Wald in der Steuerndiebkurve die nächste Runde zu beginnen. Je nach Hubraumklasse wurden 10, 20 oder 40 Runden pro Rennen gefahren. Werks- und Privatfahrer starteten in der jeweiligen Klasse gemeinsam, wurden aber unterschiedlich gekennzeichnet und auch getrennt bewertet. An den schwierigsten Streckenteilen, in den Kurven nämlich, waren Holztribünen aufgebaut, so daß die zumeist spektakulären Kurvenmanöver besser eingesehen werden konnten. Die gesamte Rennstrecke war beidseitig der Straße abgesperrt und nur durch ein Eintrittsgeld zu betreten. Kriegsversehrte und Arbeitslose zahlten die Hälfte. Der Innenraum des Eilenriede-Dreiecks war über drei hölzerne Fußgängerbrücken zu erreichen, und am Steuerndieb trugen zwei Musikkapellen zur Unterhaltung des Publikums bei. Der Motorrad-Club-Niedersachsen hatte das Rennen organisiert, die Ordnungskräfte gestellt und die Polizei sperrte die Rennstrecke weiträumig für den öffentlichen Verkehr. Um 6 Uhr in der Frühe wurde das Rennen gestartet, und um 13.30 Uhr beendete der letzte Fahrer des letzten Rennens mit der Überquerung der Ziellinie das Eilenriederennen 1924.

Dieser Rennverlauf wiederholte sich im Prinzip auch in den nächsten Jahren. Mal waren die Rennen länger, mal kürzer, mal waren mehr Fahrer am Start, mal weniger; manchmal wurden auch noch Seitenwagenrennen ausgetragen; manchmal regnete oder schneite es, manchmal schien die Sonne und manchmal gab es Tote. Aber von Jahr zu

Abb. 3 Die Organisation der Veranstaltung wurde von Jahr zu Jahr professioneller. Rennen um 1930

Jahr wurden die Maschinen schneller, die Rennen gefährlicher, das Eilenriederennen bekannter und für den Motorsport bedeutender, für die werbende Industrie lukrativer, und Jahr für Jahr kamen mehr Zuschauer und Zuschauerinnen, durch Tagespresse und Fachzeitschriften bestens informiert über das Teilnehmerfeld, über Rennmotorräder, Trainingszeiten, Fahrerchancen und sonstige Begebenheiten, die Spannung versprachen. Die Berichterstattung über das Sportereignis von Hannover, die Sensation im Stadtwald, nahm im Sportteil der Zeitungen einen immer größeren Platz ein.

Gegenüber dem, was noch folgen sollte, besaßen die Rennen von 1924 und 1925 einen fast noch unschuldigen Charme, der von erfrischend improvisierter Organisation und von herrlich unbekümmerten Sicherheitsvorschriften geprägt war.

Fand das Rennen 1924 vorwiegend noch vor einem rein hannoverschen Publikum statt, so besaß es ein Jahr später schon eine überregionale Anziehungskraft. Die Straßenbahn setzte ab 4 Uhr morgens Extra-Wagen ein und schon um 5 Uhr waren die Zufahrtswege zur Eilenriede von Fußgängern, Rad- und Motorradfahrern verstopft. Doch bald war die Rennstrecke von dichten Zuschauermassen umsäumt. Manche Besucher erkletterten Bäume, andere spannten Hängematten zwischen die Äste, um von oben einen besseren Ausblick auf das Rennen zu haben. Doch der Start verzögerte sich.

Alle warteten auf Gustav Noske. Erst als der Oberpräsident zusammen mit Bürgermeister Menge auf der Tribüne Steuerndieb Platz genommen hatte, wurde das

Rennen mit halbstündiger Verspätung um 6.30 Uhr gestartet.[9]

»Dann knatterte es gleich darauf von irgendwo her, und schon kam auf den Lister Turm zu ein Schwarm von Fahrern. Nr. 4, Fahrer Wucher (Hamburg) war auf seiner Maschine Ewu weit voraus, mußte aber dann ausscheiden. Nun führte Mittendorf auf DKW. Bald traten noch mehr Versager ein. Es gab Stürze. Als Stoßmann am Startplatz vorbeikommt, treibt sich ein großer Hund auf der Strecke umher. Man bangt um den Fahrer. Aber es geht gut ab. Der Köter wird verjagt. Der beste Fahrer hat die 25 Kilometer lange Strecke in knapp 23 Minuten zurückgelegt. Das Rennen II. sieht 20 Fahrer am Start. Ein ohrenbetäubendes Knattern setzt an und die Luft ist blau von den Auspuffgasen. Dann ein Zeichen und wie die Windsbraut sausen die Maschinen davon. Es gibt wieder Stürze und die Zahl der Fahrer verringert sich. Beim Rennen III. starten 12 Fahrer. Es gibt 20 Runden à 5 km zu fahren. Als Nr. 79 bei der zweiten Runde am Start anlangt, geht wieder ein kleiner Hund auf die Bahn – unbegreiflicher Leichtsinn des Hundebesitzers! Alle Augen sind auf den Fahrer gebannt. Wird er ungefährdet passieren? Nein – er will das Tier nicht überfahren und stürzt nun selbst hin. Es ging glimpflich ab – einige Hautabschürfungen. Er erhält einen Verband und sitzt bald wieder auf seiner Maschine. Das Publik gibt durch Beifall seine Symphathie zu erkennen. Unterwegs verliert dieser Fahrer noch seinen Sturzhelm. Er muß deshalb absitzen und einen anderen aufnehmen. Nach ein paar Runden gibt es am Startplatz wieder einen Sturz, zum Glück auch nur Hautabschürfungen. Die Fahrer müssen auf der Hut sein. Die Rennstrecke hat viele Kurven. Die weiteren Rennen, die noch bis zur Mittagszeit währten, brachten noch interessante Situationen.«[10]

Nach Beendigung des Rennens drehten die Sieger vor tausenden begeisterten Zuschauern eine Ehrenrunde. Aber wie auch im Jahr zuvor wurde Kritik laut. Ein hannoverscher Bürgerverein beschwerte sich 1925: »Unsere Eilenriede gegen Eintrittsgeld betretbar, das ist die neueste Errungenschaft des Motorrades, das unsere Straßen beherrscht und nun auch in das alte heilige Recht der Eilenriede eine Bresche schlägt. Das Tempo auf den Straßen ist noch nicht schnell genug, in der friedlichen Stille des Waldes soll durch Rennen eine Beschleunigung erprobt werden ...«[11]

Aber wie die Entwicklung des Eilenriederennens zeigte, wurde in den Rennen 1924 und 1925 mehr erprobt, als sich der Bürgerverein vorstellen konnte: Die Verzahnung von Sport und Industrie, die durch Bandenwerbung, Sponsorship (»Continental«-, »Excelsior«-, »Agrippina«-Tribüne) immer deutlicher zutage trat; die Professionalisierung des Motorsports; die Auswirkungen des motorsportbegeisterten Zuschauers auf sein diesbezügliches Kaufverhalten; die Auswirkungen großer Besuchermassen auf das Geschäftsleben Hannovers; die Wettbewerbsfähigkeit deutscher Motorräder im internationalen Vergleich; die Möglichkeit zur Auflagensteigerung der Tageszeitungen durch umfangreiche Sportberichterstattung mit pseudorelevanten Inhalten und sprachlicher Verharmlosung (»... es gab allerdings allerlei bedrohlich ausschauende Situationen, so zum Beispiel als der Hannoveraner Dierks sich bei den Steuerndieb-Tribünen geologischen Studien zu widmen begann«)[12] und schließlich erprobten die motorradfahrenden Hannoveraner in den Wintermonaten, wenn die Waldchaussee für den öffentlichen Verkehr freigegeben wurde, ihre eigenen »Feuerstühle«, was die hohe Anzahl von polizeilich registrierten Geschwindigkeitsübertretungen der Jahre 1924/25 beweist.[13]

Vom sportlichen Ereignis zum Volksfest

In nur zwei Jahren war das Eilenriederennen zu einer motorsportlichen Institution geworden, mit einem, für hannoversche Verhältnisse, kaum vorstellbaren internationalen Bekanntheitsgrad. 1926 stand alles, was unter Motorsportlern Rang und Namen hatte, am Start. Diesmal fand das Rennen erstmalig unter der Schirmherrschaft der Deutschen-Motorrad-Gemeinschaft (DMG) statt, unter der sich die Konkurrenzvereine ADAC und Deutscher-Motorradfahrer-Verband (DMV) zusammengefaßt hatten, um geregelte und einheitliche Meisterschaftsläufe organisieren zu können.

Um den zu erwartenden Zuschauerandrang verkehrstechnisch in den Griff zu bekommen, wurden entlang der Hindenburgstraße Parkplätze für Fahrräder und Motorräder eingerichtet. Besucher, die mit dem Auto anfuhren, fanden bewachte Parkplätze bei Philipsruh am Steuerndieb und an der Stadthalle. Seit den frühen Morgenstunden wälzte sich eine Masse von 40.000 Menschen zum Ort des Geschehens und strömte über die drei Fußgängerbrücken in den Innenraum des Eilenriede-Dreiecks oder verteilte sich in mehreren Reihen um die mit Maschendraht abgesperrte Rennstrecke. Allein die drei riesigen Holztribünen faßten knapp 3.000 Menschen.

An den Kurven wurden Sanitätszelte aufgebaut. Die Helfer vom Arbeiter-Samariter-Bund verteilten sich rund um die Strecke, fernmündlich mit der Rennaufsicht verbunden. Ordnungskräfte des ADAC, der Reichswehr und die Flurwärter des Magistrats versuchten in dem Menschengewühl die organisatorischen und sicherheitstechnischen Notwendigkeiten aufrecht zu erhalten, was häufig genug nicht gelang.

Auf jeder noch so kleinen Lichtung, sowohl im Innenraum, wie auch entlang der äußeren Rennstrecke, standen Würstchenbuden und Stehbierhäuschen, die für das leibliche und geistige Wohl der Zuschauer sorgten. Unzählige Händler mit Bauchläden durchstreiften die Menschenmassen und boten lautstark ihre Waren an. Viele Zuschauer hatten sich ihre eigene Verpflegung, ihre eigenen Getränke mitgebracht, und es ist wohl anzunehmen, daß auch Alkohol in nicht geringen Mengen konsumiert wurde. Die Geräuschkulisse der dem Rennen erwartungsvoll entgegenfiebernden Menschenmassen wurde noch durch die Musikkapelle untermalt, die mit schmissiger Marschmusik und den »Gassenhauern« jener Zeit den frühmorgendlichen Wald beschallte, der sich zu dieser Jahreszeit anschickte, in sein Frühlingskleid zu schlüpfen.

Nach der Veranstaltung war dieses Kleid allerdings arg ramponiert. Der *Volkswille* schreibt am 20. März 1928 etwas euphemistisch: »Noch lag der (Abgas-) Dunst zwischen den Stämmen des Waldes, da auch die letzten nach Hause gingen, um das inzwischen etwas kalt gewordene Mittagessen zu sich zu nehmen. Der Tag der Motore war zu Ende, die Sensationslust befriedigt, und nur die wie immer übliche Garnierung der Rennstrecke an der Absperrung entlang mit Butterbrotpapier, Eierschalen, Konservenbüchsen und anderen Herrlichkeiten deuteten darauf hin, daß hier etwas Besonderes vor sich gegangen war.«

Tatsächlich aber muß die Eilenriede einem Müllhaufen geglichen haben. Weggeworfenes Papier, Zigaretten- und Zigarrenschachteln, Bananen- und Apfelsinenschalen, mit Senfresten beschmierte Pappteller, Wurstdosen, leere Bierkästen und auf Zweigstummeln gesteckte Gläser, Bier- und Selterflaschen[14], jener Abfall eben, der von riesigen Menschenmassen bei derartigen Veranstaltungen hinterlassen wird. Beidseitig der Rennstrecke war das Strauchwerk bis auf 30 Meter niedergetreten, und manchmal wurden auch armdicke Bäume umgelegt[15], was jährlich den Protest von Bürgervereinen und Naturschützern auf den Plan rief. Der Magistrat bagatellisierte die Vorfälle, der Veranstalter bezahlte die Aufräumungs- und Wiederherstellungsarbeiten und ein paar Tage später gehörte die verkehrsgesperrte Eilenriede wieder den Fußgängern und Radfahrern, bis sich das Spektakel im nächsten Jahr wiederholte.

1927 wurde erstmalig das Rennen über Mikrofon und Lautsprecher kommentiert, so daß die Zuschauer über die gesamte Länge der Veranstaltung den jeweiligen Rennverlauf auch akustisch verfolgen konnten. Im gleichen Jahr wurden zusätzliche Rahmenveranstaltungen eingeführt. Der ADAC organisierte eine Strahlenfahrt mit mehreren tausend Autos, die am Vortag des Rennbeginns in Hannover endete. Der hannoversche Verkehrsverein war völlig überlastet und suchte per Anzeige nach privaten Übernachtungsmöglichkeiten. Resultat all dieser Bemühungen: 45.000 Zuschauer beim Eilenriederennen.

1929 wurde das Rennen an zwei Tagen ausgetragen. Gleichzeitig fand in der Woche vor dem Rennen eine Mo-

Abb. 4 Die beste Sicht

20

torsport-Schau statt, mit Ausstellungen und Festabenden in der Stadthalle, einer Schönheitskonkurrenz für Fahrzeuge, mit Festvorstellungen in den hannoverschen Theatern, mit einem Lichtkorso für Fahrzeuge und einer Strahlenfahrt sämtlicher Ortsgruppen des ADAC nach Hannover. Das bedeutete einen neuen Zuschauerrekord beim Eilenriederennen 1929: 50.000 Zuschauer.

Der Verkehrsverein und die Geschäftswelt Hannovers konnten zufrieden sein. War das Zuschauerpotential aber noch einmal zu steigern? Zwischen 1926 und 1930 versuchte man weitere Motorradrennen in Hannover zu etablieren, so zum Beispiel das Motorradrennen am Nordhafen im April 1928 oder die Fortsetzung der Motorradrennen auf der Radrennbahn am Pferdeturm. Des weiteren wurden Überlegungen angestellt, das Motorradrennen in der Eilenriede durch Autorennen zu ergänzen. Aber die meisten dieser Pläne setzten sich nicht durch. Daß sich die Zuschauerzahlen nach 1929 dennoch verdoppeln sollten, lag in der Dramatik des Rennens selbst begründet und in einem Zuschauerverhalten, dessen anfänglich staunende Betrachtung, angesichts ständig steigender Geschwindigkeitsrekorde und immer spektakulärer werdender Stürze, in eine latent voyeuristische Erwartungshaltung umgeschlagen war.

Vom Volksfest zum »Kampftag der Motore«: Morituri te salutant...

Daß es einmal zur Katastrophe kommen mußte, war abzusehen. Seit 1924 war die Durchschnittgeschwindigkeit Jahr für Jahr gestiegen. Der populäre Rennfahrer Bauhofer stei-

gerte den Rundenrekord von 87 km/h 1925 auf 99,1 km/h im Jahre 1928. Die Rennmaschinen waren leistungsstärker geworden, und es wurde immer schwieriger, die hochgezüchteten »Feuerstühle« in den scharfen Kurven der Eilenriedestrecke unter Kontrolle zu halten. Seit dem ersten Rennen hatte es regelmäßig Stürze gegeben, die aber glücklicherweise glimpflich abliefen. Ein 20, 30 oder 40 Runden dauerndes Rennen war für die Maschinen und für die Fahrer eine große Belastung, so daß bei jedem Rennen eine Vielzahl der Motorräder durch Betriebsschäden und Abnutzungserscheinungen ausfielen.

1927 passierte der erste schwere Unfall: »Beim letzten Rennen stürzten kurz nach dem Start zwischen Steuerndieb und Lister Turm drei Fahrer auf einmal. Dohm (Seelze) prallte in der S-Kurve gegen einen Baum und wurde dann weit in die Fahrbahn zurückgeschleudert. Alswede (Hamburg) wollte in diesem Augenblick vorbei. Das gelang zunächst auch, doch dann geriet er seitwärts ab und stürzte schließlich. Hinter ihm her kam unmittelbar Möller (Hannover). Er konnte nicht vorbei und überfuhr das rechte Bein des gestürzten Alswede, wobei letzterer einen Bluterguß am Knöchel erlitt. Möller trug Fingerverletzungen davon. Dohm soll einen doppelten Unterschenkelbruch erlitten haben. Er wurde mit Möller ins Klementinen-Krankenhaus gebracht.«[16]

Als es bei den Trainingsläufen 1928 zum ersten Todessturz kam, hielten sich die hannoverschen Tageszeitungen mit kritischen Äußerungen merklich zurück. Das *Berliner Tageblatt* vom 20. März 1928 war gegenüber dem Eilenriederennen unvoreingenommener und schrieb: »Murken verlor in einer S-Kurve die Gewalt über seine Maschine, fuhr

Abb. 5 Immer neue Rundenrekorde

an einen Baum, die Maschine wurde vollkommen zertrümmert, der Fahrer verlor seinen nicht angeschnallten Helm und blieb mit schweren Schädelbrüchen liegen. Er starb während der Überführung in das Krankenhaus. Es ist auch ungemein schwierig, auf diesem nur 5 km Länge betragenen Dreieckskurs hohe Geschwindigkeiten herauszufahren. Die Kurve am Start- und Zielplatz beim Steuerndieb ist noch annehmbar, die beiden anderen Scheitelpunkte am Zoologischen Garten und am Lister Turm sind ganz bösartige Spitzkurven. Man kann geteilter Meinung darüber sein, ob sich solche Rennstrecken von 5 km Gesamtlänge im Dreieck für Meisterschaftsläufe eignen. Für den Veranstalter sind solche Strecken ideal, da sie den ganzen Kurs mit Zuschauern besetzen können.«

Der Volkswille vom 20. 3. 28 äußerte sich nachdenklich: »Eine recht kurze Spanne Zeit – Minuten nur – genügte,

um ein Menschenleben dem Tode zuzuführen. Und wofür ein solch hohes Opfer..? Müssen wir rasende Maschinen haben? Genügt uns nicht mehr die Ausdauer der Maschine? Sind wir dem Moloch Rekord untertan..?«

Ein Jahr später war die Nachdenklichkeit verflogen. 1929 verfolgten 50.000 Menschen den Kampf der motorisierten »Gladiatoren«, der diesmal an zwei Tagen ausgetragen wurde.

Am Samstag, dem ersten Renntag, verlor bei feuchtem Wetter während des Seitenwagen-Rennens der Holländer Baar mit seinem Sozius Manse die Kontrolle über die Maschine und prallte gegen einen Baum. Manse kam mit leichten Verletzungen davon, Baar starb durch einen komplizierten Schädelbruch. Die Veranstaltung wurde aber keineswegs abgebrochen, sondern auch die folgenden Rennen wurden bis zum Schluß ausgefahren.

Abb. 6 Das Motorrad-Rennen 1930 mit einer Rekordbesucherzahl von knapp 100.000 Menschen

Pünklich um 8 Uhr wurde am Sonntag der zweite Renntag eröffnet. »Bereits in der dritten Runde ereilte das Verhängnis den bekannten Stuttgarter Fahrer Messerschmidt auf UT.-Jap. Bald nach Passieren der Zoo-Kurve – auf der völlig ebenen und auch inzwischen trocken gewordenen langen Geraden – brachen ihm einige Speichen des Vorderrades ab, die Maschine war nicht mehr zu halten und sauste gegen einen Baum. Der Sturzhelm konnte den unglücklichen Fahrer nicht vor dem Schlimmsten bewahren; er blieb mit schwerem Schädelbruch auf dem sportlichen Feld der Ehre.«[17]

Fast zur gleichen Zeit stürzte an anderer Stelle der Berliner Rasch und erlitt schwere Verletzungen. Das Rennen wurde auch am Sonntag nicht abgebrochen: The show must go on.

Seit 1929 änderte sich der Ton der Sportberichterstattung in den hannoverschen Tageszeitungen spürbar. Aus dem Motorradrennen in der Eilenriede wurde der »Kampftag der Motoren«; die schweren Maschinen wurden als »Kanonen« bezeichnet und der Fahrer »kämpfte«, wie oben gelesen, »auf dem sportliche Feld der Ehre« im internationalen Vergleich zum »Ruhme seines Vaterlandes«. Die Militarisierung des Sportes, die nach 1933 zum vollen Durchbruch kam, wird hier schon antizipiert – aber lag der Zuschauer auch schon in diesem Trend? »Ich möchte einmal feststellen«, schrieb ein Journalist der *Braunschweigischen Landeszeitung,* »wer von den hunderttausend Menschen schon darüber nachgedacht hat, daß das Wissen um die schnellste Runde des Tages – 91,5 km Stundendurchschnitt – mit zwei Menschenleben zu hoch bezahlt worden ist. Gewiß Sport ist Sport. Und die große Idee marschiert (sic!). Aber wären die Hunderttausend auch gekommen, wenn sie gewußt hätten: hier geht es nur um das Können, hier entscheidet weder Glück noch Schicksal, hier gibt es keine Sensation? Ich wollte, ich könnte für die hunderttausend im wahrhaft sportlichen Sinne antworten!«[18]

Die Antwort auf diese Frage gaben die Zuschauer ein Jahr später. Das Eilenriederennen 1930 sah einem Rekordbesuch von knapp 100.000 Menschen entgegen. Den zu erwartenden Sensationen konnte man sich nicht entziehen. Und die Besucher wurden nicht enttäuscht: Gleich in der ersten Runde blieb nach einem schweren Sturz auch der Bielefelder Friedhoff auf dem »sportlichen Feld der Ehre«.

Das Gaudium der Anfangsjahre war schon lange beendet. Die Technikbegeisterung, die Faszination an der Geschwindigkeit hatte zwar ihre staunend-unschuldige Blauäugigkeit verloren, aber nicht ihren Ehrgeiz, die Grenzen der Technik um jeden Preis zu erweitern und Risiken zu ignorieren. Unter den Anfeuerungsrufen der Zuschauer und Zuschauerinnen und mit musikalischer Begleitung der Kapelle, jagten die Fahrer auf ständig leistungsstärkeren Maschinen durch die Kurven und umrundeten Jahr für Jahr die Rennstrecke schneller und schneller und schneller – bis der Geschwindigkeitsrausch in einer Apotheose aus Blech, Blut und Benzin kulminierte. Aber damit war die Vorstellung keineswegs beendet. Die Aufholjagd nach immer kürzeren Zeiten ging weiter. »Die Zeit fährt Auto«, schrieb Erich Kästner 1928, »doch kein Mensch kann lenken.«[19]

Die Eilenriederennen wurden noch bis 1939 ausgetragen. Fast jedes Jahr kamen an die 100.000 Zuschauer, und die Geschwindigkeitsrekorde wurden durch die Publikumslieblinge Bauhofer, Bullus und Bernd Rosemeyer auf 128,1 km/h hochgeschraubt. Der 2. Weltkrieg unterbrach die Veranstaltung, bis sie 1950 mit einem Zuschauerrekord von 150.000 Menschen fortgesetzt wurde. Ab 1955 löste das Auto als neues Objekt der Begierde das Motorrad ab. Das Zuschauerinteresse am Eilenriederennen ging zurück, die Veranstaltungskosten stiegen ins Unermeßliche und die Sicherheitsauflagen waren nicht mehr zu bezahlen, so daß der ADAC 1956 keine Genehmigung für ein weiteres Rennen beantragte. Hannovers größte und umstrittenste Sportveranstaltung, das berühmtberüchtigte Spektakel im Stadtwald, war zu Ende. Die Eilenriede wird es mit Erleichterung zur Kenntnis genommen haben...

Anmerkungen:

1 HA v. 17.03.1929.
2 Vgl. Krackowitzer, 1972, S. 13.
3 Vgl. Zeitschrift, Markt für klassische Motorräder und Automobile, Nr. 1, 1988.
4 HA v. 26.03.1933.
5 ADAC-Echo Niedersachsen, 5.9. 979.
6 Ebd.
7 HA, Illustrierte Zeitung (Wochenbeilage) v. 26.03.1933.
8 StAH HR VII F 9, Nr. 17a, 2, Motorradrennen.
9 HA v. 29.06.1925
10 Vowi. v. 30.06.1925.
11 HLZ. v. 24.05.1925.
12 HA. v. 19.04.1926.
13 HLZ. v. 24.05.1925.
14 HLZ. v. 26.03.1929.
15 Vowi. v. 20.04.1926.
16 Vowi. v. 27.03.1927.
17 HA. v. 25.03.1929.
18 Braunschweigische Landeszeitung v. 25.03.1929.
19 Kästner 1966, S. 30.

Literatur:

Kästner, Erich, Kästner für Erwachsene, Zürich 1966.
Krackowitzer, H., Motorrad-Sport, München 1972.

Abb. 1 Ein Tänzchen im Freien

24

Marina Diop

Ein Vergnügungsbummel durch das Hannover der Zwanziger Jahre

»Man tanzt Foxtrott, Shimmy, Tango, den altertümlichen Walzer und den schicken Veitstanz. Man tanzt Hunger und Hysterie, Angst und Gier, Panik und Entsetzen. ... Ein geschlagenes, verarmtes, demoralisiertes Volk sucht Vergessen im Tanz.«[2] So interpretiert Klaus Mann in seinem Lebensbericht »Der Wendepunkt« die Tanzwut nach dem Ersten Weltkrieg. Nach vier entbehrungsreichen Jahren und dem für die meisten Deutschen sehr enttäuschenden Kriegsende gab es zwar wenig zu feiern, aber viel nachzuholen.

Der Auftakt zu dieser beginnenden Euphorie der Lebenslust war nicht vielversprechend, im Gegenteil: Im ganzen Land herrschte nach Abschluß des Krieges und eingeschränkt auch noch danach ein allgemeines Tanzverbot. Damit wollte man vermeiden, daß vergnügungssüchtige Deutsche sich von einer Tanzveranstaltung in die nächste stürzten, ungeachtet der politischen Unruhe im Land.

Kurz vor Kriegsende beschrieb ein Journalist im *Hannoverschen Anzeiger* vom 15. September 1918 seine Beobachtungen am Kröpcke:

»Die Feldgrauen, die aus der Hölle an der Front kommen, sehen sich kopfschüttelnd dies Treiben an, sie könnens nicht fassen, daß es hier so viele Menschen gibt, die sich leichtfertig hinwegsetzen über den Ernst der Zeiten, ohne zu denken an die Brüder und Väter, die draußen stehen im wilden Kampfe, Minute um Minute den Tod vor Augen.«

Nicht nur das Tanzen, auch das Trinken unterlag dem behördlichen Reglement. Mit dem Vergnügungsbummel mußte um 1/2 11 Uhr Schluß sein; in Friedenszeiten waren die Schankwirtschaften bis drei oder vier Uhr morgens geöffnet gewesen.

Das Ausleben der Tanzlust war verbannt auf private Kreise, denen das wichtigste Element der Lust an der Bewegung versagt blieb, nämlich die Öffentlichkeit. Tanz ohne das »Sich-zur-Schau-stellen« bedeutete nur das halbe Vergnügen. Und darauf mußten die Menschen noch eine Weile verzichten.

Das allgemeine Tanzverbot wurde zur Silvesterfeier 1918 aufgehoben. Obwohl das Tanzamüsement nun nicht mehr eingeschränkt war, gab es in den folgenden zwei Jahren in Hannover kaum Neueröffnungen von Vergnügungslokalitäten.

Im Anzeigenteil des *Hannoverschen Anzeigers* wird zum Beispiel am Sonntag, den 23. Mai 1920, nur ein einziger Ball auf dem Schützenfest in Stöcken angekündigt. Ansonsten hatte lediglich das Tivoli-Varieté, das mit einem großen Maiprogramm warb, inseriert.[2]

Ein mageres Angebot also, nicht zu vergleichen mit den Ausgehmöglichkeiten der Hannoveraner vor dem Ersten Weltkrieg, zum Beispiel im Jahre 1910. Ein beliebig herausgegriffener Tag, hier der 5. Mai, ein Donnerstag und somit kein spezieller Ausgehtag, soll dies veranschaulichen. An diesem Tag wurde den Ausgehfreudigen im *Hannoverschen Anzeiger* folgendes geboten: Der Rollschuh-Palast auf der Hildesheimerstraße warb mit einem Elite-Konzert, das Moulin Rouge bot an jedem Abend der Woche eine Réunion, die Blumensäle warben mit einem Ball, im Ahlemer Turm und am Benther Berg veranstaltete man Tanzkränzchen.

Das reduzierte Vergnügen in Hannover nach dem Ersten Weltkrieg läßt sich nicht unbedingt auf andere Städte übertragen: In Berlin beispielsweise wußte die Stadt 1919 nur noch durch die Schließung von über vierzig Tanzlokalen der aufkommenden Tanzlust Einhalt zu gebieten. Noch einmal Klaus Mann:

»Die Symptome der Jazz-Infektion, die Zeichen der hüpfenden Sucht lassen sich im ganzen Land bemerken; am gefährlichsten betroffen aber ist das schlagende Herz des Reiches, die Hauptstadt.«[3]

Doch auch in Hannover nahm in den folgenden Jahren das Vergnügungsangebot immer mehr zu.

Bald konnten die Hannoveraner und Hannoveranerinnen wieder zwischen einer ganzen Reihe von Ball- und Tanzkränzchen-Veranstaltungen gastronomischer Betriebe wählen.

Abb. 2 aus: Hannoverscher Anzeiger 5.5.1910

»Ausgelassen tanzte man im Trubel der Inflation, denn die Erfüllung vieler Sehnsüchte war während der langen grauen Kriegsjahre zurückgestellt worden, nun wollte man im Nu das nachholen, was in dieser Zeit des Sterbens und der Entbehrungen nicht möglich gewesen war, und so breitete ein Fieber sich aus, dessen Kurve steil anstieg und von dem kaum jemand verschont wurde.«[4]

Die neuen Tänze aus Amerika

Walzer und Polka blieben zwar auch in der Weimarer Zeit im Tanzrepertoire, aber für den gesteigerten Bewegungsdrang besonders der jüngeren Generation eigneten sich die aus Amerika importierten Tänze besser: Foxtrott, Schieber, Shimmy, Charleston und Black Bottom.

Bei den neuen Tänzen war die alte Paarstellung aufgelöst, freie Improvisationen erlaubt, nonkonformistisches Verhalten erwünscht. Inspiriert waren die Tänze von der Musik- und Bewegungskultur der schwarzen Bevölkerung Amerikas. Gerade dieser Ursprung machte die Faszination der neuen Tänze aus. Die Musik- und Tanzkultur der Schwarzen Amerikas faszinierte die zivilationsüberdrüssigen Tänzer und Tänzerinnen. Ursprünglichkeit und Primitivität: Das waren die Assoziationen, die die neue Musik für die Vergnügungssuchenden so attraktiv und interessant machten. Die Tänze symbolisierten ein Lebensgefühl, fernab von der wilhelminischen Ära und den damit verbundenen Konventionen, die als überholt galten.

Ein Zeitgenosse beschreibt »die Revolution im Gesellschaftstanz«:

»Der neu aufgekommene Foxtrott war bekömmliche Nahrung für die ausgehungerten Beinmuskeln. Mit Geschrei und Wonne stürzte man sich auf ihn, und was damals 1918/19 als Foxtrott produziert wurde, dessen erinnert man sich heute [1922] nur noch mit Schaudern. Was man damals tanzte, war eine Karikatur. Dieses sich um jeden Preis Austoben, dieses maßlos Übertriebene, diese Orgien an Gliederverrenkungen wurden allgemein Sitte, nicht nur im Foxtrott. Auch alle anderen Tänze hatten darunter zu leiden. Wahnsinniges Tanzfieber! Geschmacklosigkeit auf Geschmacklosigkeit! Täglich wurden neue Pas schreiend verkündet. Galt gestern ein Luftsprung als dernier cri, war man am nächsten Tag unmöglich, wenn man nicht unausgesetzt Kniebeugen produzierte … Ganze Familientragödien spielten sich ab, weil Großvater, Mutter, Tochter und Enkel, jeder von einem anderen Tanzlehrer Kenntnis des Foxtrott beziehend, in heftige Polemik geraten waren.«[5]

Nach dem Foxtrott war der Shimmy, der eine ganz neue Moderichtung hervorrief, der bedeutendste moderne Tanz. Er kam aus dem Chicago der Kriegszeit. Dort hatte die damals 24jährige Mae West sich Anregungen für ihre allabendlichen Varieté-Auftritte aus den Schwarzenghettos geholt, wo viele Musiker aus New Orleans lebten. Nachdem deren Heimatstadt zum Kriegshafen erklärt und alle Vergnügungsstätten geschlossen wurden, brachten diese ihre Instrumente, ihre Musik und ihre Tänze, darunter auch den Shimmy, in den Norden der Vereinigten Staaten, wo ihn Mae bei den GIs (Soldaten der US-Streitkräfte) populär machte. Deutsche Kriegsgefangene, aber besonders der direkte Kontakt der Deutschen mit amerikanischen Soldaten, machten ihn hierzulande bekannt. Ab 1920 sprengte der »Jimmy«, wie er auch genannt wurde, mit seinen Schüttelbewegungen und X-Beinen, die Tanzkonventionen vieler Deutscher.[6]

> Über den Shimmy sind uns die absonderlichsten Herkunftsbeschreibungen erhalten geblieben:

> »Shimmy heißt richtig Shimmyshrived, d.h. aber Frauenhemdzitterer. Ein nordafrikanischer Farmer sah ein Negerweib, das ein sehr schmutziges Hemd anhatte. Er sagte der Negerin, sie solle doch ihr Hemd im Fluß reinigen. Statt dessen straffte die Frau den Körper und begann heftig mit Schultern und Bauch zu schütteln, offenbar damit durch die heftige Bewegung der Schmutz von dem Hemd abfalle!!! Der Farmer war entzückt, lief in die nächste Schenke und zeigte die Schüttelbewegungen der Negerin. Das war die Geburt des Shimmy.«[7]

> Richtig ist lediglich, daß der Shimmy afrikanischen Ursprungs ist.

Gegenreaktionen blieben natürlich nicht aus. So heißt es in der *Badischen Tanzlehrerzeitung* 1919:

> »Am deutschen Wesen soll die Welt genesen. So hieß es früher. Jetzt scheint die Welt an den halbwilden Tänzen der Indianer und Wildwestafrikaner genesen zu wollen. Was bringt man nicht alles aufs Tapet! Daß gerade die bessere Damenwelt Geschmack daran findet, zeugt vom Tiefstand ihrer Bildung und ihrer Verständnislosigkeit für unsere

Zeit. Oder wollen sich diese Damen vielleicht üben, bis die Schwarzen und Marokkaner kommen?«[8]

Konservativ denkende Deutsche befürchteten ein zunehmendes Maß an »fremdrassischen« Einflüssen, wie es im damaligen Sprachgebrauch hieß, eine Verherrlichung des Wesens und Empfindens der »Neger« und somit eine Verletzung des deutschen Volksempfindens.[9]

Den Siegeszug dieser Tänze konnten auch ihre Kritiker nicht aufhalten; vor allem junge Leute, die Walzer, Polka, Mazurka, Quadrillen und Françaisen als überholt ablehnten, nahmen die Tänze der Schwarzen Amerikas begeistert auf.

Die neuen Tänze hatten auch Einfluß auf die Mode, denn sie verlangten nach Kleidung, die die erforderliche Bewegungsfreiheit ermöglichte. Der Bruch mit der Prüderie und Körperfeindlichkeit des Kaiserreichs wurde offensichtlich. Die Mode war aber auch der äußere Ausdruck für eine zumindest auf diesem Gebiet zunehmende Emanzipation der Frauen. Eine neue Liberalität, fernab von der als muffig empfundenen Welt der Väter, machte sich breit. Der gesellschaftliche Reformwille der jungen Menschen zeigte sich in ihrer Kleidung: Bubikopf für Frauen, lange zurückgekämmte Haare bei Männern, ein neues Schlankheitsideal, kurze Kleider mit Fransen. Überhaupt nahm das äußere Erscheinungsbild der Menschen vielfältigere Formen an. Die Anhänger und Anhängerinnen des Shimmy zum Beispiel huldigten einer speziellen Mode: mit spitzen und schnabelförmigen Schuhen, besonderen Frisuren und sogar eigenen Parfüms.

Als Rauschmittel wurde das Kokain beliebt. Der *Hannoversche Anzeiger* schrieb am 17. Februar 1923 über Berlin: »Nach dem Kriege wurde das Kokainschnupfen gebräuchlich. Die Ursache dieses Lasters ist der Krieg, der zu rücksichtsloser Betäubungs- und Vergnügungssucht führte. … Die Kokainisten haben, über die ganze Stadt verbreitet, ihre eigenen Lokale, in denen Wirte, Kellner und Toilettenfrauen die Pulver verkaufen, besitzen eine eigene Sprache (für Kokain sagen sie Koks) und eine eigene Poesie.«

Von Hannover ist derartiges nicht überliefert. Gerade die bürgerlich-konservativen Zeitungen in Hannover stellten das Berlin der Zwanziger Jahre gerne als »Sündenbabel« dar, wogegen sich die eigene Stadt mit solidem Image abheben sollte.

Hannover amüsiert sich wieder

Die Hannoveranerinnen und Hannoveraner nutzten jede Gelegenheit, »in Gesellschaft« zu machen. Ausflugslokale wie zum Beispiel die Schwanenburg, der Ahlemer Turm, der Benther Berg boten am Sonntag Nachmittag Tanzkränzchen an. Diese wurden, obwohl der Name Kränzchen für heutige Leser und Leserinnen eher das Gegenteil suggeriert, weniger von älteren als von jüngeren Hannoveranern besucht. Viele dieser Veranstaltungen gingen bis in den späten Abend hinein. Im Steuerndieb, wo viele Studenten verkehrten, konnte sogar nach Streich- und Blasmusik bis fünf Uhr morgens getanzt werden.[10]

Der Rollschuh-Palast auf der Hildesheimerstraße warb schon vor dem Krieg mit Elite-Konzerten nachmittags und abends. Auch in den Zwanziger Jahren konnten sich die jungen Leute auf der Rollschuhbahn vergnügen. Eine Zeitzeugin berichtete allerdings: »Der Rollschuh-Palast war zu ordinär; es gab zu viele Raufereien.«[11]

27

Renommierter waren da schon das Neue Haus in der Königstraße und das ebenfalls zentral gelegene Wiener Café, das auch abends geöffnet hatte. Die Tanzfläche befand sich inmitten des Saals auf einem erhöhten Rondell. Dort spielte auch die Kapelle.

Im Crystall Palast, dessen Außenfront verglast war, fand am Mittwoch, Sonnabend und Sonntag öffentlicher Tanz statt. Das Publikum setzte sich aus Angehörigen aller Bevölkerungsschichten zusammen, war aber im Schnitt nicht älter als 30 oder 40 Jahre.[12]

Das Mellini-Theater, in dem abends Operetten geboten wurden, lud am Sonntagnachmittag, der sich als Ausgehtag größter Beliebtheit erfreute, seine Gäste zum Tanz ein.

Gleich neben dem Konzerthaus am Hohen Ufer, wo eine Vielzahl von Musikvorführungen, allerdings mehr für ein älteres und konservativeres Publikum stattfanden – so dirigierte zum Beispiel jeden Montag morgen Otto Ebel von Sosen eine Kapelle mit Opern- und Operettenmelodien -, befanden sich die Hannoverschen Festsäle. Es waren zwei große Räumlichkeiten, die der Stadt gehörten. Sie bildeten das Ambiente für große Feste, die oftmals auch von Vereinen organisiert wurden, und für verschiedenartige Ballnächte und Maskeraden.[13]

Ein anderer wichtiger Anlaufpunkt für Nachtschwärmer in Hannover waren die Blumensäle in der Schillerstraße, die sich zeitweilig auch Palais de Danse oder Fledermaus nannten. Die besondere Attraktion des Hauses: Die Kellner trugen rote Fracks.[14]

In unmittelbarer Nachbarschaft befand sich das Moulin Rouge, ab 1914 Rote Mühle (Hausnummer 40), die unter dieser Bezeichnung sicherlich noch sehr vielen älteren Hannoveranern und Hannoveranerinnen bekannt ist.

Ungefähr im Jahre 1920 wurde der Betrieb, der schon um 1900 vom gleichen Besitzer unterhalten wurde, erweitert. Mehrere Werkstätten im Haus Nr. 39 A wurden zu einem weiteren Tanzsaal umgebaut. In den Zwanziger Jahren ließ der Besitzer Langwost in seinem Tanzetablissement den Flair einer Weltstadt entstehen: Ein Conférencier begleitete das Publikum durch ein breit gefächertes Varietéprogramm mit in- und ausländischen Künstlern. Musik- und Showeinlagen wechselten sich in bunter Folge ab. Die Rote-Mühle-Girls sorgten mit ihren Darbietungen für Stimmung.

»Die Bar – mit aparten Damen an der Theke – war spätabendlicher Treffpunkt abgespannter Geschäftsleute, Bankiers, Künstler, Ärzte, Anwälte; der Tanzpalast bot ausgezeichnetes Kabarett, mit Claire Waldoff, Fred Endrikat, Ringelnatz, und hatte sein eigenes trefflich einexerziertes Hausballett, Leitung: Stella Joulotte, ›das schicke Persönchen‹«.[15]

Frau T. berichtete, daß diese Dame die Kostüme für ihre Girls schon 1927 aus Paris besorgt hat.[16] Auch die Besucher hatten ausgiebig Gelegenheit zum Tanz. Vom Lokal engagierte Eintänzer forderten alleinstehende Damen auf. Rundtänzerinnen dagegen nahmen sich der einsamen Herren an.

Abb. 3 Innenansicht Rote Mühle

Abb. 4 Ballsonntag auf dem Schützenfest – ein Vergnügen für groß und klein

Neben den eben aufgezählten Amüsiermöglichkeiten bestanden auch weiterhin die traditionellen Unterhaltungsstätten:

Für viele Hannoveraner und Hannoveranerinnen hatte das Schützenfest, das Mitte Juli an drei Tagen der Woche stattfand und mit einen Ballsonntag abschloß, als eine Möglichkeit der Tanzbelustigung immer noch eine große Bedeutung. Dies galt besonders für ausgehfreudige Töchter. Für sie war der Besuch von Tanzveranstaltungen oftmals stark reglementiert! Das Schützenfest bildete da meist eine Ausnahme, entweder deshalb, weil diese Festivität Tradition besaß, sie also allen Familienmitgliedern aus eigener Anschauung bekannt war oder aber, weil der Besuch des Ballsonntags nicht ausschließlich im Kreise der Freundinnen, sondern auch mit der gesamten Familie stattfand und somit auch immer unter Kontrolle blieb.[17]

Die Tanzveranstaltungen der Schützenfeste fanden auch vor sechzig, siebzig Jahren in einem großen Zelt statt, das mit langen Tischreihen angefüllt war. Lüttje-Lage-Tresen, Bier-Theken und Würstchen-Stände sorgten für das leibliche Wohl der Besucher. Eine Blaskapelle spielte meist die neuesten Schlager. Tango, Foxtrott, Schieber wurden – allerdings in eher volkstümlichen Versionen – auch im Schützenfest-»Ballsaal« getanzt.

Nicht unbedeutend für die Festkultur der breiten Bevölkerung ist die Rolle der Vereine gewesen und zwar unabhängig davon, zu welchem Zwecke sie sich zusammengeschlossen hatten. Die Vereine, Kleingärtner-, Gesangs- oder Sportvereine gleichermaßen, richteten eine Reihe von Festen aus. Sie fanden in verschiedenen Gaststätten statt, oft auch in Lokalitäten, die sowieso schon regelmäßig Bälle durchführten, oder aber in vereinseigenen Gebäuden.

Auch die SPD organisierte Feste: Tanzveranstaltungen für Mitglieder und Gäste im Großen Saal des Gewerkschaftshauses und Weihnachtsbälle im »Vahrenwalder Park«.[18]

»Beziehungen knüpfen«: Tanzbänder

Ein Tanzband, das in einigen Lokalitäten erst zum Tanzen berechtigte, kostete eine bis drei Mark. Diese Investition war eigentlich nur für anschlußsuchende Herren erforderlich. Als Frau konnte auf die Aufforderung eines Tänzers gewartet werden. Dieser kaufte dann meist für seine auserwählte Dame ein Tanzband, das diese sich an die Bluse steckte. Der Herr trug es im Anzugsaufschlag. Tänzer, die sich ohne Band vergnügten, wurden von eigens für diesen Zweck engagiertem Personal zum nachträglichen Kauf einer Tanzberechtigung aufgefordert.

Um bei weniger passionierten Tänzern »Fehltritten« vorzubeugen, war es vor dem Krieg noch üblich gewesen, auf einer ausgehängten Tafel für jedes gespielte Musikstück den dazugehörigen Tanz anzugeben. Durch die Invasion der afroamerikanischen Tänze, die keine Einhaltung einer bestimmten Schrittfolge mehr verlangten, kam dieser Service in den Zwanziger Jahren aus der Mode.[19]

Und immer wieder Tanzverbote

Die vielen obrigkeitlichen Reglementierungen des Tanzvergnügens von Seiten der Stadtverwaltung, gerieten, im Gegensatz zu dem Mythos der Goldenen Zwanziger Jahre, schnell in Vergessenheit.

Eine der einschneidensten Reglementierungen, nämlich ein totales Tanzverbot, war die Reaktion der Regierung auf die Besetzung des Ruhrgebietes durch französische und belgische Truppen im Januar 1923:

»Öffentliche Tanzlustbarkeiten sowie private Tanzlustbarkeiten in Gast- und Schankwirtschaften oder in solchen mit diesen in Verbindung stehenden Räumen sind zu verbieten.«[20]

Weiterhin wurde der Ausschank von alkoholischen Getränken an Jugendliche unter 16 Jahren untersagt und die Sperrstunde auf 11 Uhr abends festgesetzt.

Doch schon am 14. Februar 1923 wurde das Tanzverbot wieder gemildert. Einen Tag später ist im *Hannoverschen Anzeiger* zu lesen:

»Die zahllosen Proteste und Einsprüche der aufs Schwerste geschädigten Gastwirtsorganisationen werden, wie wir erfahren, die Reichsregierung, das preußische Ministerium des Innern und das Berliner Polizeipräsidium wahrscheinlich bereits heute zu einer Milderung des Tanzverbotes veranlassen. Man will drei Tanzabende bewilligen. Außerdem wird die Polizeistunde für Berlin bis 12 Uhr verlängert. Nachmittags-Tanztees bleiben weiter verboten. Die maßgebenden Behörden haben die Ueberzeugung gewonnen, daß bei der voraussichtlichen Dauer der Ruhrkrise eine bestimmte Berufsgattung nicht durch derartige scharfe Maßnahmen in Not gebracht werden darf. Zugleich mit den Milderungen wird aber ausdrücklich angekündigt werden, daß sofort das allgemeine Tanzverbot eintritt, wenn die Interessen nicht für eine würdige und der Notlage entsprechende Durchführung des neuen Erlasses in jeder Beziehung Sorge tragen.«

Der neue Erlaß sah folgendes vor:

»Es ist verboten, öffentliche Tanzlustbarkeiten zu veranstalten oder als Verfügungsberechtigter über den Raum zu dulden, sowie an solchen Tanzlustbarkeiten teilzunehmen. – Die Ortspolizeibehörde ist berechtigt an höchstens drei von ihr ein für allemal allgemein festzusetzenden Tagen der Woche öffentliche Tanzlustbarkeiten zuzulassen, mit der Maßgabe, daß die Tanzlustbarkeit frühestens um 8 Uhr abends, Sonntags frühestens um 6 Uhr abends beginnen und bis zur Schlußstunde dauern darf.«[21]

Im Angesicht dieser endlosen Aneinanderreihungen von Regelungen und Vorschriften ist anzunehmen, daß viele Menschen die stattfindenen Tanzveranstaltungen umso intensiver genossen. Sie wollten vergessen, eben auch die immer noch angespannte politische Lage. Eintauchen in eine Traumwelt, die die Texte der Tanzschlager illustrierten: Zigeunerromantik, Exotik und Orient.

Alles in allem der »Tanz auf dem Vulkan« frei nach dem Motto: »Man lebt ja nur so kurze Zeit und ist so lange tot.«[22]

Die Schlagerparade vom Winter/Frühjahr 1928:

Eine schöne weiße Chrysantheme
Ich reiß mir eine Wimper aus
Jetzt geht's der Dolly gut
Heut geh'n wir morgen erst ins Bett –
heut tanzt Mariett'
Die schöne Wirtin vom gold'nen Stern
Wenn ein Fräulein keinen Herr'n hat (What do we do on a ...)
Mein Papagei frißt keine harten Eier

Abb. 5 Notentitelblatt Salome, 1920

Gehst du mit nach Honululu
Ja bei den Hottentotten
Ich will von der Lily nichts wissen
Ja,ja, die Frau'n sind meine schwache Seite
Leila
My blue heaven (Ich nur und du – und Baby dazu)
Rain (Blau)
The Song Is Ended (Das Lied der Liebe)
Russian Lullaby[23]

Ein sehr beliebter Schlager zu Beginn der Zwanziger Jahre war »Salome« nach einer Melodie von Robert Stolz:

Still durch den Sand der Sahara dahin
die Karawane sich zieht,
welche der Forscher, der junge, aus Wien,
führt in ein neues Gebiet.
Plötzlich am Rand der Oase erspäht,
was er geschaut nie zuvor,
er sieht ein Weib, das jauchzend sich dreht,
zu der Araber Chor.

Salome, schönste Blume des Morgenlands,
Salome, wirst zur Göttin der Lust im Tanz!
Salome, reich den Mund mir, wie Blut so rot,
Salome, deine Küsse sind süßer Tod!

Oder:

Salome, schönste Blume des Morgenlands,
Salome, du drehst heut dich für mich im Tanz.
Salome, sollst nur einmal mir alles sein,
Salome, schenk dein Herz mir und werde mein.[24]

Abb. 6 aus: Die Freundschaft, 1. Jg. 1919, Nr.19

Exkurs:

Reiner Hoffschildt
Die neuen Tanzvergnügungen der Homosexuellen

Nachdem die Qualen des Ersten Weltkriegs und die Wirren der Nachkriegszeit traditionelle Werte erschüttert und als scheinheilige Fassade bloßgelegt hatten, bescherte die zunehmende Liberalisierung auch den Homosexuellen kleine, halbversteckte Freiheiten.

Homosexuelle trafen sich, vermutlich erstmals, zu Tanzveranstaltungen in öffentlichen Lokalen. Es wird berichtet von monatlichen Tanzveranstaltungen im »Neustädter Gesellschaftshaus«[25], bei denen Knaben und Jünglinge in weiblicher Ballkleidung den Damenflor vertraten«[26]. »Ein zweiter minder vornehmer Treffpunkt war der alte Ballhof, ein Barocksaal aus der Königs- und Kurfürstenzeit.«[27] Im Altstadtlokal Ballhof konnte man essen und tanzen. Viele Homosexuelle verkehrten dort, Frauen hatten keinen Zutritt.[28] Weiter wird das »stadtbekannte Lokal … von Wollburg in der Neuen Straße«[29] genannt. »Hier verkehrt die zweite und dritte Garnitur«.[30] Möglicherweise war damit das Lokal gemeint, das Theodor Lessing folgendermaßen beschrieb: »Und für die allerunterste Schicht gab es in ei-

Abb. 7 aus: Die Freundschaft 1. Jg. 1919, Nr.19. Zeitschrift der Homosexuellenbewegung, Berlin.

ner der ältesten und verrufensten Straßen der Altstadt, welche Neue Straße« heißt, ein kleines Tanzlokal genannt ›Zur schwulen Guste‹, wo nur auf ein bestimmtes Zeichen hin zugelassen, lesbische Mädchen und gleichgeschlechtlich gerichtete Männer nachts zusammenkamen.«[31]

Fast alle Beschreibungen sind von Nichthomosexuellen, also wohl aus zweiter Hand. Die Gefühle der Homosexuellen konnten die Autoren kaum wiedergeben.

Leider dauerte die neue Freiheit, in einem Ballsaal zu tanzen, für Homosexuelle nicht allzulange, die Aufdeckun der Haarmann-Morde schlug wie ein Blitz in die Schein- idylle des »gesunden Volksempfindens«, brachte alle Ho- mosexuellen wieder in Verruf. Jedenfalls wird berichtet: »Zum großen Teil haben sie Hannover nach dem Bekannt- werden der Haarmann-Morde fluchtartig verlassen.«[32] Dies scheint maßlos übertrieben und trifft sicher nur für einige wenige und nur für kurze Zeit zu, denn immerhin soll es nach Polizeiangaben 30 – 40.000 Homosexuelle in Hannover gegeben haben[33], ein Zahl, die wahrscheinlich um 50 Prozent zu hoch geschätzt ist, es sei denn, man rech- net auch Besucher aus dem weiten Umland hinzu.

Im Zusammenhang mit dem Haarmann Prozeß berichte- te jedenfalls Hans Hyan 1924, daß das Neustädter Gesell- schaftshaus »jetzt aber eingehen dürfte; der Magistrat hat gegen den Wirt Schrader die Räumungsklage eingeleitet und Herr Sch. hat den Prozeß verloren – ein Urteil das wie- derum bezeichnend für die allgemeine Auffassung dieser Lebenserscheinung ist.«[34]

Die Heterosexuellen verdrängten diesen Schreck in ihrer Stadt wohl alsbald, sie tanzten weiter. »Neben Walzer und Tango ist der Schieber sehr beliebt, zumal gerade im Rhythmus dieses leichten Marschtrittes ein schöner Schla- ger aufgekommen ist.
Sein Refrain lautet:

Warte, warte noch ein Weilchen,
dann kommt auch das Glück zu Dir.
Blühn im Garten schon die Veilchen,
kopft es leis an Deine Tür.

Der ursprüngliche Text ist aber schnell vergessen und vom Volksmund umgedichtet. Die Paare halten sich fest im Arm, sehen sich lachend in die Augen, drohen schelmisch mit dem Finger und singen lustig dazu:

Warte, warte noch ein Weilchen,
dann kommt Haarmann auch zu Dir,
mit dem kleinen Hackebeilchen
und macht Hackefleisch aus Dir!

Das Haarmann-Lied wird zuerst in den hannoverschen Tanzsälen gesungen, macht aber schnell seinen Weg quer durch Deutschland.«[35]

Die Homosexuellen hingegen wurden wieder aus ihrem öffentlichen Ghetto in den Privatbereich zurückverwiesen.

Ein alter Herr, der nicht genannt werden will, berichtete in einem Interview, daß man sich dann Ende der Zwanziger Jahre wieder gelegentlich zum Tanz in einem Ausflugslokal bei Bückeburg traf. Der Wirt, der selbst homosexuell gewe- sen sei, organisierte diese Tanzabende. Von den Nazis wur- de der Wirt wegen seiner Homosexualität angeblich später in ein Konzentrationslager gebracht. Er soll dort umge- kommen sein.[36]

Anmerkungen

1 Mann 1981, S. 143.
2 Vgl. Geschichtswerkstatt Hannover 1987.
3 Vgl. Eichstedt/Polster 1985, S. 42; Zitat: Mann 1981, S. 143.
4 Marwedel 1987, S. 216.
5 Pollack, Heinz, Die Revolution des Gesellschaftstanzes, zit.n.: Günther/Schäfer 1959, S. 213f.
6 Vgl. Eichstedt/Polster 1985, S. 98.
7 Pollack, zit.n. Günther/Schäfer 1959, S. 213f.
8 Ebd., S. 213.
9 Vgl. Engel 1986, S. 39.
10 Gespräch mit Frau T., Aufz. bei der Verfasserin.
11 Ebd.
12 Ebd.
13 Ebd.
14 Vgl. Weidlich/Stille 1968, S. 92.
15 Ebd., S. 92.
16 Aufz. bei der Verfasserin.
17 Vgl. Gespräch mit Senioren der Corviniusgemeinde Stöcken, Aufz. bei der Verfasse- rin.
18 Ebd.; der Vahrenwalder Park soll sich in der Nähe der heutigen Haltestelle Dragoner- straße befunden haben.
19 Ebd.
20 HA v. 20.1.1923.
21 HA v. 15.2.1923; die Schlußstunde war um 23 Uhr.
22 Zit. n. Marwedel 1987, S. 217.
23 Zit. n. Fox 1988, S. 31.
24 Text: Artur Rebner; Musik: Robert Stolz. Copyright 1920 by Wiener Böhme Verlag GmbH, Berlin/München; zit.n.: Föhringer 1989., S. 32.
25 Hyan, Hans: Massenmörder Haarmann, Berlin 1924, S.64, Lessing, Theodor, Haar- mann, Berlin 1925, S.14.
26 Lessing, a.a.O., ebd.
27 Ebd. (Auch erwähnt in Lessing, Theodor: Die Zeugen, in Artikelsammlung, vermut- lich von Lessing selbst zusammengestellt, StAH, Lessing Nachlaß, Nr. 2593, S.4.
28 Haarmann der 24fache Mörder, Hannover 1925, S.15.
29 Hyan, Hans, a.a.O., S.64.
30 Ebd.
31 Lessing, a.a.O., S.15.
32 Hyan, a.a.O., S.40.
33 Ebd., S.63.
34 Ebd., S.64.
35 Kampfmeyer, Jochen: Vor 50 Jahren: MASSENMÖRDER FRITZ HAAARMANN ENTHAUPTET, Dokumentarbericht, S.26 f., NHStA.
36 Interwiev vom 28.1.89, Kassette 14/19 im Schwullesbischen Archiv Hannover (SARCH).

Literatur:

Eichstedt, Astrid / Polster, Bernd, Wie die Wilden, Berlin 1985.
Engel, Walter, Veronika, der Lenz ist/war da, Hannover 1986.
Föhrinder, Walter (Hg.), Nur nicht aus Liebe weinen ... Die schönsten deutschen Schla- ger von den Anfängen der Schallplatte bis in die Nachkriegszeit, Bergisch Gladbach 1989.
Fox aus 78. Ein Magazin rund um die gute alte Tanzmusik, München 1988.
Geschichtswerkstatt Hannover (Hg.), Alltag Zwischen Hindenburg und Haarmann, Hamburg 1987.
Günther, Helmut / Schäfer, Helmut, Vom Schamanentanz zum Rumba, Stuttgart 1959.
Haarmann der 24fache Mörder, Hannover 1925 (Broschüre).
Hyan, Hans, Massenmörder Haarmann, Berlin 1924.
Lessing, Theodor, Haarmann, Berlin 1925.
Mann, Klaus, Der Wendepunkt, Ein Lebensbericht (1949) München 1981.
Marwedel, Rainer, Theodor Lessing 1872-1933. Eine Biographie, Darmstadt/Neuwied 1987.
Weidlich, Hansjürgen / Stille, Ulrich / Toll, Hans-Joachim, Hannover – So wie es war 1900-1939, Hannover 1968.

Helma Meier-Kaienburg

»Tanzlustbarkeiten – Trupps und Trunkenbolde«:

Freizeitbeschäftigungen auf dem Land[1]

»Ich war immer die Schickste beim Tanzen. Ich habe nämlich mal sehr gut ausgesehen. Und ich hatte immer eine rote Schleife im Haar«, erzählte Frau M., heute 81 Jahre alt, in einem Gespräch über die Zeit, in der sie als Spargelschälerin bei der Burgdorfer Konservenfabrik arbeitete. Und Frau Else B., die 1916 mit 15 Jahren als »Spargelmädchen« nach Burgdorf kam, sagte: »Ich hätte lieber 3 Tage gehungert, als ein mal Tanzen versäumt.«[2]

In Erinnerungsgesprächen mit Frauen aus der Umgebung Hannovers nahm das Tanzen einen breiten Raum ein, war es doch die Freizeitbeschäftigung überhaupt. Und einige lernten dabei auch ihren späteren Ehemann kennen.

Die Schilderungen ihrer Freizeitvergnügen hatten in den Gesprächen mit den ländlichen Arbeiterinnen vermutlich eine so große Bedeutung, weil der Kontrast zwischen Arbeit und Freizeit auf dem Land außerordentlich stark war. Insbesondere die Frauenarbeit war schwer. Während die Männerarbeit in den Zwanziger und Dreißiger Jahren durch den Einsatz von Maschinen zunehmend erleichtert wurde, blieben den Landarbeiterinnen die anstrengenden Arbeiten, die sie schon immer hatten tun müssen: körperlich schwere Tätigkeiten wie das Hacken und Verziehen der Rüben, das Binden der Garben und das Legen und Aufsammeln von Kartoffeln. Die ländlichen Fabrikarbeiterinnen in den Konservenfabriken standen stundenlang am Band, mußten schwere Kessel heben oder schälten Spargel im Akkord.

Arbeitszeiten zwischen 12 und 14 Stunden waren im Sommer für Landarbeiterinnen die Regel. Die ländlichen Fabrikarbeiterinnen arbeiteten in der Saison nicht selten bis zu 20 Stunden am Tag, damit das angelieferte Gemüse nicht verdarb.

Hinzu kam besonders für die verheirateten Frauen nach der Erwerbsarbeit noch die Hausarbeit. Und es gab kaum etwas, was ihnen diese Arbeit erleichterte. Arbeitssparende Maschinen wie Staubsauger, Waschmaschinen und Kühlschränke existierten zwar schon, konnten aber wegen der niedrigen Löhne in der Unter- und Mittelschicht nicht

angeschafft werden. Die traditionelle Rollenverteilung blieb trotz zunehmender Erwerbstätigkeit jüngerer Ehefrauen und Mütter weiter bestehen. Ehemänner fanden es meist unter ihrer Würde, sich an der Hausarbeit zu beteiligen, und die Frauen waren oft auch stolz darauf, daß sie »alles alleine schafften«.

Zum Dank wurden sie seit Beginn der Zwanziger Jahre, nachdem konservative und kirchliche Kreise mit tatkräftiger Unterstützung des deutschen Blumenhändlerverbandes den Muttertag nach amerikanischem Vorbild eingeführt hatten, einmal im Jahr geehrt.[3]

Freizeit auf dem Land war also, besonders in den Sommermonaten, knapp bemessen, und nach der harten, einförmigen und langen Arbeitszeit stürzte man sich in die billigste und schönste Freizeitmöglichkeit, die es gab: die »Tanzlustbarkeiten«.

Sie waren tatsächlich schick, die Landmädchen, und entsprachen keineswegs der gängigen Vorstellung von der »Unschuld vom Lande« in den Zwanziger Jahren. Dies bestätigen auch die Fotos, mit denen die ehemaligen Landarbeiterinnen und ländlichen Fabrikarbeiterinnen ihre Aussagen illustrierten.

Obwohl sie wenig Geld für Kleidung ausgeben konnten, denn Frauenlöhne auf dem Land waren extrem niedrig, kleideten sie sich durchaus modisch. Sie entsprachen zwar nicht gerade dem Typ der attraktiven Frau mit Bubikopf, geschminktem Gesicht, modischer Kleidung und Zigarette, der in den Zwanziger Jahren in Illustrierten und Filmen verbreitet wurde, aber mit den Großstadtmädchen dieser Zeit konnten sie es durchaus aufnehmen: Kniekurze Rökke, Riemchenschuhe und flotte Haarschnitte gab es auch bei ihnen. Getanzt wurde bei entsprechenden Veranstaltungen der Vereine: Maskerade, Tanz in den Mai, Schützenfest, Erntefest, Wintervergnügen und auf sogenannten Tanzlustbarkeiten, die an den Wochenenden in den Kleinstädten stattfanden.

Dort gab es meistens drei oder vier Gastwirtschaften mit größeren Sälen, in denen eine Kapelle oder ein einzelner

Abb. 1 Spargelstecherinnen

Musikant auf dem Akkordeon oder am Klavier zum Tanz spielte. In vielen Fällen lassen sich diese Gastwirtschaften auch sozialen Schichten zuordnen. Im wesentlichen bestimmte die Höhe des Eintrittspreises, wohin man ging. Es gab allerdings auch Lokale, in denen fast ausschließlich geschlossene Gesellschaften stattfanden. Diese besuchten junge Mädchen nur in Begleitung Erwachsener. Die jungen Land- und Fabrikarbeiterinnen gingen hingegen mit Gleichaltrigen, d. h. im allgemeinen mit einer Freundin oder Freunden zum Tanzen. Beliebte Lokale in dieser Zeit waren das Schützenhaus und die Gastwirtschaft Bührke in Burgdorf, das Hotel Friese und die »Deisterpforte« in Springe. In Neustadt am Rübenberge ging man in das Hotel Nülle, die Bürgerhalle oder in das Gasthaus »Stadt Hannover«.

In den Orten, wo Saisonarbeiterinnen in Schnitter-Kasernen lebten und am Wochenende bestimmte Tanzlokale besuchten, kam es gelegentlich zu Auseinandersetzungen zwischen einheimischen und auswärtigen Männern. Um die Burgdorfer »Spargelmädchen« gab es beispielsweise manchmal Schlägereien zwischen Einheimischen und Soldaten aus Celle.

Getanzt wurden meist traditionelle Tänze wie langsamer Walzer, Wiener Walzer, Rheinländer oder Schieber. Modetänze wie Charleston oder Shimmy, die in den Zwanziger Jahren in den Großstädten vorherrschten, spielten bei den Tanzbelustigungen auf dem Land eine geringere Rolle.

Getrunken wurde bei solchen Tanzveranstaltungen hauptsächlich Bier, Limonade oder eine sogenannte Apfelschorle, ein leicht alkoholisches Getränk. Wein, Sekt oder aufwendige Cocktailgetränke waren zu teuer. Auch Branntwein wurde von Tanzpaaren wenig getrunken, er blieb meist besonderen Anlässen vorbehalten.

Reglementierungen

Obwohl das Tanzen zu den beliebtesten Freizeitbeschäftigungen in Stadt und Land gehörte, waren die Möglichkeiten, diesem Vergnügen nachzugehen, in den Großstädten deutlich besser als auf dem Land.

Die Freizeitgestaltung der Landbevölkerung unterlag sowohl zeitlich als auch inhaltlich einer weitaus stärkeren Reglementierung als diejenige der Großstädter. Auf vielfältige Weise versuchten Magistrate, Landräte und Regierungspräsidenten Einfluß auf das Freizeitverhalten »ihrer« ländlichen Bevölkerung zu nehmen.[4]

In der Zeit vor dem Ersten Weltkrieg bis weit in die Zwanziger Jahre hinein mußte jede einzelne Tanzveranstaltung genehmigt werden, sei es ein Vereinsfest, eine geschlossene Gesellschaft oder ein öffentliches Tanzvergnügen am Wochenende. In Kleinstädten mußte die Erlaubnis mindestens drei Tage, in Landgemeinden mindestens acht Tage vor dem Veranstaltungstermin eingeholt werden. Ab 1895 kostete eine Genehmigung 1.50 M an Stempelsteuer.

Bei »überwiegender Teilnahme von Angehörigen der ärmeren Volksklassen« war eine Ermäßigung auf 0.50 M möglich.

Bei Nichtbeachtung wurden Geld- bzw. Haftstrafen angedroht.

35

Abb. 2 »Spargelmädchen« im Sonntagsstaat 1927

Als genehmigungspflichtige Tanzveranstaltung galt jegliches Tanzen in Gastwirtschaften. Wenn jemand einen Musikautomaten anstellte oder sich ans Klavier setzte und Gäste zur Musik tanzten, galt dies bereits als Tanzveranstaltung und war nur erlaubt, wenn der Gastwirt für diesen speziellen Termin vorher eine Genehmigung eingeholt hatte. Duldete der Wirt das Tanzen ohne Erlaubnis, so machte er sich strafbar.[5]

In den folgenden Jahren wurde die Stempelsteuer zweimal erhöht. 1908 belief sie sich auf 5 M, was einen nachhaltigen Protest der Gastwirte in den Landkreisen zur Folge hatte. Die alte Regelung, daß eine Ermäßigung des Steuersatzes möglich war, wenn die Teilnehmerinnen und Teilnehmer den ärmeren Volksklassen angehörten, sollte von nun an sehr eng ausgelegt werden. Eine Zeitung bemerkte hierzu:

»Wir möchten eine einzige Polizeibehörde sehen, welche ernstlich behaupten wollte, daß die Teilnehmer der öffentlichen Tanzlustbarkeiten ... nicht den ärmeren Klassen der Bevölkerung angehörten. Denn der nur einigermaßen wohlhabende Teil der Bevölkerung befriedigt sein Tanzbedürfnis in geschlossenen Vereinen, und gar die reichen Kreise kennen den öffentlichen Tanzboden nur vom Hörensagen. Für sie ist er der Inbegriff aller Unsittlichkeit, weshalb sie sich vornehm in Privat- oder Familienzirkeln in ihren Salons abschließen.«[6]

Bei der zweiten Erhöhung 1921 wurde die Stempelsteuer noch einmal verdreifacht. Dies war allerdings mehr oder weniger eine Anpassung an die Geldentwertung, die seit dem Ersten Weltkrieg eingesetzt hatte.

Während die Besteuerung von Tanzveranstaltungen durchaus als Mittel angesehen wurde, die Anzahl solcher Veranstaltungen einzuschränken, gab es zusätzlich erhebliche zeitliche Beschränkungen durch Verordnungen, die nur die Landkreise betrafen. Im folgenden zwei Beispiele:

Im Jahre 1900: Der Regierungspräsident in Hannover forderte die Landräte seines Bezirks auf, Tanzbelustigungen so zu regeln, »daß in mehreren benachbarten in regem Verkehr stehenden Orten an denselben Tagen getanzt wird, damit das Gesinde sich möglichst mit den an dem eigenen Wohnort oder dessen nächster Umgebung veranstalteten Tanzbelustigungen bescheiden muß.« Da Tanzbelustigungen nach seiner Auffassung die Arbeitslust und Fähigkeit des Gesindes durch ihre lange Dauer beeinträchtigten, sollte außerdem angeordnet werden, daß sie spätestens um 12 Uhr nachts zu enden hatten.

Im Jahre 1902: Durch Polizeiverordnung des Regierungspräsidenten in Hannover über die »äußere Heilighaltung der Sonn- und Feiertage« wurden Tanzveranstaltungen auf die Zeit von 20-24 Uhr an Sonnabenden und 15-22 Uhr an Sonntagen begrenzt.[7]

Für die Landbevölkerung waren derartige Eingriffe nicht ungewöhnlich: Die Preußische Gesindeordnung sorgte für eine starke Abhängigkeit vom Arbeitgeber. Außerdem benachteiligte das Wahlrecht zu Gemeinderat, Kreistag und Landtag vor 1914 gerade die sozial Schwächeren und hielt das System der Bevormundungen aufrecht, unterstützt durch Schule und Kirche.

Abb. 3 Spargelernte 1930

War das Freizeitverhalten der Unterschicht schon in wilhelminischer Zeit von der adligen, großbäuerlichen und ländlich-bürgerlichen Schicht (Lehrer, Pfarrer, Ärzte etc.) auf dem Land wegen seiner geringen Kontrollierbarkeit als eine gewisse Bedrohung empfunden worden, die man nur durch strenge Regelungen einschränken konnte, so nahm die Angst der ländlichen Oberschicht vor der »Unvernunft«, »Unmoral« und »Kulturlosigkeit« der ländlichen Arbeiterschaft mit Beginn der Weimarer Republik noch in erheblichem Maße zu.

Der Zusammenbruch des wilhelminischen Staates und der wilhelminischen Gesellschaftsordnung sorgte für eine starke Verunsicherung.

Die Angst davor, die soziale Kontrolle, die patriarchalische Struktur und die kulturelle Vorherrschaft auf dem Land zu verlieren, drückt sich in vielen Beiträgen der Zeitungen aus, die in den Landkreisen um Hannover erschienen. Lehrer, Pfarrer, konservative Redakteure und andere Autoritäten beschäftigten sich beispielsweise mit Themen wie »Deutschland als Schützer der Kultur«, »Von der roten Rosa bis zur gemeinsten Dirne« oder »Ich habe Heimweh nach meinem Kaiser«.

Deutschland als Schützer der Kultur

»… Auf dem Grabe des Reichs baut der Bolschewist Hand in Hand mit ›Spartakus‹, dem Kulturhasser, die neue Welt. Die Ideen zünden in den Köpfen derer, welche ohne geschichtliche und nationale Schulung unbeschwert durch Einsicht in die Wirklichkei-

ten dahinleben … Was wird aus Deutschland werden? Ob ihm trotz aller Vergewaltigungen durch die Entente nochmals der Schutz der europäischen Kultur gelingen wird? Es wird werden wie Gott es will.«[8]

»Von der roten Rosa bis zur gemeinsten Dirne« Wahlrecht und Wahlpflicht der Frauen

»… Man gönnt es (das Wahlrecht) einem guten Teil, der in dienender Stellung tätig ist, teils als Erzieherinnen, teils als rechtschaffene Arbeiterinnen. Daneben gibt es freilich auch einen Teil Frauen, Drohnen, Vampyre, arbeitsscheue, unzufriedene, habsüchtige, männertolle, in deren Hand das Wahlrecht ein gefährliches Feuerzeug ist. Und gerade dieser Teil hat sich sehr stark an der Agitation zur Erlangung des Frauenwahlrechts beteiligt und nun über Nacht sich in den Besitz gesetzt … Was soll aus den Kindern werden, die in einem solchen Hause aufwachsen! Was werden sie an Schmutz mit ins Leben hinaustragen! Welche Mutter gute Kinder um sich her sehen will, stolz einmal aufsehen will auf ihren braven Sohn und sittsame Tochter, die hütet ihr Haus und ihre Ehe vor Gemeinheit, Laster, Unkeuschheit, Sinnenlust, Liederlichkeit … Edle Jünglinge, reine Jungfrauen werden nur im Mutterschoß eines frommen Hauses groß. Darum erfüllt eure Wahlpflicht!

Das sollt ihr wissen, daß alle üblen Vertreterinnen eures Geschlechts ausnahmslos ihre Stimme abgeben

37

werden von der roten Rosa an bis zur gemeinsten Dirne. Alles unter ihnen, was glaubenlos, heimatlos, vaterlandslos, ehrlos, lieblos, arbeitslos, friedlos ist, wartet auf den Tag, an dem es zum Schaden für Volk und Familie seinem Herzen Luft machen kann.«[9]

Die Zitate geben einen guten Einblick in die hochbrisante Lage nach dem Ersten Weltkrieg und der Revolution von 1918/19. Die ländliche Oberschicht versuchte, den Verlust politischer Macht durch Kontrolle der kulturellen Aktivitäten der Landbevölkerung aufzufangen. Eine Flut von Reglementierungen durch Landräte und Regierungspräsidenten setzte ein:

1919-1921	Einschränkungen von Tanzveranstaltungen wegen des »noch währenden Notstandes« oder wegen Kohlenknappheit.[10]
1921	Festlegung der Polizeistunde in Landkreisen auf 23 Uhr.[11]
1926	Gebührenerhöhung für die Verlängerung der Polizeistunde.[12]
1928	Zulassung von maximal 3 Tanzlustbarkeiten pro Woche in Landkreisen.[13]

Erst ab 1929 wurden die Durchführungsbestimmungen für Tanzlustbarkeiten auf dem Land etwas gelockert. Genehmigungen brauchten jetzt nicht mehr für jede einzelne Veranstaltung eingeholt zu werden, sondern sie konnten für einen Zeitraum bis zu einem Jahr beantragt werden.

Auch was die Moral oder die sogenannte sittliche Gefährdung der Bevölkerung anging, waren die Behörden um die Landbevölkerung weitaus stärker besorgt als um die Großstadtbewohner. Insbesondere in den ersten Jahren nach dem Ersten Weltkrieg beschäftigten Behörden und andere Autoritäten sich mit diesem Problem:

– Im Mai 1919 empfahl der Regierungspräsident in Hannover den zuständigen Landräten beispielsweise »alle Lustbarkeiten, bei denen ein höheres Interesse der Kunst und Wissenschaft nicht obwalte«, zu untersagen.[14]
– 1921 riet er ihnen, Karnevalsveranstaltungen möglichst zu verbieten.[15]
– 1926 beschwerte sich ein Lehrer aus Kohlenfeld beim Landrat in Neustadt, daß sich Kinder und Jugendliche nach Einbruch der Dunkelheit noch beim Tanz auf Ern tefesten aufhielten. Er forderte eine Kontrolle aller Erntefeste durch Landjäger.[16]

In den Berichten der Landräte an den Regierungspräsidenten in Hannover ist immer wieder die Rede von den angeblichen Auswüchsen im gesellschaftlichen Leben der Landkreise, von großer Vergnügungssucht und Tanzlust, die in erschreckendem Maße zugenommen habe, und von anderen Lustbarkeiten, die ebenfalls einen großen Umfang erreicht hätten.[17]

Solche Beispiele zeigen, daß die Vertreter der alten staatlichen Ordnung versuchten, ihre politischen, kulturellen und moralischen Anschauungen auch im neuen Staat durchzusetzen.

Verunsichert durch die Modernisierung der Gesellschaft, schöpften sie die ihnen verbliebenen Machtmittel voll aus, um – wie in wilhelminischer Zeit – Kunst, Kultur und Moral zu beeinflussen.

Andere Freizeitmöglichkeiten

Das Freizeitangebot in anderen Bereichen auf dem Land war wenig abwechslungsreich. Kinobesuche, Sport und Handarbeiten wurden von den befragten Frauen als wichtigste Freizeitbeschäftigung nach dem Tanzen genannt.

– Kinos gab es in den Kleinstädten um Hannover spätestens seit dem Ersten Weltkrieg. Der Kinobesuch hatte für die Arbeiterinnen auf dem Land allerdings keinen besonderen Stellenwert. Hierfür wurden zwei Gründe genannt: Die Eintrittspreise waren zu hoch, und die Filme, die in den ländlichen Kleinstädten gezeigt wurden, waren nicht übermäßig attraktiv. Insofern war ein Kinobesuch in der Stadt Hannover interessanter. Eine Fahrt nach Hannover war aber wegen der zusätzlichen Kosten und des größeren Zeitaufwandes nicht oft möglich. Um Geld zu sparen, gingen die jungen Mädchen häufig ganz oder teilweise zu Fuß nach Hannover.
– An Sportarten wurden im wesentlichen Turnen und Schwimmen genannt. Man schwamm in den Flüssen Leine oder Aue. Die Kleinstädte hatten in den Dreißiger Jahren teilweise auch schon Freibäder angelegt.[18]
– Das Turnen wurde überwiegend von Frauen, die in Kleinstädten lebten, erwähnt. Die Turnvereine verfügten nach dem Ersten Weltkrieg zum großen Teil auch über Mädchenabteilungen. Für die Mädchen auf den Dörfern waren die Wege zu den Vereinsveranstaltungen in den Städten meist zu weit.
– Handarbeiten als nützliche Freizeitbeschäftigung wurde insbesondere von den Frauen genannt, die in den Dörfern lebten. Besonders im Winter gab es dort kaum andere Freizeitmöglichkeiten. Vereinzelt fand man in den Dörfern auch noch Spinnstuben. Sie hatten im 19. Jahrhundert im Leben der Dorfmädchen noch eine wichtige Rolle gespielt, waren aber in den meisten Gegenden zu Beginn des 20. Jahrhunderts aufgelöst worden.[19]

Stattdessen gab es in den Dörfern der Region Hannover-Land seit der Jahrhundertwende andere private, staatliche und kirchliche Gruppen.

Die privaten Zirkel wurden »Trupp« oder »Tropp« genannt und existierten vor allem in kleinen Dörfern ohne eigene Gastwirtschaft. Man traf sich reihum in der Nachbarschaft. Männer und Frauen »tagten« in verschiedenen Häusern. Die Frauen tranken Kaffee, die Männer Bier. Erstaunlicherweise spielten soziale Unterschiede angeblich kaum eine Rolle, Bauern und Gesinde saßen zusammen.

Die staatlichen und kirchlichen Vereine kümmerten sich vor allem um Mädchen und wollten diesen eine gewisse Abwechslung und geistige Anregung nach ihrer harten Arbeit bieten. In solchen Gruppen, die sich in Schulen oder kirchlichen Räumen trafen, wurden Geschichten vorgelesen, Bibeltexte erarbeitet, Spiele gelernt, Theaterstücke oder Singspiele eingeübt.

In einem Zeitungsartikel von 1916, den der Regierungspräsident in Hannover den Landräten des Bezirks zur Verfügung stellte, rief ein Fräulein von Roeder aus Schlesien zur Gründung von »Jungfrauen-Vereinen« auf dem Lande auf. Gebildete Landfrauen (Gutsfrauen, Pastorenfrauen, Lehrerfrauen oder deren Töchter) sollten »ihre Gaben, ihre Erziehung, ihre Bildung« einsetzen, um die Landmädchen von der Straße zu holen. Sie schrieb:

»Wenn man am Sonntag-Nachmittag durch ein größeres Bauerndorf kommt und sieht da die Bauernknechte und Mägde, wie sie sich auf der Dorfstraße rumtreiben und an den Hoftoren herumrekeln – ists nicht ein furchtbarer Vorwurf für uns, daß nichts für diese Jugend geschieht?«

Von solchen Vereinen erhoffte sie sich auch einen guten Einfluß auf die Männer und auf das gesamte Familienleben der Landarbeiter:

»Ob nicht mancher Vater abends zu Hause bleiben wird, wenn Frau und Kinder nach Feierabend singen und spielen und die Tochter dafür sorgt, daß immer ein Buch aus der Vereinsbücherei für ihn auf dem Tisch liegt? Oft treibt nichts wie Langeweile die Männer abends aus dem Haus.«[20]

Um auch die jungen Männer anzuziehen, die der Gefahr, ihre Zeit in Gastwirtschaften zu verbringen, noch weitaus stärker ausgesetzt seien als Mädchen, hielt sie auch »kombinierte Vereine« für sinnvoll. In ihnen sollten junge Männer und Mädchen zwar getrennt tagen, aber auch gemeinsame Veranstaltungen durchführen: Ausflüge, Bälle, patriotische Feiern.

Landadel und ländliches Bildungsbürgertum setzten so ihren Anspruch durch, auf die kulturelle und moralische Erziehung der Unterschicht Einfluß zu nehmen. Auf diese Weise fand eine gewisse soziale Disziplinierung statt.

Außer in Turnvereinen, Jungfrauenvereinen oder dem Vaterländischen Frauenverein spielten Frauen im Vereinsleben auf dem Land meist nur eine untergeordnete Rolle. Schützenverein, Kriegerverein, Feuerwehr, Gesangsverein oder Kleintierzuchtverein blieben den Männern vorbehalten. Nur an den Vereinsfesten nahmen auch die Frauen teil.

Freizeit in nationalsozialistischer Zeit

Die Nationalsozialisten versuchten auf massive Weise, Einfluß auf die Freizeitgestaltung der ländlichen Bevölkerung zu nehmen. Die Landjugend konnte relativ leicht durch Aktivitäten wie Fahrten, Spiele, Liedersingen, Umzüge und Feste gewonnen werden. Dies gelang allerdings nur bei den Einheimischen. Versuche, auch Wanderarbeiterinnen durch den Bund deutscher Mädel (BdM) zu erfassen, scheiterten offensichtlich daran, daß diese wenig Neigung zeigten, sich in ihrer geringen Freizeit an den Aktionen der Einheimischen zu beteiligen, da sie sich ohnehin nicht zugehörig fühlten.

Ein Konservenfabrikant im Raum Hildesheim berichtete dem Gewerbeaufsichtsamt in Hildesheim beispielsweise 1939, daß die Erfassung der jungen Mädchen durch den BdM bisher nicht gelungen sei, und die Mädchen »den frühen Arbeitsschluß nicht immer zu ihrem Vorteil« verwenden würden. Er beantragte deshalb längere Arbeitszeiten für die Mädchen, die noch keine 18 Jahre alt waren.[21]

Aktionen und Veranstaltungen sollten die Leute auf dem Lande für den Nationalsozialismus gewinnen helfen:

Die 500-Jahr-Feier der Stadt Burgdorf wurde zum Beispiel im Juni 1933 als nationalsozialistische Jubelfeier veranstaltet. Eine Woche lang wurde gefeiert mit Festumzügen, musikalischen Veranstaltungen, einem Festgottesdienst, einem extra für das Fest geschriebenen Theaterstück und einer Weihestunde zur Verleihung des Ehrenbürgerrechts an Adolf Hitler.

Die Erntefeste auf den Dörfern waren vor der Zeit des deutschen Faschismus eher schützenfestartige Veranstaltungen gewesen, bei denen vor allen Dingen getanzt und

Abb. 4 Tag der Deutschen Bauern auf dem Bückeberg bei Hameln am 8.10.1933

Abb. 5 Tag der Deutschen Bauern auf dem Bückeberg bei Hameln am 8.10.1933: Erntedank

getrunken wurde. Während des Nationalsozialismus wurden alte Erntebräuche im Sinne der nationalsozialistischen Ideologie neu interpretiert. Die Erntekrone wurde jetzt als »Sinnzeichen der Fruchtbarkeit« gefeiert.

Höhepunkt solcher Erntefeiern war das Erntefest auf dem Bückeberg bei Hameln, »einer altheiligen Weihestätte«, wo sich die Landbevölkerung »zusammenfindet, um des Führers Worten zu lauschen, die er vor Hunderttausenden deutscher Bauern aus allen Teilen des Reiches ... spricht.«[22]

Solche gekonnt inszenierten »Weihestunden« blieben offensichtlich nicht ganz ohne Wirkung. »Das war schon ein Ereignis, dort mußte man einmal gewesen sein«, kommentierte eine ehemalige Landarbeiterin aus einem hannoverschen Dorf die Teilnahme an einem Erntefest auf dem Bückeberg in den Dreißiger Jahren.

An diesen Beispielen zeigt sich, wie geschickt die Nationalsozialisten vorgingen. Das Anknüpfen an vorhandene Tradition, das Eingehen auf den gewohnten Rahmen des dörflichen Festlebens machte es ihnen möglich, vorhandene Formen unauffällig mit eigenen »völkischen« Inhalten zu füllen.[23]

Alkohol

Ein großes Problem auf dem Land war der Alkoholkonsum. Die Anzahl der Gastwirtschaften war außerordentlich hoch. Eine Aufstellung aus dem Kreis Springe von 1930 ergibt, daß sich in Bauerndörfern mittlerer Größe

etwa drei bis vier Gasthäuser und in kleineren Dörfern meist etwa ein bis zwei Wirtschaften befanden. Das Dorf Hüpede mit 389 Einwohnern hatte beispielsweise vier Gastwirtschaften, und das Dorf Rohrsen verfügte bei 144 Einwohnern über zwei Wirtshäuser.[24] Um einen bestimmten Kundenstamm zu halten, wurde gelegentlich Freibier ausgeschenkt. Dies geschah besonders an Sonntagnachmittagen für die schulentlassene Jugend.

Bei Erntefesten war es üblich, den Landarbeiterinnen und Landarbeitern Bier und Branntwein in großen Mengen zu spendieren. Überstunden wurden auch in den Zwanziger Jahren oft noch mit Branntwein »bezahlt«.

Die Zahl der Korn- und Kartoffelschnapsbrennereien hatte im Laufe des 19. Jahrhunderts stark zugenommen. Die Brennereien wurden für viele Gutsbetriebe zu einem einträglichen Nebengeschäft.

Eine Akte des Landratsamtes Neustadt mit dem Titel »Bekämpfung der Trunksucht auf dem Lande« zeugt von diesem Problem in wilhelminischer Zeit und während der ganzen Weimarer Republik.[25] Die Akte enthält zahlreiche Fälle von Alkoholmißbrauch. Das Wort »Bekämpfung« bedeutet nicht etwa, daß den Alkoholikern in irgendeiner Weise geholfen wurde, oder daß man versuchte, an den Verhältnissen auf dem Land, die zur Trunksucht führten, etwas zu verändern. Das Landratsamt führte lediglich einen Verwaltungsakt in drei Stufen durch:

1. Anzeige seitens der Ehefrauen oder seitens Landjägern, die eine betrunkene Person aufgefunden hatten. Es wurde der Antrag gestellt, diese Person unter »Schnapssperre« zu stellen.

2. Der Landrat schickte per Einschreiben eine schriftliche Verwarnung an den auffällig gewordenen Trinker mit der Aufforderung, zu einem »nüchternen Lebenswandel« zurückzukehren.
3. Blieb der Alkoholiker innerhalb einer Frist von einigen Wochen nicht nüchtern, wurde er per Verfügung des Landrats zum Trunkenbold erklärt. Diese Erklärung veröffentlichte das Landratsamt im Kreisblatt.

Eine solche Bekanntmachung hatte zum Beispiel folgenden Text:

»Der Abbauer und Zimmermann Wilhelm K. in Schneeren, welcher trotz Verwarnung einen nüchternen Lebenswandel nicht führt, wird als Trunkenbold erklärt. Geistige Getränke dürfen an K. nicht verabfolgt und der Aufenthalt in einer Gaststube darf ihm nicht gestattet werden. Zuwiderhandlungen werden gemäß Polizeiverordnung vom 7. Februar 1903 bestraft.
Die Magistrate, Gemeinde- und Gutsvorstände im Kreise werden ersucht, Vorstehendes den Gastwirten und Händlern mit Spirituosen sofort zu eröffnen und K. in dem Verzeichnis der erklärten Trunkenbolde nachzutragen. Der Königliche Landrat.« (*Leine-Zeitung* vom 16.8.1913)

Eine Abschrift des Verzeichnisses der »erklärten Trunkenbolde« sandte man an die benachbarten Landratsämter Linden, Hannover und Burgdorf. In der Verfügung wurde jedem, der dem »erklärten Trunkenbold« Branntwein ausschenkte, eine Strafe von mindestens 60 M bzw. eine Haftstrafe von 12 Tagen angedroht.

Mehrfach wurde in den Zwanziger Jahren erwogen, ob man an Lohnzahlungstagen den Ausschank von Branntwein verbieten sollte. Solche Pläne wurden aber immer wieder verworfen, da die Lohnzahlungen an verschiedenen Tagen erfolgten und es kaum möglich war, alle Gastwirtschaften in einem bestimmten Umkreis an mehreren Tagen zu schließen bzw. den Ausschank von Branntwein zu unterbinden.[26]

Während des Nationalsozialismus versuchte man, dem Branntweinausschank durch strenge Verbote beizukommen. Es wurde beispielsweise der sogenannte Winkelausschank, d.h. der offene Ausschank in Lebensmittelgeschäften, verboten.

Neben den Bestrebungen der Behörden gegen den Alkoholismus gab es, wie in anderen Gegenden des Reiches auch, im Raum Hannover eine Reihe von christlichen Vereinen, in denen Adlige und Gebildete sich zusammenfanden, um den Alkoholkonsum zu bekämpfen. Sie verteilten Traktate über die Schädlichkeit des Alkohols, tranken selbst keinerlei Alkohol, um als Vorbild zu wirken, gründeten Trinkerheilanstalten und vermittelten Entziehungskuren.[27]

Frauen waren von Alkoholproblemen offensichtlich weniger betroffen, um so mehr indirekt: Wenn die Männer tranken, gab es kaum Hilfe für die betroffenen Familien, denn nach Gründen für den verbreiteten Alkoholismus, die niedrigen Löhne, die schlechten Wohnverhältnisse, die harte und lange Arbeit, die geringen Möglichkeiten der Freizeitgestaltung fragte offensichtlich niemand. Der Alkoholismus wurde entweder bürokratisch verwaltet oder christlich-karitativ behandelt.

Zusammenfassend kann man sagen, daß das Leben auf dem Land in der ersten Hälfte des 20. Jahrhunderts insbesondere für die ländliche Arbeiterschicht, bei weitem nicht

so lustig und gesund war, wie es heute in manch einer Heimatchronik geschildert wird. Je mehr Dörfer von Regionalplanungsinstanzen in den Sechziger und Siebziger Jahren genormt wurden und ihre Identität verloren, desto stärker wurde die Tendenz, die »gute, alte Zeit« auf dem Land zu idealisieren. Aber die Schilderungen der heilen Dorfwelt halten oft einer näheren Untersuchung nicht stand.

Anmerkungen

1 Der Raum Hannover-Land umfaßt die ehemaligen Landkreise Neustadt, Burgdorf, Hannover, Linden und Springe. Er deckt sich etwa mit dem Gebiet des heutigen Landkreises Hannover, der seit 1974 die Landeshauptstadt in einem Ring von ca. 5 – 25 km Breite umschließt.
2 Die Äußerungen entstammen Interviews mit Frauen, die in den Jahren 1986-1988 geführt und von der Verfasserin in einer Dissertation ausgewertet wurden: siehe Literaturverzeichnis.
3 Zum Thema »Muttertag« vgl. Hausen, in: Huck 1980, S. 253ff.
4 NHStA, Hannover 174 (Akten der Landratsämter von 1895 – 1945); vgl. den Aufsatz von Marina Diop in diesem Band.
5 ALKH, NRÜ II 1112 und NHStA, Han. 174 Spr. 57.
Daß Übertretungen dieses Gesetzes empfindlich bestraft wurden, zeigt ein Gerichtsurteil aus dem Jahre 1907, in dem einige Maurer, die für ihre Bezirksgruppe im August 1907 in einem Dorf des Kreises Neustadt eine Tanzveranstaltung ohne Genehmigung durchgeführt hatten, verurteilt wurden. Die Genehmigung war wegen Erntearbeiten von der Behörde verweigert worden. Die Männer wurden zu 20-30 M Strafe, hilfsweise vier bis fünf Tage Haft verurteilt. Das Bußgeld entsprach etwa dem Wochenverdienst eines Arbeiters (in: NHStA, Han. 174 Neu 582).
6 ALKH, NRÜ II 1112.
7 Ebd.
8 »Heimatklänge aus dem Amte Burgwedel« Nr.7 v. 1.4.1919.
9 »Heimatklänge aus dem Amte Burgwedel« Nr.4 v. 1.1.1919; Rote Rosa = Rosa Luxemburg.
10 ALKH, NRÜ II 1111 und 1143.
11 ALKH, NRÜ II 1131.
12 NHStA, Han. 174 Neu 578 u. Spr. 57.
13 In Großstädten hingegen waren Tanzveranstaltungen nicht genehmigungspflichtig. NHStA, Han. 174 Neu 582.
14 NHStA, Han. 174 Neu 582.
15 NHStA, Han. 174 Spr. 57.
16 NHStA, Han. 174 Neu 578.
17 NHStA, Han. 174 Neu 582.
18 Die Flüsse waren allerdings zum Teil durch Industrieabwässer schon stark verschmutzt. Der Oberfischmeister für die Binnengewässer der Provinz Hannover spricht zum Beispiel 1939 von einer »üblen Beschaffenheit« der Burgdorfer Aue (NHStA, Hannover 80 Lüneburg III 106). Aus diesem Grund wurde in Burgdorf ein Freibad gebaut.
19 Medick 1980, S. 23.
20 Frl. von Roeder, Wie sammelt und fesselt man die weibliche Jugend auf dem Lande? in: Stimmen aus der Arbeit, Monatsblatt der Provinz-Abteilung »Schlesien« es Deutschen Vereins für ländliche Wohlfahrts- und Heimatpflege, Breslau 1916, NHStA, Hannover 174 Neu 583.
21 NHStA, Han. 180, Hild. 5031.
22 Strobel 1937, S. 150.
23 Kaschuba/Lipp 1980, S. 144.
24 NHStA, Han. 174 Spr. 88.
25 NHStA, Han. 174 Neu 575.
26 NHStA, Han. 174 Spr. 88.
27 NHStA, Han. 174 Neu 575.

Literatur:

Hausen, Karin, Mütter zwischen Geschäftsinteressen und kultischer Verehrung. Der »Deutsche Muttertag« in der Weimarer Republik, in: Huck, Gerhard (Hg.), Sozialgeschichte der Freizeit. Untersuchungen zum Wandel der Alltagskultur in Deutschland, Wuppertal 1980, S. 249-280.
Kaschuba, Wolfgang / Lipp, Carola, Kein Volk steht auf, kein Sturm bricht los. Stationen dörflichen Lebens auf dem Weg in den Faschismus, in: Beck, Johannes u.a. (Hg.), Terror und Hoffnung in Deutschland 1933-1945. Leben im Faschismus, Reinbek bei Hamburg 1980, S. 111-155.
Medick, Hans, Spinnstuben auf dem Dorf. Jugendliche Sexualkultur und Feierabendbrauch in der ländlichen Gesellschaft der frühen Neuzeit, in: Huck, Gerhard (Hg.), Sozialgeschichte der Freizeit. Untersuchungen zum Wandel der Alltagskultur in Deutschland, Wuppertal 1980, S. 19-49.
Meier-Kaienburg, Helma, Frauenarbeit auf dem Land. Zur Situation abhängig beschäftigter Frauen im Raum Hannover in der Zwischenkriegszeit 1919-1939, Diss. phil., Hannover 1989 (Masch.).
Strobel, Hans, Bauernbrauch im Jahreslauf, Leipzig 1937.

Abb. 1 30 qm Segeljolle »Grille«

Christel Eleonore Ring

Vom Lustsegeln zum Sportsegeln

Das Segeln ohne kommerziellen oder kriegerischen Grund, also die sogenannte Lustschiffahrt wurde bereits von den Pharaonen auf den friedlichen Gewässern des Nils betrieben. Auch die Privatschiffe der Wikingerkönige hatten vermutlich eine ähnliche Funktion. Im 14. Jahrhundert wurden von den Holländern kleine, schnelle Segelschiffe für die Verfolgung von Seeräubern gebaut; bei den Amsterdamer Reedern wurde es in der Folgezeit üblich, mit solchen Schiffen ihren zurückkommenden Handelsseglern entgegenzufahren und zu solchen Spazierfahrten auch Freunde einzuladen, so daß der Name »Yacht« für Segelsportboote hier seinen Ursprung findet. Mitte des 17. Jahrhunderts kam das sportliche Segeln an den Hof des englischen Könighauses und erweckte dort lebhaftes Interesse. Die erste Segelregatta wurde hier bereits 1662 ausgetragen. Der erste Yachtclub, der »Cork Water Club«, wurde 1720 in Irland gegründet; 1775 folgte England mit dem »Cumberland Fleet«. Der »New York Yacht Club« entstand 1844 und wenig später, 1851, wurden die organisatorischen Voraussetzungen für den internationalen Wettkampfsport geschaffen.[1] Der erste deutsche Segelclub fand sich 1868 in Hamburg zusammen. Er richtete seit 1882 die internationale Regatta auf der Kieler Innenförde, die Kieler Woche aus.[2]

»Excellenz   Bremen, 26.Mai 1890
Verzeihung, wenn ich sie heute mit einer kleinen Bitte behellige. Ein Schwager von mir, Herr Joh. Koop aus Newyork hat sich für ein Jahr in Rehburg niedergelassen und möchte, da er ein eifriger Segler ist, gern die Erlaubnis haben, diesem Sport auf dem Steinhuder Meer zu huldigen. Es ist ihm mitgeteilt worden, daß er sich zu diesem Zwecke an das Fürstl. Lippische Hofmarschallamt zu wenden habe. Da ich auch nicht die Ehre habe, von dem gegenwärtigen Herrn Hofmarschall gekannt zu sein, so möchte ich

Eure Excellenz freundlichst bitten, mir den Namen desselben aufzugeben. Vielleicht ist die ganze Sache übrigens nur eine Formalität und es würde einer gesprächsweisen Mittheilung von Eurer Excellenz an den genannten Herrn genügen, um die Erlaubnis zu erhalten, in welchem Falle ich darum gebeten haben möchte. Ich bemerke noch, daß mein Schwager mit Familie in Rehburg wohnt, daß er Mitte der Fünfziger ist, kein Jäger, aber vorzüglicher Reiter und Segler ist und schwärmerischer Naturfreund.

Mit hochachtungsvollem Gruß
Eurer Excellenz
ergebenster
Dr. H. H. Meier jun.«

Dieses Gesuch des Herrn Dr. H. H. Meier jun. aus Bremen für seinen Schwager aus den USA zeigt die Schwierigkeiten, denen sich die ersten Segler ausgesetzt sahen. Zur Ausübung des Segelsports auf »adeligem« Binnengewässer war die Gunst der Obrigkeit erforderlich. Der Antrag des Herrn Dr. Meier für seinen Schwager wurde für ein Jahr mit der Auflage genehmigt, sich seines eigenen »Lustschiffes« zu bedienen.[3]

Vor 100 Jahren erschien zum ersten Mal das weiße Segel eines Sportsegelbootes auf der weiten Wasserfläche des Steinhuder Meeres. Inzwischen ist der Anblick von vielen tausend Segeln auf diesem größten Binnensee in Norddeutschland zumindest an schönen Wochenenden zu einer Selbstverständlichkeit geworden. Wie hat alles angefangen? Wer waren die ersten HobbySegler? Weshalb nahmen diese Freizeitsportler so weite und umständliche Anfahrtswege für ihr Hobby in Kauf? Warum erreichte die Freude an diesem Sport auch die Herzen der breiten Masse? Wann wurde das Segeln ein Hobby für »jedermann«?

Die Ausbreitung des »Lustsegelns«

Zum Steinhuder Meer, das sich im Besitz des Fürsten zu Schaumburg-Lippe befand, fühlten sich zunächst Segelbegeisterte hingezogen, wie das vorstehende Gesuch beweist. Im Jahre 1890 war aber eine Genehmigung noch die große Ausnahme.

Der nächste aktenkundig gewordene Antrag wurde fünf Jahre später von dem Chemiestudenten Wilhelm Michaelis von der Königlich Technischen Hochschule in Hannover gestellt. Sein Gesuch, »mit eigenem Segelboote auf dem Steinhuder Meer fahren zu dürfen«[4], wurde ebenso abgelehnt, wie das des Hannoveraner Kunstmalers Emil Wellinghausen aus dem gleichen Jahr. Als Begründung für die Ablehnung der privaten »Lustschiffahrt« gab das Hofmarschallamt an, daß zu jener Zeit nur die herrschaftlichen Schiffe und die Boote der Fischerei-Pächter das Befahrungsrecht hätten und daß darüber hinaus Rechtsstreite anhängig wären, »die es nicht zulassen, in dem Bestehenden Änderungen eintreten zu lassen.«[5] Man wollte sich noch nicht lösen aus den althergebrachten Traditionen, man sorgte sich um die »Ordnung auf dem Meere«. Diese neue Art der Freizeitbeschäftigung war der Obrigkeit vorerst noch suspekt.

In den folgenden Jahren wurden immer wieder Anträge sowohl von Ortsfremden als auch von Ortsansässigen gestellt, die Erlaubnis zum »Aufstellen von Schiffen auf dem Steinhuder Meer« und für das »Fahren von Fremden« erhalten wollten. Auch diese Gesuche wurden abgelehnt.

Einen veränderten Standpunkt der »hohen Herren« bewirkte dann ein Consortium, das sich 1899 in Steinhude gebildet hatte. Mit vereinten Kräften wollte man die Erlaubnis zum Befahren des Steinhuder Meeres mit Dampf-, Ruder- und Segelschiffen erlangen. Darüber hinaus stellten die Steinhuder den Antrag, ein Restaurationsgebäude am Ufer errichten zu dürfen, das dem Fremdenverkehr dienen sollte. Verschiedene Einwohner der Nachbargemeinde Hagenburg stellten daraufhin ein Gegengesuch, das diesen Antrag ablehnte. Sie fürchteten den Wettbewerb im Fremdenverkehr, dem gerade erst aufstrebenden neuen Erwerbszweig. Die Entscheidung fiel schließlich zugunsten der Antragsteller aus der Gemeinde Steinhude.

Zur Begrenzung und Regelung der völlig neuen Ansprüche der Bevölkerung an das Binnengewässer sah sich die Obrigkeit verpflichtet, rechtliche Bestimmungen festzulegen. Die Fürstlich Schaumburg-Lippische Hofkammer erließ am 6.4.1900 das Regulativ »zur Erhaltung der Ordnung auf dem Meere«, nach dem das Befahren des Meeres mit einem für ein Jahr ausgestellten Erlaubnisschein möglich war, der nur für einen bestimmten Zweck erteilt wurde, aber nicht mehr nur dem Lebensunterhalt zu dienen brauchte. Bis dahin durften nämlich nur Boote das Steinhuder Meer befahren, deren Besitzer sie zum Erwerb ihres Lebensunterhaltes benötigten.

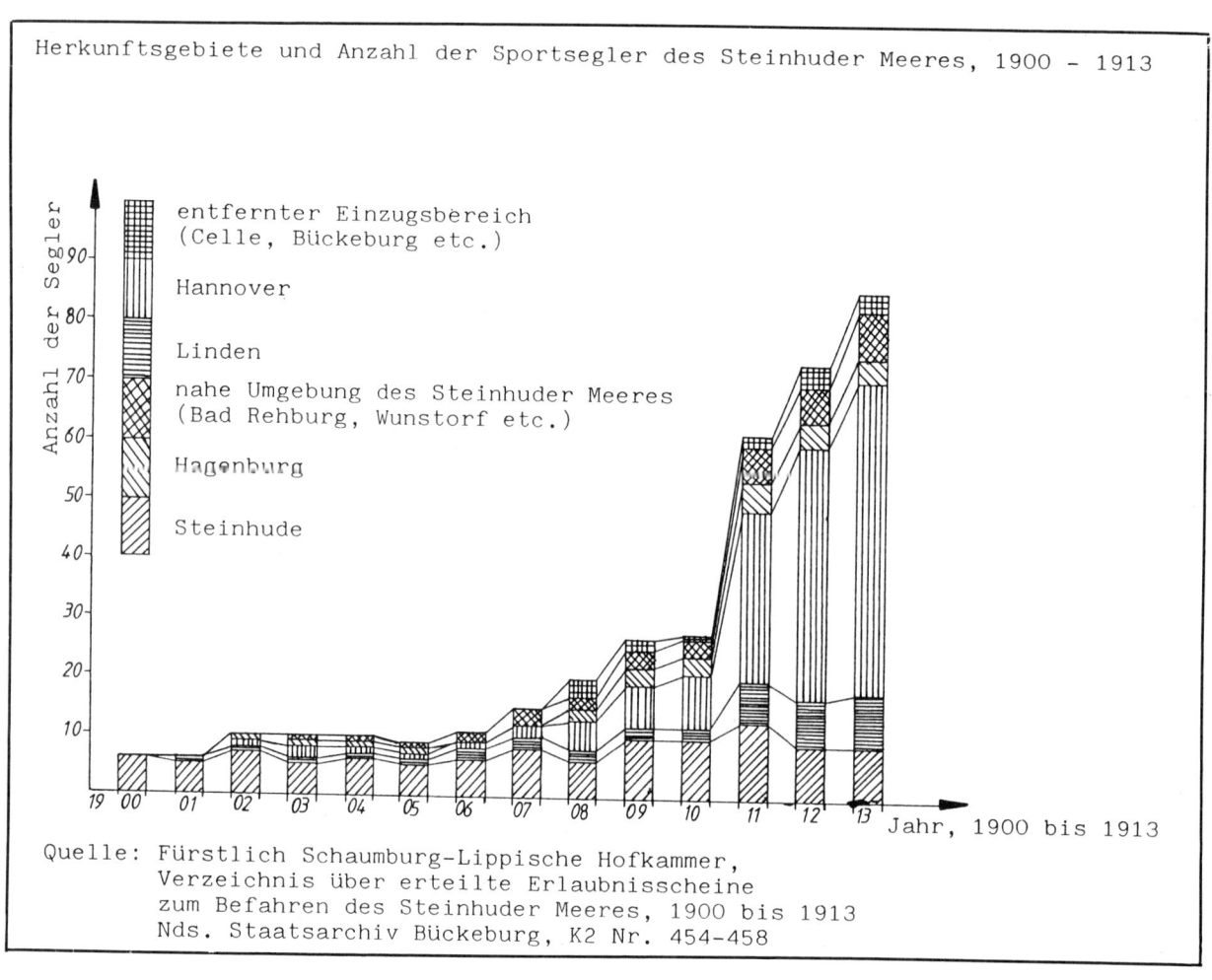

Quelle: Fürstlich Schaumburg-Lippische Hofkammer,
Verzeichnis über erteilte Erlaubnisscheine
zum Befahren des Steinhuder Meeres, 1900 bis 1913
Nds. Staatsarchiv Bückeburg, K2 Nr. 454-458

Abb. 2

Folgt man den weiteren Hinweisen in den Akten, so wurde 1900 die Erlaubnis erteilt, in der Nähe des Strandhotels Steinhude Pfähle zum Befestigen von Booten einzuschlagen. Auch ein 50 Meter in den See hineinreichender Steg durfte errichtet werden. Die »Steinhuder Meergesellschaft«, die aus dem Consortium der Antragsteller hervorgegangen war, bot Erholungssuchenden und Naturliebhabern die Möglichkeit an, sich zum Vergnügen auf dem Meere herumfahren zu lassen. Die Mitglieder dieser Gesellschaft waren Berufssegler, die sich sogenannter Torfkähne zum »Fahren von Fremden« bedienten. Neben diesem Freizeitangebot für jedermann spielt die rein private Segelei in der Statistik zunächst kaum eine Rolle (siehe Abb. 2).

1901 vergnügte sich dann zusätzlich ein »Lustsegler« auf dem Gewässer, ein Kapitänleutnant a.D. aus Linden mit seinem Boot »Senta«, das seinen Liegeplatz im Hagenburger Kanal bekam. Im Jahre 1902 gesellten sich noch je ein Freizeitsegler aus Hagenburg und aus Hannover dazu. In den folgenden Jahren wurde das Steinhuder Meer auch für Segler aus der nahen Umgebung, wie zum Beispiel aus Bad Rehburg oder aus Wunstorf interessant. Ab 1908 gewann das Gewässer über Hannover hinaus an Attraktivität, bis hin zu Celle und Bückeburg. Doch mit der Zeit wurde klar, wer auf dem Gewässer dominierte: Es waren die Hannoveraner. 1913 stellten sie fast zwei Drittel der Sportsegler.

Die ersten Seglervereine auf dem Meere – gleiche Interessen verbinden

Am Steinhuder Meer wurden zunächst zwei Seglervereine gegründet. »In Hagenburg hatten sich einige Herren von der Marine zusammengefunden und segelten vom Hagenburger Kanal aus mit Kriegsschiffgigs aufs weite Meer. Aus dieser Vereinigung entstand dann der Hagenburger Jachtklub, der erste Seglerverein auf dem Meere.«[6] Es waren insgesamt 17 Herren, die den Hagenburger Yacht-Club (H.Y.C.) 1906 gründeten: zwei ehemalige Marineoffiziere – von denen die Initiative ausging –, fünf Fürstliche Matrosen, zwei Direktoren, zwei Ärzte, ein Fabrikant, ein Hotelbesitzer, ein Generalagent, ein Restaurateur, der Schloßverwalter vom Wilhelmstein und der Bürgermeister von Hagenburg.

Für die Mitglieder des Steinhuder Seglervereins (später umbenannt in Fürstlich Schaumburg-Lippischer Segler-Verein, F.S.V.), der 1908 entstand, wurden Berufe wie Architekt, Oberingenieur, Amtsgerichtsrat, Stadtrat, Fabrikant, Referendar, Zahnarzt u.ä. angegeben. 1911 zählten nach der Auflistung der Erlaubnisscheininhaber auch zwei Freiherren zu den Mitgliedern. Im H.Y.C. fanden sich als dominierende Berufsgruppe ehemalige Marineangehörige mit hochdotierten Vertretern der freien Wirtschaft zusammen, während im F.S.V. häufiger technische Berufe und höhere Beamte vertreten waren.

Ein weiblicher Vorname findet sich nicht in der Namensliste der Vereinsmitglieder. Nur sehr vereinzelt wird eine Frau als Regattateilnehmerin genannt. Gelegentlich werden Damen erwähnt – als Gäste auf Vereinsversammlungen oder auch auf »Wintervergnügen«. Bei gemeinschaftlichen Essen mit nachfolgendem Ball sind sie »unerläßlich«, wie auch bei gelegentlichen Sommer-Picknicks; so 1910 am Weißen Berg – zu dem die Damen und Herren des F.S.V. mit der ganzen Vereinsflotte segelten – als »der Spießbraten, der in geradezu mustergültiger Weise an Ort und Stelle von den Damen bereitet wurde«, besonderen Beifall fand.[7] Die Rolle der Frauen beim Segeln kommt auch in einer Situationsbeschreibung eines Seglers zum Ausdruck, der von

Abb. 3 Im Torfkahn

Abb. 4 Mitglieder des Segelvereins Steinhude 1913

der »Lieblingsbeschäftigung nächst dem Segeln« eines Se-
glerkameraden erzählte: »In der Veranda fand ich ihn hinter einem Glase Grog verankert und einigen Damen erklä-
rend, wie sich ein Palstek von einem Slipstek und ein
Kreuzknoten von einem Altweiberknoten unterscheidet.«[8]
Die Frauen galten in Seglerkreisen lediglich als zum Teil
nützliches, zum Teil reizvolles Beiwerk, das den Seglern ihren Freizeitsport noch angenehmer gestaltete.

»Keine Regatta ohne Schnaps«[9]

Auch der Alkohol trug zur Verfestigung der Seglerkame-
radschaft und damit zur Bereicherung der Freizeitgestaltung bei: »Bei heißem Wetter wurde die Flasche am Bindfa-
den im Wasser nachgezogen; kalter Schnaps war wichtiger
als das Regattaergebnis. Kein Wunder, daß im Kreise dieser Männer eine herzliche Kameradschaft herrschte, die oft
genug an der Theke bestätigt werden mußte.«[10]

Die Segler suchen ihre Kreise

Die folgenden, so munter dahingeworfenen Worte des Au-
tors eines Festschriftbeitrages aus dem Jahre 1919 spiegeln
die Beziehungen wider, die die Segler zur einheimischen
Bevölkerung entwickelten. Einem während einer Regatta
gekenterten Sportboot kam ein »Auswandererschiff, wie
die schweren Boote der Eingeborenen von uns scherzweise
genannt werden, zur Hilfe herbeigeeilt.«[11] Die kulturelle

Distanz gegenüber den Einheimischen wird deutlich – die
Segler waren offensichtlich selbstbewußte Bürger einer für
sie erfolgreichen Industriegesellschaft.

Auch der folgende Satz aus der gleichen Festschrift betont das kulturelle Abgrenzungsbedürfnis, das die Segler
sowohl gegenüber den Anwohnern im Alltag als auch den
sonntäglichen Erholungssuchenden hatten, die keinen Segelsport betrieben.

Der Autor beschreibt die Schwierigkeiten beim Erwerb
des Grundstücks für das neue Seglerheim des F.S.V., das
1914 errichtet wurde: »Die wunderbare Lage des Grund-
stückes, seine vom Alltags- und namentlich vom üblen
Sonntagsverkehr völlig freie Lage werden längst alle ausge-
söhnt haben.«[12]

Keine hochfürstliche Durchlaucht als Ehrenprotektor des H.Y.C.

Gleichzeitig versuchten die Segler aber, sich aus Prestige-
gründen adeligen Kreisen zu nähern. Sowohl der Hagenburger Yachtclub als auch der Seglerverein Steinhude be-
mühten sich in den Vorkriegsjahren um die Erlangung des
Protektorates des Fürsten zu Schaumburg-Lippe. Dieser
hatte schon einmal die Funktion eines »Schirmherrn« für
den Seglerverein Steinhude wahrgenommen. Bereits 1906
richtete der H.Y.C. das folgende Gesuch an den damaligen
Fürsten Georg:

Abb. 5 Die Clubanlage des F.S.V., Steinhude 1929

»Durchlauchtigster Fürst!
Eu. hochfürstlichen Durchlaucht alleruntertänigster Vorstand des in Bildung begriffenen Hagenburger Yachtclubs bittet um allerhöchste Sanction des Clubs, dadurch dass Durchlaucht dem Club einen Namen verleiht, ferner um allerhöchste Genehmigung zur Führung einer Flagge, Stander und Mützen-Abzeichen nach beiliegendem Muster sowie Genehmigung folgender Statuten.

Mit der alleruntertänigsten Bitte an Eu. hochfürstliche Durchlaucht um Übernahme des Ehren-Protektorates des Clubs verharren in tiefer Ehrfurcht
Eu. hochf. D. alleruntertänigster
Vorstand des H. Y. C.«

Vermerk: Das vorliegende Gesuch müßte ohne weiteres abzulehnen sein.
Bückeburg, 11. 6. 1906 / von Frese /
von Bülen
Einverstanden Georg, 11.6.1906[13]

Der H.Y.C. unternahm im März 1912 noch einen weiteren Versuch, das Protektorat von dem inzwischen regierenden Fürsten Adolf zu erlangen und unterließ nicht den Hinweis, daß die Mitglieder »alles gut bestallte und gut beleumundete Personen« seien. Auch dieses Gesuch wurde abgelehnt. Zum einen, weil die Hagenburger nach Meinung der Hofkammer keine besondere Vergünstigung verdienten, »da sie sich in anderen Angelegenheiten des Dominiums sehr wenig entgegenkommend gezeigt haben, dann ist aber auch zu befürchten, daß der Steinhuder Seglerverein und der in Bildung begriffene Steinhuder Yachtclub mit dem selben Anliegen an die Höchste Stelle herantreten werden.«[14] Zu einer Trennung vom Seglerverein Steinhude war es aufgrund von Uneinigkeiten bei den Wettfahrtsbedingungen gekommen. Mehrere Mitglieder einschließlich des damaligen Vorsitzenden gründeten einen eigenen Club: den Steinhuder Yachtclub.[15]

Der Erfolg des Fürstlich Schaumburg-Lippischen Segler-Vereins (F.S.V.)

Die Vermutung der fürstlichen Hofkammer, daß auch die anderen Segelvereine den Wunsch nach der fürstlichen Schirmherrschaft äußern würden, erwies sich als zutreffend. Nur einige Tage später trat der Seglerverein Steinhude mit eben dieser Bitte an den Fürsten heran. Doch Unerwartetes geschah. Der Fürst nahm das Protektorat über den Seglerverein Steinhude (F.S.V.) an und führte damit die Tradition der fürstlichen Familie weiter, da der Fürst die Schirmherrschaft für diesen Seglerverein bereits früher einmal innehatte. Der F.S.V. lud daraufhin den Fürsten immer wieder zu den Segelregatten ein. Manchmal folgte dieser sogar den Einladungen. Anläßlich der Einweihung des neu erbauten Seglerheimes des F.S.V. im Juni 1914 nahm außer dem Fürsten auch Prinz Waldemar von Preußen teil. Die hohen Herren segelten die Regatta, die anläßlich der

Einweihungsfestlichkeiten stattfand, auf einem der Boote mit. »Der Fürst und Prinz Waldemar fühlten sich anscheinend sehr wohl im Seglerkreise ...«[16], stellte der Vorstand in seinen Aufzeichnungen fest. Der »hohe Protektor des Vereins« gestattete während dieser Feier dem Verein den Namen »Fürstlich Schaumburg-Lippischer Seglerverein« unter der Bedingung führen zu dürfen, daß der Vorsitzende ein Schaumburg-Lipper sein muß.

Reine Prestigegründe führten zu den Bemühungen der Seglervereine, ein fürstliches Protektorat zu erlangen. Vom »adeligen Glanz« sollte auch etwas auf das Vergnügen der gutbürgerlichen Kreise fallen. Das Engagement, das die kaiserliche Monarchie schon vor der Jahrhundertwende für den Ausbau der Handels- und Kriegsflotte zeigte, ließ die Segler hoffen, daß sich die Landesfürsten auch aus sportlichen Gründen für die Schiffahrt interessierten. Und schließlich waren die ersten Freizeitsegler im 17. Jahrhundert am englischen Königshof zu finden, so daß dieser Sport auch Tradition in Adelskreisen besaß.

Mit der Eisenbahn zum Segeln

Bei den begrenzten Reisemöglichkeiten um die Jahrhundertwende erscheint die Mobilität der Segelsportler erstaunlich. Sie fuhren vorzugsweise mit der Eisenbahn. Da die Organisation, besonders die Fahrpläne der Eisenbahn jedoch nicht auf die Freizeitpläne der Segler abgestimmt waren, beschloß man im Jahre 1912, »bei der Staatseisenbahn zu beantragen, daß die Sonntagskarten bereits vom Sonnabend Mittag an Gültigkeit haben sollten, und die Steinhuder Meerbahn zu bitten, an den Sonntagabenden einen späteren Zug nach Wunstorf einzulegen.«[17] Ob der Antrag Erfolg hatte, ist nicht bekannt.

Familienausflüge zum Clubhaus

Für ihren Freizeitsport nahmen die Segler mit ihren Familien einen zeitraubenden Anfahrtsweg in Kauf, wenn man bedenkt, daß sie zunächst die Bahnstationen in Hannover oder Linden erreichen mußten, um dann, am Bahnhof in Wunstorf angekommen, die Wegstrecken nach Steinhude oder Hagenburg noch mit der »Bimmelbahn« zu überwinden. Das Grundstück, das für das neue, 1914 eingeweihte Vereinshaus des F.S.V. erworben wurde, lag etwas außerhalb des Ortes Steinhude im Osten und konnte nur auf dem »Weg vom Bahnhof über den Kirchhof und die Sanddünen durch die verschlungenen Gartenwege«[18] erreicht werden. Der Vorstand des F.S.V. stellte 1933 in seiner Festschrift fest: »Schon damals war der Segelsport nicht nur für den Mann eine Erholung, sondern die ganze Familie fand sich, wie auch heute noch, auf dem Clubgrundstück ein und gehörte zum Club.«[19]

Herr Jürgen G. beschreibt zum 75jährigen Bestehen des H.Y.C. 1981 in seinen Erinnerungen, wie er als Kind in den Jahren nach 1930 die Wochenenden verbrachte: »Des öfteren fuhren wir aber auch mit der Eisenbahn, und darüber freute ich mich ganz besonders. Mit der Straßenbahn ging es nach Leinhausen, von dort mit der Eisenbahn nach Wunstorf und nach dem Umsteigen mit der kleinen Bimmelbahn bis nach Hagenburg. ... In Hagenburg angekommen, gingen alle Familien zu den Bauern, bei denen sie sich meistens ein kleines Zimmer zum Umziehen gemietet hatten. ... Wir wechselten unsere Stadtkleidung in Seglerkleidung, und anschließend versammelte man sich vor dem Ratskeller. Familienweise ging es fröhlich plaudernd in Richtung Schloß, links ab in den Schloßwald bis zum Hagenburger Kanal, an diesem entlang durch die frischen, grünen Wiesen bis zum Bootsschuppen. ... Wenn der Wind günstig

Abb. 6 Beliebte Rasenspiele: Liegestuhl-Segeln

48

stand, konnten wir aus dem Hagenburger Kanal heraussegeln, wenn er aber in den Kanal hineinwehte, dann mußte ›getreidelt‹ werden. Die Familienväter gingen am Ufer entlang und zogen das Boot mit einer langen Leine, und die Frauen mußten steuern. Das ging so lange, bis die Wiesen immer feuchter und schwankender wurden, dann stiegen die Väter ins Boot, und das letzte Stück mußte aus dem Kanal herausgekreutzt werden. Auf dem Wilhelmstein angekommen, begaben sich alle Familien in ihre Zimmer, die in den kleinen verstreuten Häuschen waren.«[20] Der Hagenburger Yacht-Club pachtete 1906 auf der Insel Wilhemstein ein Haus als »Clubmesse« des Vereins. Eine Anzahl von Seglern und ihre Familien waren an den Wochenenden in den vereinzelt liegenden Häuser auf dem Wilhelmstein untergebracht. Die Mehrzahl hatte verstreut teils in Hagenburg, teils in Steinhude, teils in Großenheidorn Wochenendquartiere bezogen.

Für die Mitglieder des Steinhuder Seglervereins F.S.V. stand als Treffpunkt zunächst nur das erste Steinhuder Wochenendhaus eines Clubmitglieds und Architekten aus Hannover zur Verfügung. Für die Abende wurde im Strandhotel ein Stammtisch eingerichtet. Bis 1914 entstand dann das Vereinshaus auf dem im Osten Steinhudes erworbenen Grundstück.

»Gemütlich auf dem Meere schippern«

»Der Zweck des Clubs«, so heißt es 1906 im §2 der Satzung des Hagenburger Yachtclubs, »ist die Hebung des Interesses am Segeln, die Förderung und Pflege des Segelsportes und die Veranstaltung von Segelregatten auf dem Steinhuder Meer.« Rückblickend beschreibt der Vorstand des H.Y.C. 1953 die Motivation der ersten Segelsportler auf dem Steinhuder Meer: »Man wollte im Kreise gleichgesinnter Menschen gemütlich auf dem Meere schippern, wollte vor allem die Schönheit der Natur genießen und seine Nerven stärken in der köstlichen Ruhe und Stille, welche das weite Meer – damals noch – in so überreichem Maße spendete.«[21]

Die folgende Graphik zeigt die ersten Entwicklungsphasen der Zulassungen der Sportsegelboote auf dem Steinhuder Meer von 1900 bis 1920. Diese neue Art der Freizeitgestaltung gewann nur allmählich Freunde. Seit dem Jahre 1908 stieg mit den zunehmenden Mitgliederzahlen in den Vereinen auch die Zahl der zugelassenen »Lustschiffe« stark an, so daß 1914 schon 60 Boote die Erlaubnis zum Segeln erhalten hatten. Einen Einbruch in diesem Aufwärtstrend verursachte der Erste Weltkrieg; 1915 wurde nur noch für 30 Segelboote ein Erlaubnisschein ausgestellt.

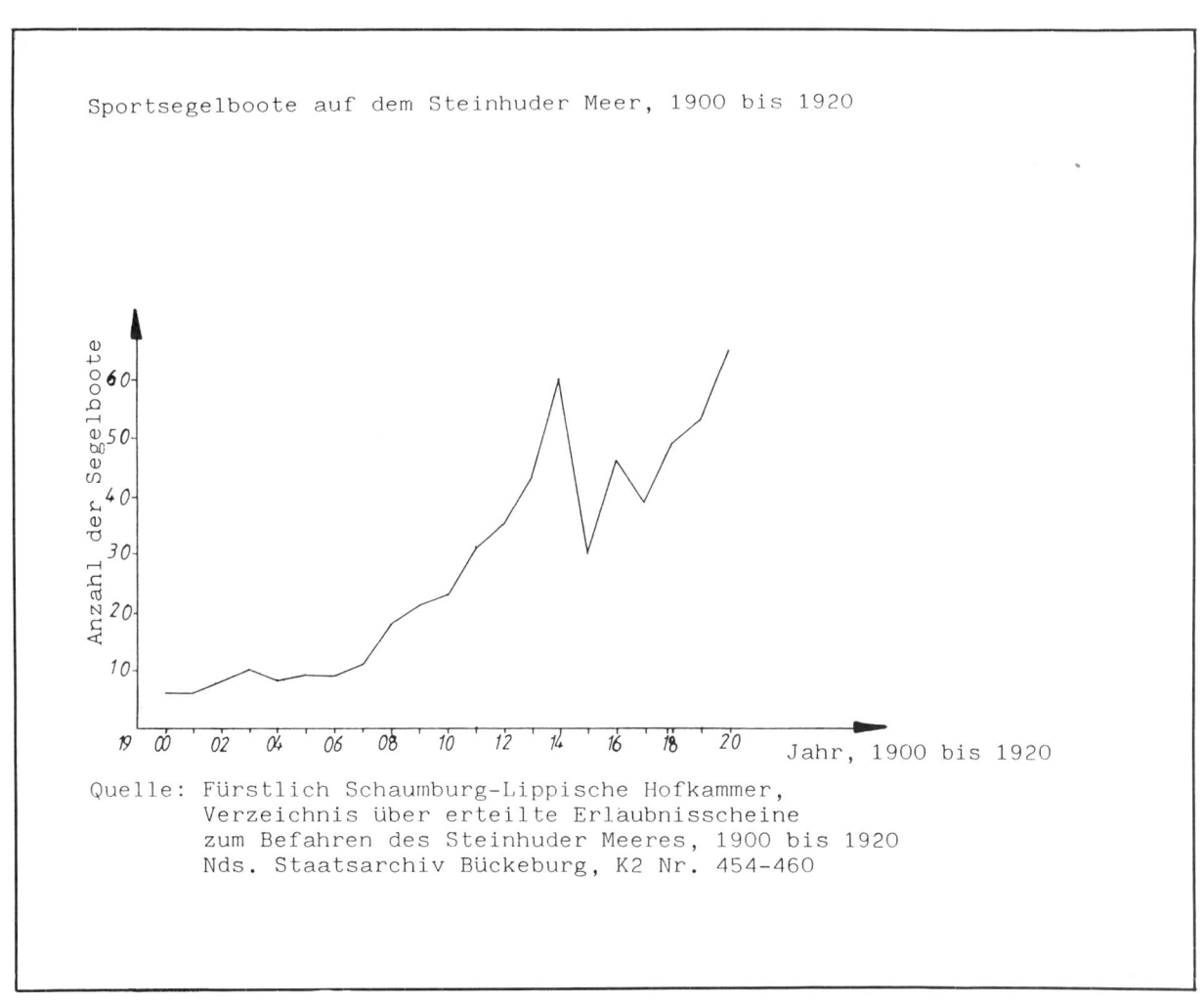

Abb. 7

Wie stark die Mitglieder der Segelvereine nach dem Ersten Weltkrieg noch von der nationalistisch-imperialistischen Kultur der Wilhelminischen Epoche durchdrungen waren, zeigt sich in den folgenden Festschrift-Auszügen: »Dem in seiner besten Entfaltung begriffenen Segelsport auf dem Steinhuder Meer wurde durch den Krieg ein wehes ›Halt‹ zugerufen«, schreibt der Vorstand des F.S.V. im August 1919 in seiner nachträglichen Jubiläumsausgabe zum zehnjährigen Bestehen. »Das unglückliche Ende des Krieges, welches niemand voraussahen konnte und das so unheilvoll auch auf den Segelsport einwirkte, hatte so auch furchtbare Spuren im Seglerverein hinterlassen. ... Aber schon regen sich neue Kräfte, und ein frischer Geist spornt die Mitglieder an, das Versäumte nachzuholen. Neue Boote sind in Auftrag gegeben und werden bald wieder den Stander des Vereins stolz im Winde flattern lassen.«[22] Dieser »frische Geist« nach dem Kriege drückte sich dann auch in der Zahl der zugelassenen Segelsportboote auf dem Steinhuder Meer aus; 1920 waren es bereits wieder 65.

Der Zusammenbruch der Monarchie widerstrebte den Seglerkreisen massiv. Noch deutlicher wird dieser Zusammenhang in einem weiteren Zitat aus der gleichen Festschrift. Die Aufgabe des Segelsportes soll »in erster Linie sein, die Erinnerungen an unsere stolze unbesiegbare Flotte wachzuhalten und der Jugend die Liebe und die Lust am blauen Wasser und den Kampf mit Wind und Wellen lebendig zu erhalten, damit dereinst wieder die alte deutsche Flagge schwarz-weiß-rot wie ehemals auf allen Meeren stolz im Winde weht.«[23] Aus diesen Worten ist nicht mehr nur das reine Interesse am Segeln und an sportlichen Vergleichen herauszuhören, wie es die Statuten darlegen, sondern der poltische und kulturelle Kontext, in dem das Segeln stattfand. In diesen Zitaten drückt sich die Hoffnung der Besiegten auf ein neues Imperium aus. Ausdrücklich soll die schwarz-weiß-rote Flagge der gestürzten Monarchie hochgehalten werden. Die neuen Farben der Weimarer Republik, schwarz-rot-gold, wurden gar nicht zur Kenntnis genommen. Aus unserer heutigen Sicht mutet der Wunsch der Vereinsmitglieder, den ungebeugten Kampfgeist für Nation (Kaiser) und Vaterland auf die Jugend zu übertragen, recht reaktionär an. Die Marinepolitik des Deutschen Reiches, die von 1898 an einerseits die imperialistische Geisteshaltung dieser relativ jungen europäischen Großmacht widerspiegelte und andererseits durch große Staatsaufträge auch die wirtschaftlichen Interessen der Schiffbau- und Stahlindustrie befriedigte, wirkte sich bis in den Freizeitbereich aus. Das »Lustsegeln« war also nicht nur ein beschauliches und naturverbundenes Freizeitvergnügen, wie in den Vereinsstatuten steht, sondern auch mit Politik und Gesellschaftsauffassung verbunden.

Uniform und Klassenboote: Reglements für den Segelsport

Die Begeisterung der Marineangehörigen für ihre Position innerhalb der deutschen Flotte und wohl auch ihr Stolz auf die hervorgehobene Stellung der Marine innerhalb der deutschen Streitkräfte hinterließ ihre Spuren auch in den strengen Vorschriften für die Bekleidung der ersten Frei-

Abb. 8 Segelboote am Steg 1914

zeitsegler. Der Hagenburger Yachtclub bestimmte im § 13 seines Vereinsstatuts von 1906, daß die Mitglieder beim Segeln sowie bei Zusammenkünften und Festlichkeiten des Clubs einen Clubanzug (an dessen Stelle gegebenenfalls Gesellschaftsanzug oder Uniform treten können) zu tragen haben. »Der Clubanzug besteht aus: dunkelblauem doppelreihig geknöpftem Jakett mit schwarzen Knöpfen von erhabener bzw. eingegrabener Prägung, Weste, Beinkleid und Mütze aus dunkelblauem oder weißem Stoff.« Der Einfluß der Kapitäne a. D. der deutschen Flotte auf die Bekleidungsreglements in diesem Freizeitbereich ist unübersehbar.

Über die Bekleidungsvorschriften schrieb Herr M. 1956 im Rückblick: »Gesegelt wurde stets in formellem Anzug: bei bedecktem Himmel blauer Anzug, weißes Hemd, schwarze Schleife, blaue Mütze; bei Sonnenwetter lange weiße Hose. Im Badeanzug oder von dem beschriebenen abweichendem Anzuge zu segeln galt als unsportlich.«[24]

Vom »Lustsegeln« zum Seglersport

Das Segeln wurde nach dem Ersten Weltkrieg auch anderen, wenig Begüterten, dafür aber am sportlichen Wettbewerb stark Interessierten möglich, für die einengende Bekleidungsreglementierungen unwichtig wurden. Im *Hannoverschen Kurier* vom 29.4.1926 findet sich eine nachträgliche Beurteilung des Bildes der Segler vor dem Kriege anläßlich der Auflehnung der Wassersportler gegen »übermäßige Segelgebühren«, die die Schaumburg-Lippische Lan-

desregierung in einer Gebührenordnung festlegte. »Den Herren von der Regierung scheint hierbei immer eine Klasse von Menschen aus der Kriegslieferanten- und Inflationszeit im Gedächnis zu sein, die in tadellos weißen Flanellhosen, blauen Jacketts mit Kieler Mützen die Landungsstege und insbesondere die Strandhotels bevölkerten, in letzteren ihre aus der Not des Volkes erworbenen Gelder in Sekt und lukullischen Mahlen anlegten, um schließlich auch einmal bei günstigem Wetter das von bezahlten Leuten seeklar hergerichtete Fahrzeug zu besteigen und einige Renommierfahrten vor den Augen der an den Ufern Gehenden, den inneren Wert des Segelsportes nicht kennenden Menge auszuführen. ... Mit diesen Leuten aber hat der Sportsegler nichts zu tun«, schreibt der Verfasser des Zeitungsbeitrages und betont, daß der Segelsport, der vom Segler finanzielle Opfer fordert, aus Liebe zu seinem Sport oft unter Verzicht auf andere Annehmlichkeiten des Lebens betrieben wird. Der waschechte Segler, der sein Boot wie einen Augapfel hütet, überläßt die erforderlichen Überholungsarbeiten ungern bezahlten Kräften, auch wenn dabei die Hände hart und schmutzig werden. Während der Weimarer Republik trat deutlich eine schichtenspezifische Differenzierung der Vereinsmitglieder auf. Das mittlere und gehobene Bürgertum, das während der Phase der Weimarer Republik in die Seglervereine drängte, grenzte sich deutlich ab gegen das traditionsbewußte Großbürgertum und die während der Inflationszeit vermögend gewordenen »Neureichen«. Die leidenschaftlichen Segler der jungen Generation wollten die Abgrenzug zu dieser reich gebliebenen bzw. gewordenen Bevölkerungsschicht. Sie waren die anderen, die »Neuen«

Abb. 9 Vom »Lustsegeln« zum »Sportsegeln«: Olympiaausscheidung 1928

im Segelsport, die ihr Hobby erst nach den Mühen der Renovierungsarbeiten genießen konnten.

Die Bauvorschriften des Deutschen Seglerverbandes und die Einteilungen in Bootsklassen führten dazu, daß sich in den Vereinen die reinen Klassenboote mehr und mehr durchsetzten. Neue Bootskonstruktionen, die Rennjollen, setzten neue Maßstäbe. Mit ihnen begann ein enormer Aufschwung des Segelsports.

Die Segelvereine beteiligten sich auch an auswärtigen Regatten und gründeten die »Wettfahrtvereinigung Steinhuder Meer«, die die »Steinhuder-Meer-Woche« ins Leben rief. Das Streben nach Erfolg, der Wettbewerb und Wettkampf zwischen den Vereinen stellte die alte Motivation der Segler, Natur »pur« zu erleben, in den Hintergrund.

Herr M. vom Vorstand des H.Y.C. beschrieb 1952 den Wandel der Motivationen für das Sportsegeln so: »Durch das von Jahr zu Jahr steigende Interesse am Regattasegeln, vor allem jedoch durch die von unserem langjährigen Vorsitzenden forciert betriebene Werbung durch die Veranstaltung der Steinhuder-Meer-Wochen, nicht zuletzt durch den Entschluß zur Vereinigung mit dem Steinhuder Yacht-Club wuchs die sportliche Leistung, das Ansehen und damit die Zahl der Mitglieder des Clubs.«[25]

Die einstmals behördlicherseits als »Lustsegeln« bezeichnete Freizeitgestaltung hatte sich zum »Sportsegeln« gewandelt. Der Wettkampfgedanke, die Schnelligkeit der Boote, wurde zum Hauptanliegen der Vereine. Er veranlaßte die Segelclubs zur Aufnahme junger, vom Siegeswillen beseelter Mitglieder. Ob dieser Wandlungsprozeß innerhalb der Vereine durch das Eindringen einer breiteren, bürgerlichen Bevölkerungsschicht verursacht wurde oder mehr durch das stärker werdende Wettbewerbsdenken innerhalb der Gesellschaft, das nunmehr auch auf den Freizeitbereich übergriff, läßt sich aus dem vorhandenen Quellen-Material nicht schlüssig nachweisen. Auch in der Geschäftstüchtigkeit der aufstrebenden Bootsbauer und des Fremdenverkehrsgewerbes, die den wirtschaftlichen Nutzen der Forcierung des Wettbewerbsgedankens erkannt hatten, könnte eine Ursache gelegen haben.

Literatur und Quellen:

Baader, Juan, Segelsport, Segeltechnik, Segelyachten, Bielefeld / Berlin 1962.

Buchholz, H., Was du ererbtest von Deinen Vätern ..., in: 50 Jahre Hannoverscher-Yacht-Club, 1956.

F.S.V., Vorstand (Hg.), Festschrift zum 25jährigen Bestehen des Fürstlich Schaumburg-Lippischen Seglervereins, 1933.

F.S.V., Vorstand (Hg.), Zum zehnjährigen Bestehen des Seglervereins Steinhude, 1919.

Grobe, Jürgen, Erinnerungen, in: Der Schäkel, Juni 1981.

H.Y.C., Vorstand, Jahrbuch des Hannoverschen Yacht-Club e.V., Hannover / Steinhude.

Müller, Max, 44 Jahre auf dem Steinhuder Meer, in: 50 Jahre Hannoverscher Yacht-Club, 1956.

Nds. Staatsarchiv Bückeburg, Fürstl. Lippisches Hofmarschallamt, Akte Steinhuder Meer, 1886-1926.

Nds. Staatsarchiv Bückeburg, Des. KG Nr. 1287, Fürstl. Kabinett Bückeburg, Schaumburg.

Rost, Alexander, 100 Jahre Kieler Woche, Bielefeld, 1982.

Anmerkungen:

1 Baader 1962, S. 15-17.
2 Rost 1982, S. 28.
3 Fürstl. Lippisches Hofmarschallamt, 1890, K2 S Nr. 454.
4 Ebd.
5 Ebd.
6 F.S.V., Vorstand 1933, S. 2.
7 Ebd.
8 Ebd.
9 Müller 1956, S. 71.
10 F.S.V. Vorstand 1919, S. 31.
11 Ebd.
12 Ebd.
13 Fürstl. Kabinett Bückeburg 1906, Des. KG Nr. 1287.
14 Ebd.
15 F.S.V., Vorstand 1933, S. 5/6.
16 F.S.V., Vorstand 1919, S. 18.
17 Ebd., S. 11.
18 Ebd., S. 31.
19 Ebd., S. 20.
20 Grobe 1981, S. 126.
21 F.S.V., Vorstand 1933, S. 5.
22 Müller 1956, S. 71.
23 F.S.V., Vorstand 1919, S. 31.
24 F.S.V., Vorstand 1956, S. 71.
25 H.Y.C., Vorstand 1952, S. 7.
    1933 beschloß der Hagenburger Yachtclub sich in Hannoverscher Yachtclub umzunennen, ein Jahr später schlossen sich nunmehr der Hannoversche Yachtclub und der Steinhuder Yachtclub zusammen. Nach dem Bau eines Hauses für die Segler am neu entstandenen Maschsee in Hannover bildete der Steinhuder Yachtclub quasi eine Unterabteilung des Hannoverschen Yachtclubs.

Elmar Wellenkamp

»Mit dem Handwagen nach Großvaters Garten ...«
Schrebergärten in Hannover

»Beim Laubenfest guckte man dem Nachbarn über den Zaun, und wenn auch überall die Tomaten noch grasgrün waren: Freund Jahn hatte wunderbare knallrote Früchte an seinen Tomatenpflanzen. Den Ruhm seiner überragenden gärtnerischen Fähigkeiten genoß er aber nur kurze Zeit, denn man kam bald dahinter, daß diese ausgesucht schönen Früchte kunstvoll angebunden und wahrscheinlich irgendwo weit im sonnigen Süden Europas gewachsen waren.«

(aus: Festschrift 1955)

Hannover, die Großstadt im Grünen. Wenn man etwas abseits der dicht bebauten Wohngebiete in kleinere Strassen abbiegt, so gehen diese oftmals in einen Feldweg über, an dessen Ende sich der Parkplatz einer Kleingartenkolonie befindet. Hier, zwischen beschnittenen Hecken, blühenden Rosenbeeten, gepflegten Zierrasen und eigenem Feucht-Biotop verbringen viele Menschen einen Großteil ihrer Freizeit. Doch schon zu einer Zeit, als das Summen der Bienen typischer für die Kleingärten war, als das Surren der elektrischen Rasenmäher und der Anblick eines Autos noch Schaulustige hervorrief, gehörten Arbeit und Geselligkeit im eigenen Garten zum Lebensinhalt vieler Menschen dieser Stadt, auch wenn der Aspekt der Freizeitgestaltung mehr im Hintergrund stand und die Selbstversorgung ökonomisch, nicht ökologisch begründet war.

Entstehung und Entwicklung des Kleingartenwesens in Hannover

Vorläufer der Kleingärten waren die »Armengärten«, die in der Zeit der beginnenden Industrialisierung von den Kommunen an Familien mit geringem Einkommen vergeben wurden, um deren – durch die schlechte Ernährungslage und die ungenügende Wohnsituation bedingte – wirtschaftliche und gesundheitliche Situation zu verbessern.

Die Entstehung der Kleingärten in ihrer heutigen Form geht aber auf den Leipziger Arzt Daniel Gottlieb Schreber zurück, der sich für die »sittliche, geistige und körperliche Erneuerung«[1] des Volkes einsetzte und 1843 in einer Eingabe an die sächsische Ständekammer die Einführung des Turnunterrichts an den Schulen und die Schaffung geeigneter Spielmöglichkeiten für Kinder forderte. Beiläufig verwies er auch auf den therapeutischen Wert der Gartenarbeit.

Kurz nach Schrebers Tod wurde seine Idee in Leipzig durch die Gründung eines Vereins zur Landbeschaffung für Kinder umgesetzt. Die auf dem vom Verein gekauften Land angelegten Kinderbeete wandelten sich bald zu Familienbeeten, als die Erwachsenen von ihnen Besitz ergriffen. Schon 1869, ein Jahr nach der Gründung des Leipziger Schrebergartenvereins, wurde eine Kleingartenordnung erlassen, die Gärtchen umfriedet und die ersten Lauben gebaut. 1879 wurde in Leipzig ein zweiter Schreberverein gegründet, in den folgenden zwei Jahrzehnten breitete sich die »Schreberbewegung« über ganz Deutschland aus.

Parallel dazu bildeten sich um die Jahrhundertwende die »Arbeitergärten« des Roten Kreuzes, die – zwecks Bekämpfung der Tuberkulose – zur Kräftigung kranker und invalider Personen sowie zur Ergänzung der oft nicht ausreichenden Alters- und Invalidenrente eingerichtet worden waren.

Die ersten Kleingärten innerhalb der heutigen Grenzen Hannovers entstanden im Fössefeld, in unmittelbarer Nähe des Köthnerholzes, auf dem Gebiet der damals selbständigen Industriestadt Linden, deren Bewohnerinnen und Bewohner stark unter den Folgen der Industrialisierung zu leiden hatten.

Auf dem mit vielen Wiesen und Weiden durchsetzten Gelände zwischen der Andertenschen Wiese und der Wasserkunst – in den damaligen Stadtplänen als »Königsworth« ausgewiesen –, einem Überschwemmungsgebiet in unmittelbarer Nähe des heutigen Königsworther Platzes, bildete sich Ende des 19. Jahrhunderts aus provisorischen

Abb. 1 Blick über die Kleingartenkolonie am Lindener Berg in den Zwanziger Jahren

Pachtgärten die Kolonie »Königsworth«. Um sich gegen den Pachtwucher zu wehren, schlossen sich die Pächter im Jahr 1900 zum Kleingartenverein »Vereinigte Steintormasch« zusammen.

Die 1905 gegründete Kolonie »Rosendorf« befand sich zwischen »Biermanns Eselswiese« (am alten Leinebogen an der Fischerstraße) und dem heutigen »Dornröschenweg«. Das Gelände hatte ein Schneidermeister Lehr von der hannoverschen Familie von Hinüber gepachtet, in Parzellen eingeteilt und je einen halben Morgen unterverpachtet. Kurz nach ihrer Gründung schloß sich auch die Kolonie »Rosendorf« dem oben genannten Kleingartenverein an. Die Chronik zum fünfzigjährigen Jubiläum der Kolonie vermerkt, daß die Jugend der Nordstadt, die bis zur Gründung der Kolonie das Gelände im Sommer und Herbst zu Spielen wie »Trapper und Indianer« und »Räuber und Schanditen« genutzt hatte, nunmehr in den damals verwilderten Georgengarten zurückgedrängt wurde. Der dort waltende amtliche Hüter, »den man als Junge unter dem Namen ›Pänner Hase‹ fürchtete und mit ganzer Seele verabscheute, besonders weil sein Spitz den Hosenböden der Bengel nicht wohlgesinnt war«[2], war von dieser »Kundschaft« allerdings gar nicht begeistert.

Zu Beginn des Ersten Weltkrieges wuchs die Zahl der Kleingärten im Gebiet der Steintormasch weiter an. Die durch Erdarbeiten für den Mittellandkanal bedingte Beseitigung von Kleingärten im Norden Hannovers bewirkte einen weiteren Zuwachs an Koloniemitgliedern in dieser Gegend.

In den ersten beiden Jahrzehnten des 20. Jahrhunderts besaßen die Kleingärtner noch keine überlokale Interessenvertretung, doch erhielten sie erste Förderung vom »Provinzial-Bauverein«, dem sich die Kolonien schon im Jahr 1900 angeschlossen hatten. Der »Provinzial-Bauverein« veranstaltete Kurse und beriet die Kleingärtner in Rechts- und Fachfragen. Da die Stadtgartendirektoren dem Verein vorstanden, ergab sich ein enger Kontakt zwischen den Kleingärtnern und dem Gartenamt. Die *Hannoversche Garten- und Obstbauzeitung*, in der die Kleingärtner bis zum Inkrafttreten der Kleingarten- und Kleinpachtlandordnung (KGO) im Jahre 1919 ihre Mitteilungen veröffentlichten, berichtete vor dem Ersten Weltkrieg häufig über die Verpachtung von Grabelandparzellen durch die Stadtverwaltung, denn das »Verlangen nach einem kleinen, umfriedeten und mit einer Laube versehenen Gärtchen war im Mittelstand besonders« groß.[6] In der Notzeit nach dem Ersten Weltkrieg entschlossen sich die Kommunen, zusätzlich städtischen Grundbesitz zu verpachten.

Zu Beginn dieses Jahrhunderts waren die Kleingärten noch ohne Rechtsschutz: Die Pachtpreise konnten willkürlich festgesetzt werden, ein Kündigungsschutz existierte nicht. Bedingt durch die wirtschaftliche Not der Kriegs- und Nachkriegsjahre hatten die Stadtverwaltungen zwar inzwischen die soziale Bedeutung der Kleingärten erkannt, doch wurde die unkontrollierte Ausbreitung der Kleingärten jetzt zum städtebaulichen Problem. Fritz Schumacher hob hervor, daß Kleingärten in keine städtebauliche Ordnung eingepaßt seien und nun »zum Schrecken und zur

Abb. 2 Im Kleingarten – »in freier Natur Geist und Körper stärken...und

ständigen Enttäuschung ihrer Inhaber ahasverusartig vor der sich ausbreitenden Stadt hergetrieben« würden.[7] Schon vor dem Inkrafttreten der KGO richtete die Verwaltung in Hannover eine Amtsstelle für Kleingartenbau bei der städtischen Gartendirektion ein, um den bisherigen Wildwuchs der Kolonien in geordnete stadtplanerische Bahnen zu lenken. Am 26.6.1919 wurde ein aus fünf Bürgervorstehern, vier Magistratsmitgliedern und einem Vertreter des »Vereins für Laubengärtner für Hannover und Umgebung« zusammengesetzter, kommunaler Kleingartenausschuß eingesetzt. Nach Inkrafttreten der KGO erkannte der Magistrat der Stadt Hannover am 20.6.1920 dem »Verein der Laubengärtner für Hannover und Umgebung« die Gemeinnützigkeit zu. Die nun durch Verordnungen abgesicherten und durch verschiedene Institutionen geförderten Kleingärten wurden jetzt wegen ihrer stadtgliedernden Funktion als Gestaltungsmittel in die städtische Grünplanung einbezogen.

Der Generalbebauungsplan von 1922 wies erstmals nichtbebaute Flächen als Kleingartengelände aus, ebenso das vor dem Ersten Weltkrieg für Promenaden und Grünstreifen vorgesehene Land. Nun wollte man diese Flächen »von Bebauung freihalten und es der Zukunft überlassen, diese Freiflächen parkmäßig auszugestalten, falls der Hunger nach Kleingartenland sich verlieren sollte.«[8]

Das Gegenteil war jedoch der Fall: Mit dem Anwachsen der inflationsbedingten Armut wuchs auch das Bedürfnis der Bevölkerung nach einer eigenen Kleingartenparzelle. Bereits 1925 wies Hannover die drittgrößte Kleingarten-

dichte in Deutschland – nach Kiel und Bremen – auf. Zwischen 1918 und 1927 wuchs die Anzahl von 6.000 Kleingärten (Dauergärten, Gemüseland usw.) auf über 11.000 an.[9] Immer mehr Flächen mußten innerhalb des Stadtgebietes als Dauergärten ausgewiesen werden. Kleingärten hätten für die Bewohner der unerfreulichen Wohnungen nur dann Wert, wenn sie in erreichbarer Nähe lägen. Solche Areale würden aber meistens von der Stadtverwaltung und Eigentümern durchweg als Bauland angesehen und müßten dann – jeweils nach Fortschreiten der Bautätigkeit – von den Kleingärtnern wieder geräumt werden. Hierdurch erwachse die Gefahr, daß in Kürze Kleingartenland in erreichbarer Nähe der am dichtesten bewohnten Stadtteile überhaupt nicht mehr vorhanden sei, wenn nicht rechtzeitig den Bedürfnissen der Kleingärtner gebührend Rechnung getragen werde, wie in einer Denkschrift des Regierungs-Bezirk-Verbands Hannover der Kleingärtner vom 22.12.1922 an den Oberbürgermeister und an die Senatoren der Stadt Hannover zu lesen war. Durch Kleingärten solle jedem Arbeiter, und wenn möglich den Angestellten, den Beamten und sonstigen Bevölkerungsschichten die Möglichkeit gegeben werden, in der freien Zeit, nach Verlassen der Fabrik-, Geschäfts- und Büroräume in freier Natur Geist und Körper zu stärken. »In ihm können die Familienmitglieder sich frei und unbeengt fühlen, in dem Bewußtsein, daß er ihr Heim ist. Das sind Vorzüge, die ein Volkspark oder eine öffentliche Promenade nicht bieten können.«[10]

Anlaß für dieses Eintreten zugunsten der Kleingärten als den »Sportplätzen für die Alten und die Kinder«[8] war eine

Abb. 3 ...sich frei und unbeengt fühlen«

Abb. 4 »Fast 2.000 neue Kleingärten in Hannover« (HA 29.5.1932)

ab 1930 drohende Änderung im Generalbebauungsplan, durch die Kleingärten von 95 Familien mit durchschnittlich vier Köpfen zur Auflösung anstanden.[9] Auf diesem Gelände plante nämlich der Magistrat der Stadt, einen neuen Sportplatz anzulegen und der Universität zum fünfzigjährigen Jubiläum zu schenken. Die den Kleingärtnern angebotenen Ersatzparzellen lagen nahe dem Rittergut Burg. Diese waren nicht nur um ein Viertel kleiner als die vorherigen, sondern waren auch um fünfundvierzig bis sechzig Minuten weiter von der Altstadt entfernt, in der die meisten der recht armen Kleingärtner lebten. Besonders die SPD und die ihr nahestehende Zeitung *Volkswille* setzten sich, wenn auch vergeblich, für die Belange dieser Kleingärtner ein: »In einer Zeit, wo in den rußgeschwärzten Fabriken die Maschine herrscht und die Menschen in ihr selbst zur Maschine geworden sind; in einer Zeit wo täglich tausende von Kraftfahrzeugen im Zeichen der Hast und der Jagd die Großstadtstraßen durcheilen und die letzteren zur ständigen Gefahrenquelle machen; in einer Zeit wo viele Menschen vergebens auf Wohnungen warten oder mit ihren Angehörigen dicht gedrängt in Mietskasernen wohnen müssen, sollte jeder Einsichtige die Kleingärten als Volksnotwendigkeit ansehen«[10], denn der »Arbeiter in der hämmernden Fabrik wie der Angestellte und Beamte im Büro« brauchen einen »Ausgleich« von der »nerven- und geistestötenden Arbeit des Alltags«, eine »Kraftquelle ... im Kampf mit der Maschine.«[11]

Der größte Teil der Kleingärten waren Pachtgärten – es gab vereinzelt aber auch Parzellen in Privatbesitz –, drei-

viertel aller Gartenparzellen befand sich weniger als dreissig Minuten Fußweg von der Wohnung des Pächters entfernt.[12]

Mit Beginn der großen Wirtschaftskrise 1929/30 wuchs das zwischenzeitlich etwas abgeflaute Interesse am eigenen Garten in Wohnungsnähe wieder stark an. Nach der 3. Notverordnung vom 6.10.1931 wurden in Hannover mit Reichshilfe 1.817 neue Kleingärten mit der Zielsetzung geschaffen, wie in Bremen und Kiel, jede zweite bis dritte Familie mit einem Stück Gartenland zu versorgen. Die Haushaltungen sollten »materiell und seelisch krisenfester gemacht werden.«[13]

Die Ausbreitung der Armut zeigte sich auch durch das »wilde Bauen« am östlichen Stadtrand, eine halbe Stunde Fußweg vom Stadtteil Buchholz entfernt. Das Städtische Presseamt ließ am 16.7.1930 in der Zeitung *Volkswille* verlauten:

»Öfter als früher sind in letzter Zeit Gartenlauben errichtet worden, die als Dauerwohnungen dienen sollen. Zum Teil sind diese Bauten mit den allereinfachsten Mitteln hergestellt, mit Kistendeckeln usw., ..., aber es fehlt ihnen alles, was zu einer ordnungsgemäßen Wohnung gehört. Meist sind sie nicht unterkellert sowie schlecht oder gar nicht gegen Grundfeuchtigkeit geschützt; ... sie haben zu dünne Wände und keinen ordentlichen Zuweg; es fehlen Wasserleitung und Kanalisation. Diese Häuschen sind entweder auf gemieteten oder erworbenen Gelände errichtet ..., die massenweise Häufung dieser ›Wohnungen‹ in der Großstadt kann unter keinen Umständen geduldet werden, denn die gesundheitlichen Gefahren sind zu groß. ... Jedenfalls kann das Stadtbaupolizeiamt der Entwicklung solcher Zustände nicht stillschweigend zusehen. Soweit solche Bauten schon ausgeführt sind und zum Wohnen benutzt werden, kann den Bewohnern nicht dringend genug geraten werden, sich bis zum 1. Oktober d.J. wieder eine Wohnung in der Stadt zu besorgen (ein billiger Rat! d. Schriftl.), weil auch in diesen Fällen mit behördlichem Einschreiten zu rechnen ist.«[14]

An die Stelle der wilden Siedelei sollte schließlich die vorstädtische Kleinsiedlung treten.

Das Leben in den Kolonien der Steintormasch

Die Kleingartenfreunde der Kolonien in der Steintormasch waren zumeist in der Nordstadt oder auf der anderen Seite der Leine, in Linden – wo es zu Beginn der Zwanziger Jahre nur wenig Kleingartenland gab – ansässig. Die Kleingärtner waren in den meisten Fällen Arbeiter und kleine Angestellte, daher verklärte der *Volkswille* die »Laubenkolonie« als Villenkolonie der Proletarier. In dem Artikel »Die Wunschträume der Laubengärtner« schrieb der *Volkswille* weiter: »Von Jahr zu Jahr wird sie gepflegter und schöner. Immer mehr soll sie im Leben des Proletariers ersetzen: Er kann sich keine Sommerreise leisten; er kann sich kein Landhaus bauen, um darin zu wohnen, wenn die Städte glühen. Infolgedessen befriedigt er seine Sehnsüchte danach in den Laubenkolonien an den Peripherien der Städ-

te.«[15] Aber nicht nur Arbeiter, sondern auch viele Kleingewerbetreibende und Sonstige hatten in der Steintormasch einen Kleingarten: Der Schlachtermeister Ziegemann vom Klagesmarkt, der Sänger aus der Oberstraße, der Taxifahrer und Fahrradhändler aus der Rehbockstraße sowie der Hausarzt Dr. Gans ..., so erinnert sich Cläre B.[16] Auch Cläre B. war in der Nordstadt ansässig. Ihr Vater hatte 1920 die Gaststätte »Zur Handelsbörse« am Klagesmarkt gepachtet und einen Kleingarten in der Kolonie »Königsworth« übernommen.

Zu Beginn der Zwanziger Jahre war der Kleingarten ein reiner Nutzgarten und diente in den Zeiten wirtschaftlicher Not zur Deckung des Eigenbedarfs. Verschiedene Obstsorten und Beeren – von Äpfeln über Erdbeeren und Sauerkirschen bis hin zu Johannisbeeren – wurden angebaut, ebenso Gemüse wie Kartoffeln, Kohlrabi, Blumenkohl und Tomaten.[17] Auch die Kleintierhaltung war weit verbreitet.

Bewirtschaftet wurde »der Garten« mit mechanischem Gerät, z.B. Handmähern und Sensen. Standen nach dem Ersten Weltkrieg nur der Komposthaufen und menschliche Abfallstoffe für Düngezwecke zur Verfügung, wurden später Pferdeäpfel von Polizei und Militär »geliefert«, gelegentlich wurde auch Kalk zum Düngen gekauft.[18]

Die Wege in den Kolonien waren aus Kohlenasche oder gepflastert. Diese wurde vom Elektrizitätswerk oder von der Reifen herstellenden Firma Continental bezogen, wo Kohle als Rohstoff für die Energieversorgung diente. Die Platten gossen die Kleingärtner eigenhändig: »Kies, Sand, Zement wurden angerührt. Einen Tag später wurde die

Abb. 5 ... bei der Arbeit

Verschalung von der fertigen Platte entfernt.«[19] Die Abfälle, welche die Ziegelei Stöcken am alten Leinearm ablud, dienten ebenfalls zur Befestigung der Wege; auch Erde wurde in den Zwanziger Jahren herangeholt, um weiteres Gelände urbar zu machen.

Der Kleingarten war eine mit einem Holz- oder Drahtzaun umfriedete Parzelle, auf der sich oft eine Laube befand.

Zu Beginn der Zwanziger Jahre war die Laube in den meisten Fällen eine einfache Holzhütte, die zur Unterbringung von Werkzeug und Gerät diente. Vor Einführung des elektrischen Stroms kam das Licht von aufhängbaren Petroleumleuchten; der Kühlraum war ein in den Boden gemauertes Loch.

Die Toilette war noch ein Plumpsklo, doch wurde dieses im Laufe der Zwanziger Jahre durch Klos mit Auffangbehälter ersetzt. Das Wasser schöpfte man eimerweise aus Brunnen oder angrenzenden Fischteichen. Um ständig Gießwasser vorrätig zu haben, behalf man sich mit schräg in die Erde gegrabenen Wasserlöchern, deren Wände notdürftig durch Kistenbretter abgestützt wurden. In der zweiten Hälfte der Zwanziger Jahre kamen vermehrt Wasserhandpumpen zum Einsatz; auch die Familie B. teilte sich eine Handpumpe mit einem Nachbarn. Das Grundwasser wurde in Abständen von der Stadt überprüft.

Hatte man bis in die frühen Zwanziger Jahre, als die Anpflanzungen noch keinen Schutz vor dem Westwind boten, aus Kohleschlackebrocken halbmannshohe, grottenähnliche Wälle um die Sitzplätze gebaut – »die Schönheitssucher unter den Mitgliedern machten sich daran, diese Schlackenwälle mit Kalkmilch weiß zu spritzen« –, so übernahmen bald darauf die Hecken die Funktion des Windfangs und der Sichtblende.

Durch die herangewachsenen Obstbäume boten die Gartenkolonien nun auch vermehrt Nistplätze für Singvögel: »Am Fliederweg nistete in den Zwanziger Jahren ein Wendehalspärchen ...«[20]

Mangelte es nach dem Ersten Weltkrieg aufgrund der wirtschaftlichen Verhältnisse noch an Material und Geld, so wurden die Lauben nach dem Ende der Inflation unter dem Motto: »Jeder so wie er konnte«[21] verstärkt ausgebaut, so daß Schlafgelegenheiten in der Laube üblich waren.

Da es damals noch keine behördlichen Auflagen für das Gestalten von Gartenlauben gab, »konnte es passieren, daß man plötzlich einer Miniaturkirche gegenüberstand, sinnig eingerahmt von Stallhasen und einem Auslauf mit eifrig gackernden Hühnern.«[22]

»Keine Laube gleicht der anderen«, charakterisierte der *Volkswille* den Anblick einer Laubenkolonie und fährt fort:

»Der Schrebergärtner baut seine Laube als Abbild seiner unbefriedigten Wünsche. Er läßt seine in der Fabrik verkümmerte Phantasie spielen, seine schöpferischen Kräfte wollen sich hier auswirken, weil sie sonst nirgends gebraucht werden«.[23]

Die Typen von Kleingärtnern reichten vom »Einsiedler«, dessen Ideal es wäre »in einer Burg zu wohnen, wo das Getriebe dieser unvollkommenen Welt nicht mehr hinreicht«, zu jenen, die sich »ihre gemütliche Stube mit Muschelaufsätzen« als Laube nachbauten, bis hin zu den »Freunden des heiteren Lebensgenusses« »mit breiten ausladenden Lauben, die in frohen Farben gehalten« und mit »gemütlichen Gangbezeichnungen« wie »Klönsbuddelgang« oder »Pannflickergang« versehen waren.

Doch: auch »eine proletarische Laube« sei keine Schande, bestünde sie doch aus Materialien, die den Lebensumständen der proletarischen Kleingärtner entspreche: Kistenbretter, Latten und sonstiger Holzabfall und man fügte ermunternd hinzu: »In der Arbeiterwelt ist mehr Freude über einen klassenbewußten Arbeiter, als über hundert, die nach dem Bürger schielen, um ihn nachzuahmen.«[24]

Hin und zurück

Frau B.s Vater hatte in der damaligen Ulanenstraße einen Pferdestall gemietet. Jedes freie Wochenende fuhr die Familie mit der Kutsche zum Kleingarten. Vor der Kolonie befand sich ein Parkplatz für Kutschen und Fahrräder; das Pferd wurde auf eine Wiese in der Kleingartenkolonie gebracht. Doch das war ungewöhnlich. Im allgemeinen gelangten die Kleingärtner zu Fuß oder – wenn sie es sich leisten konnten – mit dem Fahrrad zum Garten. Die in Linden ansässigen Kleingartenfreunde konnten zudem die Fähre zwischen der Stärkestraße und dem Justusgarten benutzen. An den Endpunkten der Fähre gaben Tafeln Auskunft über die Beförderungspreise, die Tarife für Haustiere waren je nach Grösse gestaffelt.

Das Wochenende verbrachte der Schrebergärtner mit seiner Familie im Kleingarten. Während der Woche waren »vormittags und nachmittags die Frauen und Kinder auf dem Plan«, um die notwendigen Arbeiten zu verrichten – im Frühjahr die Aussaat, im Spätsommer die Ernte, das Umgraben im Herbst, die Instandhaltung des Grundstücks. Nach Feierabend erschienen dann die Männer.[25]

Die Ernten wurden mit dem Fahrrad oder einem Handwagen abtransportiert; die Kleinkinder durften auf dem Heimweg auf Brettern sitzen, die über der eingebrachten Ernte lagen.

Erholung und Geselligkeit

Neben der Gartenarbeit und der Deckung des Eigenbedarfs diente der Kleingarten auch der Erholung und Geselligkeit, hatte doch die Zeit der gemeinsam überstandenen Not den Zusammenhalt der Kolonie gestärkt. So wurden nicht nur in der Festschrift zum fünfzigsten Jubiläum der Kolonie »Rosendorf« die »alten Originale« beim Fachsimpeln und am Stammtisch portraitiert, auch Cläre B. erinnert sich, daß ihr Vater vielfach Bekannte in den Garten einlud, Mitbringsel waren üblich. »In der Inflationszeit, wo es nichts gab, brachte der Pastor Heuer von der Christuskirche immer etwas mit: Öl oder Mehl, das aus Amerika geschickt worden war.«[26]

Auch lagen einige Ausflugslokale in unmittelbarer Nähe dieser Kleingartenkolonien: das »Dornröschen« am Ufer der Leine, das Restaurant »Georgengarten« auf dem Gelände der heutigen Straße »Steintormasch«. Im »Justusgarten«, wo heute noch das »Fährmannsfest« stattfindet, trafen sich die Geschäftsleute zum Frühschoppen.

Die Kolonien begannen Anfang der Zwanziger Jahre wieder ihre Feste zu feiern, die in den Kriegs- und Nachkriegsjahren nicht stattgefunden hatten. Für das Laubenfest wurden die Wege der Kolonien mit Girlanden geschmückt, »die Kinder waren fein herausgeputzt«,[27] die kleinsten hatte man in geschmückte Handwagen gesetzt. Für die Frauen gab es damals als »letzter Schrei« der Hut-

Abb. 6 Geselligkeit »mit Hut«

mode für den Umzug Strohhüte aller Art: Panamahüte und sogenannte Kreissägen, mit Hutbandschleifen vorn, von Blumen geschmückt.[28] Das Fest begann am frühen Sonntagnachmittag mit dem Marsch zum Festplatz. Dort gab es Musik: »einige gewichtige Männer« mit ihren »Blasedingern« und – als Hauptinstrument – einer dicken Pauke saßen, tranken und musizierten auf einem erhöhten Podium. Man merkte es ihnen oft an, wie viele Stunden sie schon gespielt hatten, zumal die durch Bier gesteigerte Fröhlichkeit sich auf »das klangliche Ergebnis« auswirkte.[29] Dazu gab es Ausschank und Tanz auf der holperigen Festwiese, die vorher »eine Sonderbehandlung mit der Sense«[30] erhalten hatte, während die Kinder sich auf dem an die Festwiese angrenzenden Spielplatz tummelten.

Abends fand, ebenfalls von Blasmusik untermalt, der Lampionumzug der Kinder statt: »Einige unserer markantesten Mitgliederpersönlichkeiten hatten bei den Festumzügen bestimmte Würden. Der eine erschien regelmäßig als guter Schutzmann und abends beim Kinderumzug als Nachtwächter, zum Gaudium der Jugend, während ein anderer die Kleinen mit seiner Querpfeife anführte und sie wieder sicher in die Arme der Mütter zurückbrachte, wodurch er sich wohltuend von seinem berühmten Hamelner Kunstgenossen, dem Rattenfänger, unterschied.«[31]

In der zweiten Hälfte der Zwanziger Jahre wurden richtige Festzelte auf der Festwiese aufgebaut, so daß die Feiern auch unabhängig vom Wetter durchgeführt werden konnten.

Zur Faschingszeit feierten die Kleingärtner und Kleingärtnerinnen im Restaurant »Georgengarten« das »Kappenfest«, bei dem alle Papiermützen trugen. Auch bei diesem Fest gab es Ausschank, Tanz und Blasmusik. Im Herbst fand außerdem das Erntefest statt, zu dem eine Erntekrone gebastelt wurde. Finanziert wurden die Feste der Kleingärtner durch Spenden, die in den meisten Fällen vermögendere Koloniemitglieder aufbrachten. Laut Frau B. war es »eine schöne Zeit der kameradschaftlichen Freundschaft.«[32]

Die Organisation des Vereinslebens

Die Kleingärtner in den Kolonien der Steintormasch befanden sich Mitte der Zwanziger Jahre zumeist »im vorgerückten Alter«.[33] Es war die Zeit, in der die Gärten von der Gründergeneration an die nächste weitergegeben wurden, in den meisten Fällen an die sich auch schon in ihrer Lebensmitte befindenden Kinder.

Die meisten Kleingärtner kümmerten sich nach den Mühen des Tages lieber um ihren Garten als um Kleingartenpolitik. Vereinsheime, die in späterer Zeit das Zentrum des Vereinslebens bilden sollten, gab es noch nicht. Nur wenige Mitglieder der Kolonien fanden sich zu Versammlungen ein. Die Tagesordnung bestand in den meisten Fällen aus wenigen Punkten: Jahresbericht, Kassenbericht, Festorganisation und ein oder zwei aktuelle Anliegen. Bestimmte Regelungen schienen angebracht zu sein. So durften jeden Donnerstag um 15 Uhr Gartenabfälle verbrannt werden. Der Kolonieobmann war für Geldsammlungen und für den »einwandfreien Zustand der Wege«[34] zuständig sowie für

Abb. 7 Der Nationalsozialismus hält Einzug. Kleingarten-Kolonie »Burg«

die Entfernung dessen, was im allgemeinen »Unkraut« genannt wird. Abends kontrollierte er, ob alle Tore verschlossen waren, »denn auch damals wurde schon viel eingebrochen«.[35] Während der Erntezeit kamen zusätzliche freiwillig gebildete Streifen zum Einsatz, um Obst und Gemüse vor Diebstahl zu schützen.

Die Vereinsfarben der Kolonie »Rosendorf« waren »Grün-Weiß-Rot«, doch geflaggt wurde nach »Lust und Laune in allen Regenbogenfarben, sogar mit Fahnen fremder Staaten, die die Pächter als Erinnerungen an ihre Kriegserlebnisse mitgebracht hatten«.[36]

Die Art der Flagge konnte aber auch die kulturelle Einbindung oder gar die politische Einstellung des jeweiligen Kleingärtners ausdrücken: »Auch eher standesbewußte Kleingärtner gibt es, die ihre Berufsabzeichen weithin sichtbar angebracht haben. Und weithin sichtbar weht ihre politische Fahne, die sie sich anstecken. Viele Laubengärtner wollten unbedingt ›neutral‹ sein und ziehen Städte- und Länderfahnen auf: ein ebenso wirres Farbengemisch wie das Uneinheitliche der Länder und Länderchen unseres Reiches. Ab und zu sieht man noch Schwarz-Weiß-Rot, die Fahne der Vergangenheit. Doch die Laubenkolonien in der Nähe der Arbeiterviertel ziehen immer häufiger Schwarz-Rot-Gold auf, denn die neutralen Vereinsfarben können die Fahne der Republik nicht ersetzen.«[37]

Die Kleingärtner und das Aufkommen des Nationalsozialismus

Der in der Festschrift zum 8. Reichskleingärtnertag vom 29.–31. Mai 1931 in Hannover erschienene Beitrag über die »Bedeutung des Kleingartens für die Volksgesundheit« verwies auf die Wichtigkeit der Jugendpflege und die positiven Auswirkungen eines eigenen Gartens, besonders wenn man in »lichtlosen Wohnungen« lebt. »Fortwährend strömen vom Land her, angelockt vom Flitterglanz der Städte, kraftvolle Menschen in diese. Vielfach ist ihr Schicksal damit schon besiegelt. Es kommt zumeist noch zur Familiengründung. Schon die nächste oder übernächste Generation verzichtet auf ein Weiterleben über sich selbst hinaus in der Form von Nachkommen. Hier hat der Kleingarten eine große Aufgabe zu erfüllen ... Die Unterhaltung eines Kleingartens setzt eine Familie voraus und zwar eine kinderreiche.« Die soziale Durchmischung der Kolonien, die Nachbarschaftshilfe zwischen »Arbeitern und Hochwohlgeborenen« wurden idealisiert: »Es treten in das gewöhnliche Leben geläuterte Persönlichkeiten hinaus, die für den Staat und Gemeinde opferbereit sind. Es ersteht dem Kleingärtner so eine hehre Aufgabe: die Erziehung des eigenen Ichs zur Opferbereitschaft und zum Aufgehen in einer Gemeinschaft«, denn: »Wir sind keine Einzelwesen, vielmehr sind wir in den ganzen Volksorganismus eingebunden.«[38]

Mochten die pathetischen Reden von Opfer und Sippe auch unangemessen sein, so brachte das Blut- und Bodenprogramm den Kleingärtnern auch eine gewisse Sicherung des Kleingartenbestandes durch einen strenger gefaßten Kündigungsschutz.

Nach Auffassung von Frau B., die sich damals nur am Wochenende im Kleingarten aufhielt (nach dem Zweiten Weltkrieg wohnte sie mit ihrer Familie viele Jahre in einem selbstgebauten Haus auf der Kleingartenparzelle), machte sich die Machtübernahme der Nationalsozialisten im Kleingartenalltag nicht stark bemerkbar – »Wir waren für die doch überhaupt nicht interessant«[39] –, deutlicher dagegen zeigte sich eine Veränderung in der Gaststätte, die Cläre B. von ihrem Vater übernommen hatte. »Schon 1933 gab es heimliche Versammlungen bei Schmedes in Hainholz.«[40]

Doch in Wirklichkeit war die Machtübernahme der Nazis nicht ohne Folgen für die Kolonie: Kleingartenparzellen von Gartenfreunden, die aus politischen Gründen verhaftet worden waren, wurden konfisziert, kinderreiche (arische) Familien und vor allem Parteimitglieder bei der Vergabe von Gartenflächen, die sich in städtischem Besitz befanden, bevorzugt. Beim Erntedankfest wurde eine Naturalienspende für das Winterhilfswerk eingefordert.

Die handschriftliche Chronik des Kleingartenvereins in der Steintormasch bricht am 22. Mai 1933 ab und wird erst am 5. Februar 1950 fortgeführt. Der Zeitraum dazwischen fehlt. Auszüge aus dem letzten Sitzungsprotokoll lauten:

»Sämtliche Kleingärten werden in Bezirke West, Süd, Ost, Nord und Mitte eingeteilt. Steintormasch und Ohe bilden einen Abschnitt und unterstehen einem noch zu ernennenden Abschnittsleiter. Den Anordnungen desselben ist Folge zu leisten. ... Es soll ersucht werden, die Pacht zu ermäßigen. Bei arbeitslosen oder in Not geratenen Kleingärtnern soll Zahlungsstundung gewährt werden. ... Als Fahnen dürfen nur Hakenkreuzfahnen, Schwarz-Weiß-Rot, Landesfahnen und Kommunalfahnen gehisst werden. ... Bei Gartenverkäufen entscheidet ein Gartenarchitekt.«

Anmerkungen:

1 Vgl., Richter 1969.
2 Festschrift 1955.
3 Krone, zit. n. Richter 1969, S. 287.
4 Ebd., S. 282.
5 Wolf 1922, S. 101.
6 Protokoll Bürgervorsteherkollegium v. 1.5.1930 in: NHStA Han 310 II D Nr. 18, S. 5.
7 Denkschrift Regierungs-Bezirks-Verband Hannover im Reichsverband der Kleingartenvereine Deutschlands e.V. v. 22.12.1926 in: NHStA Han 310 II D Nr. 16, S. 1.
8 Protokoll Bürgervorsteherkollegium v. 1.5.1930 in: NHStA Han 310 II D Nr. 18, S. 4.
9 Ebd., S. 3.
10 Vowi v. 1.10.1930.
11 Ebd.
12 Protokoll Bürgervorsteherkollegium, S. 2.
13 Stat. Vjber. der Stadt Hannover 1933/III, S. 10.
14 Vowi v. 16.7.1930.
15 Vowi v. 28.5.1930.
16 Interview Cläre B., im Besitz des Verfassers.
17 Ebd.
18 Festschrift 1955.
19 Interview Cläre B., im Besitz des Verfassers.
20 Festschrift 1955.
21 Ebd.
22 Ebd.
23 Vowi v. 28.5.1930.
24 Ebd.
25 Interview Claire B., im Besitz des Verfassers.
26 Ebd.
27 Festschrift 1955.
28 Ebd.
29 Ebd.
30 Ebd.
31 Ebd.
32 Interview Cläre B., im Besitz des Verfassers.
33 Protokoll Bürgervorsteherkollegium v. 1.5.1930 in: NHStA Han 310 II D Nr. 18.
34 Interview Cläre B., im Besitz des Verfassers.
35 Ebd.
36 Ebd.
37 Vowi v. 28.5.1930.
38 Festschrift 1931.
39 Interview Cläre B., im Besitz des Verfassers.
40 Ebd.

Literatur:

Festschrift zum 8. Reichskleingärtnertag v. 29.-31.5.1931 Hannover.
Festschrift zum 50jährigen Bestehen der Kolonie »Rosendorf«, Hannover 1955.
Gröning, Gert / Wolschke-Buhlmahn, Joachim, Von der Stadtgärtnerei zum Grünflächenamt. 100 Jahre kommunale Freiflächenverwaltung und Gartenkultur in Hannover (1890-1990), Hannover 1990.
Richter, Gerhard, Die Entstehung und Entwicklung des Kleingartenwesens in Hannover, Hannover 1969.
Wolf, Paul, Hannover. Deutschlands Städtebau, Berlin 1922.

Hartmut Lohmann

»Frisch – Frei – Stark und Treu«.

Die hannoversche Arbeitersportbewegung

Am 10. August 1931 findet in Hannover das sportliche Top-Ereignis des Jahres statt. Trotz regnerischen Wetters sind nahezu 6.000 Zuschauer dabei, als die Bundesmeisterschaft im Handball ausgetragen wird. Im Endspiel, das von zahlreichen Rundfunksendern übertragen wird, stehen sich der Männerturnverein (MTV) Hainholz und die Mannschaft von Wien-Ottakring gegenüber. Doch kein gewöhnliches Sportereignis findet hier statt. Es sind politisch engagierte Arbeiter, die gegeneinander antreten: im Arbeiter-Turn- und Sportbund (ATSB) organisierte Arbeitersportler und Arbeitersportlerinnen.[1]

»Das rote Hannover grüßt das rote Wien« titelt der *Volkswille,* die Tageszeitung der sozialdemokratisch gesinnten hannoverschen Bevölkerung am 10.8.1931 anläßlich der Großveranstaltung, und im nachfolgenden Artikel gibt der sozialdemokratische Sportfunktionär Hermann Kabus Auskunft über Zweck und Ziel der Veranstaltung:

»Ein herzlich ›Frei Heil‹ euch, ihr Wiener Bundesgenossen, die ihr gekommen seid, um mit unseren hannoverschen Bundesgenossen im friedlichen Wettkampf um die Bundesmeisterschaft zu spielen. Partei, Gewerkschaften und die freien Kulturverbände begrüßen euch und wünschen der Veranstaltung einen regen Erfolg. Im zähen, aber bundesgenössischen Kampfe habt ihr euch gleich unseren Hainhölzer Bundesgenossen zum Endspiel um die Bundesmeisterschaft durchgerungen. Mut, Ausdauer und Willenskraft gehörten dazu. Diese Fähigkeiten benötigen wir nicht nur auf dem grünen Rasen im friedlichen Wettkampf, wir brauchen sie auch zum Kampf für unsere Idee, für den Sozialismus.«

Programmatisch und nicht frei von Pathos wird in dem Artikel die Idee des Arbeitersports entfaltet, dem es nach den Verlautbarungen des Funktionärs um mehr geht, als um Punkte und Lorbeer zu kämpfen. »Dem Volke gilt's, wenn wir zu spielen scheinen!«, fährt Kabus fort und proklamiert diesen Wahlspruch als höchstes Gesetz in »der jetzigen

Zeit, wo sowohl in Österreich wie in der deutschen Republik der Faschismus versucht, mit allen Mitteln die Rechte der Arbeiterschaft zu beschneiden«. Über den reinen Sportbetrieb hinaus wird dem Spiel die Funktion zugewiesen, die Macht der Arbeiterklasse zu demonstrieren. Für die Arbeitersportlerinnen und -sportler, die in engster Zusammenarbeit mit Sozialdemokratischer Partei, Gewerkschaften und der Republikschutzorganisation, dem Reichsbanner »Schwarz-Rot-Gold« wirkten, seien die Leibesübungen nicht Selbstzweck, »sondern ein wichtiges Erziehungsmittel für den Sozialismus.«

Inwieweit entsprach diese euphorische Einschätzung der Realität? Was verbirgt sich überhaupt hinter dem Phänomen Arbeitersport? Wie verlief das Leben im Arbeitersportverein? Ein Blick auf Organisation und Struktur, Zielsetzung und Vereinsalltag der hannoverschen Arbeitersportbewegung soll dazu beitragen, diese Fragen zu klären.

Organisation des hannoverschen Arbeitersports

Die alte Arbeiterbewegung war bis zu ihrer Zerschlagung durch den Hitler-Faschismus nicht nur in den Betrieben und auf parlamentarischer Ebene eine starke Kraft, sondern hatte sich auch auf kultureller Ebene organisiert. Nach Aufhebung des Sozialistengesetzes 1890 war ein vielfältiges Vereinswesen entstanden, das von Arbeitergesangvereinen über Arbeiterbildungsausschüsse, Theatervereinigungen wie der »Freien Volksbühne« bis zur sozialistischen Freidenkerbewegung reichte. Nur ein kleiner Teil der Arbeiterschaft war in der Partei organisiert, doch sehr viele nahmen die Angebote der Bildungsinstitutionen, der sozialen Einrichtungen (Spar- und Bauvereine, Konsumvereine) oder der Kulturorganisationen im Umfeld der Arbeiterparteien in Anspruch. Der »klassenbewußte« Arbeiter, so wurde gewitzelt, sei von »der Wiege bis zur Bahre« in die Arbeiterorganisationen eingebunden.[2]

Abb. 1 Ein Mitglied der Freien Turnerschaft Hannover am Barren, im Hintergrund der Vahrenwalder Wasserturm

Die Arbeitersportbewegung, 1893 in Gera als reine Turnbewegung gegründet, umfaßte auf ihrem Höhepunkt in der Weimarer Republik immerhin 1,3 Millionen Mitglieder. Allein in Hannover gab es Mitte der Zwanziger Jahre die beachtliche Zahl von 13.047 organisierten Arbeitersportlern und Arbeitersportlerinnen in 77 Arbeitersportvereinen.

Als erster Verein im hannoverschen Raum war im Mai 1893 der »Turn-Klub Vorwärts Linden« entstanden, der sich später in »Arbeiterturnverein Linden« umbenannte. Weitere Vereinsgründungen folgten, vorrangig in den Arbeiterquartieren Hainholz, Limmer, Linden, Ricklingen, Stöcken und Vahrenwald. Darunter waren Vereine wie der »Freie Wassersport Hannover-Linden«, der am 21. August 1932 vor 4.000 Zuschauern in Herne Bundesmeister im Wasserball durch einen Sieg über »Hellas Berlin« wurde.[3] Der Arbeiterschwimmverein »Aegir« aus Ricklingen und die »Freie Turnerschaft Hannover, Abteilung Döhren« gehörten zu den Vereinen, die aufgrund ihrer Größe und Popularität prägenden Einfluß auf die Bewohner der Stadtteile entfalten konnten. Mitgliederstärkster Verein war der »Arbeiterturnverein Linden«, dem über 1.000 Arbeitersportler und -sportlerinnen angehörten.

Erst für die Zeit der Weimarer Republik ist es berechtigt, bei den Arbeitersportvereinen von einer »Massenbewegung« zu sprechen. Im Kaiserreich waren dem Aufschwung der Vereine noch Grenzen gesetzt. Zum einen waren ihre materiellen Bedingungen wesentlich schlechter als bei den bürgerlichen Vereinen. Es fehlte an Übungsgerät, und die Benutzung städtischer Hallen und Plätze wurde den Vereinen mit fadenscheinigen Begründungen durch die städtischen Behörden verwehrt. Die Vereine unterstan-

den teilweise intensiver polizeilicher Überwachung. Die Behörden sahen in ihnen die »roten Stoßtrupps der Sozialdemokratie, die helfen sollten, das bestehende Gesellschaftssystem zu zerstören«.[4] Wurde ihnen nachgewiesen, daß auf den Vereinsabenden die Verbreitung von politischem Gedankengut erfolgte, liefen sie Gefahr, daß aufgrund des Reichsvereinsgesetzes die Teilnahme Jugendlicher an dem Verein untersagt wurde.

Zum anderen befürchtete die Sozialdemokratische Partei vor 1914 eine Ablenkung von den eigentlichen politischen Zielen durch den »Vereinsklimbim« und vermutete außerdem, daß die Auseinandersetzung im sportlichen Wettkampf das Konkurrenzverhalten der Arbeiterschaft untereinander verstärken würde, statt zu einer solidarischen Front gegen den gemeinsamen »Klassenfeind«, das Bürgertum, zu führen.

Zur Interessenvertretung gegenüber den Behörden und zur besseren Koordination der Vereinsveranstaltungen schlossen sich die hannoverschen Arbeitersportvereine 1912 in einem »Kartell für Sport- und Körperpflege« zusammen und traten auch der auf Reichsebene existierenden »Zentralkommission« bei. Mit dem Ausbruch des Ersten Weltkrieges kam die Arbeit des Kartells zum Erliegen, doch nach der Revolution 1918/19 und der Gründung der Weimarer Republik nahm das Kartell in verstärktem Maße Verwaltungs- und Koordinierungsaufgaben wahr.

Es war zuständig für die Pachtung von Sportplätzen und die Anmietung von Turnhallen, aber auch für die Schlichtung von Streitigkeiten, wenn zum Beispiel Beschwerden über die Beschädigung städtischer Turnhallen vorlagen. Außerdem erfolgte der Schriftverkehr zu den verschiedenen Bundeszentralen der Arbeitersportverbände, die Anmeldungen zu Schulungskursen oder die Organisation der Teilnahme hannoverscher Sportler (seltener: Sportlerinnen) an den Bundesfesten in Leipzig 1922 oder Nürnberg 1929 durch das Kartell. Auch für die Fahrt zu den sogenannten Arbeiterolympiaden in Frankfurt/Main 1925 und Wien 1931, für größere Werbeveranstaltungen (Schauturnen, Bezirksvergleiche) sowie für das Aufstellen der Arbeitersportler in »Schutzformationen«, die SPD-Versammlungen vor SA-Terror schützen sollten, war das Kartell verantwortlich.

Die Leitung bestand aus zwei hauptamtlichen Kräften, dem schon erwähnten Sportsekretär Heinrich Kabus und dem Parteisekretär Hermann Schönleiter, wobei deren Tätigkeit durch die einzelnen Vereinsvorstände unterstützt wurde.

Die vielfältigen Aufgaben, die das Kartell wahrnahm, machen deutlich, daß sich die Situation der Arbeitersportbewegung in der Weimarer Republik grundlegend verbessert hatte. Von den staatlichen Behörden wurden die Vereine nicht mehr verfolgt, sondern finanziell unterstützt. Von 90.000 Mark, die 1930 durch eine Finanzkommission des von Stadtturnrat Dunkelberg geleiteten »Stadtamtes für Leibesübungen« zur Verteilung gelangten, erhielten die Arbeitersportvereine immerhin 25.700 Mark.[5] Das war mehr als diesen Vereinen gemessen an den Mitgliederzahlen anteilmäßig zustand. Trotz der verbesserten Rahmenbedingungen in der Weimarer Republik, trotz Unterstützung nun auch durch Partei und Gewerkschaften konnte die Arbeitersportbewegung mit den bürgerlichen Verbänden, der »Deutschen Turnerschaft« und dem »Hauptausschuß für Leibesübungen«, zahlenmäßig nicht konkurrieren. Lediglich jeder fünfte im Sportverein organisierte

Hannoveraner (incl. der Frauen) war in der Arbeiterportbewegung gewesen. Bei diesen Zahlen gilt es aber zu bedenken, daß die Anzahl der passiven Mitglieder in den bürgerlichen Verbänden beträchtlich höher lag als in den Arbeitersportvereinen.

Der enge Zusammenhang zwischen Arbeitersport und anderen sozialdemokratischen Organisationen drückte sich darin aus, daß sowohl das Kartell als auch eine Verkaufsstelle des »Arbeiter-Radfahrer-Bundes« mit dem Namen »Frisch-Auf« im Gebäudekomplex des Gewerkschaftshauses in der Odeonstraße untergebracht waren. Auch gehörte der Arbeitersport der Arbeitsgemeinschaft der »Freien Kulturverbände« an, die zusammen mit SPD und Gewerkschaften das »Freie Bildungs-Kartell« bildete.[6]

Alltag im Arbeitersportverein

»Wir waren ja jeden Tag auf dem Sportplatz ›An der Graft‹, da haben wir unsere Freizeit verbracht!«[7] Diese Aussage von Frau Sch. – ehemaliges Mitglied des »Arbeiterturnvereins Linden« – läßt erahnen, welche Bedeutung der Arbeitersportverein für die Mitglieder hatte. Er war für sie ein Lebensmittelpunkt – auch für Frauen, die in den Zwanziger Jahren einen steigenden Teil der Mitgliederschaft bildeten. Auch wenn der durch die Sozialpolitik als Folge der Novemberrevolution erreichte Acht-Stunden-Tag in den Zwanziger Jahren de facto wieder rückgängig gemacht wurde, blieb den Arbeitern und Arbeiterinnen Zeit, abends und am Wochenende ihren Hobbys nachzugehen. Zudem war in der Endphase der Weimarer Republik infolge der Weltwirtschaftskrise in Hannover knapp ein Drittel der Arbeitnehmerschaft erwerbslos. Der Sportver-

Abb. 2 Bezirksturnfest in Münder 1909: Die Freie Turnerschaft Hannover und weitere Arbeiterturnvereine

ein schuf für seine Mitglieder die Möglichkeit, im Falle von Arbeitslosigkeit die Isolation zu überwinden, unter Gleichgesinnten Gespräche zu führen und in der Gemeinschaft Aktivitäten zu entwickeln. Dazu bot der Sportplatz gute Möglichkeiten – zumal ein Zusammentreffen im Vereinsheim den Geldbeutel weniger belastete als ein Kneipenbesuch. Herr E. erinnert sich:

»Ja, am Tage lagen wa auf dem Sportplatz von morgens bis abends und haben dann da Skat gespielt und denn hatten wa oben unser Klubhaus.

Mein Bruder, der war sozusagen Platzwart, na jedenfalls hatten wa denn auch so nen Ausschank da. Denn holten wa uns Mettbrötchen ...«.

Außerdem konnten sich die Arbeitslosen auf dem Platz nützlich machen, hier konnte »mitangepackt« werden. Im Gegensatz zu den meist betuchteren bürgerlichen Vereinen waren die Arbeitersportler und -sportlerinnen darauf angewiesen, anfallende Arbeiten in Selbsthilfe zu erledigen. Dies bestätigt Herr R.:

»Das ist eben auch, was den Arbeitersport auszeichnete. Wir haben nicht von den Städten da die Plätze hingesetzt gekriegt, sondern wir hatten damals jeder – auch wir Jugendlichen – 30 Arbeitsstunden auf dem Sportplatz abzuleisten, und ich erinnere mich noch deutlich, daß wir also die Laufbahn auf dem Hainhölzer Sportplatz ausgehoben haben und daß wir da Steine und Koksasche raufgebracht haben und mit einer eigenen Walze die Laufbahn planiert haben.«

Das an der Beeke gelegene »Ricklinger Bad« des Schwimmvereins »Aegir« entstand wesentlich durch über 70.000 Arbeitsstunden der Vereinsmitglieder. Zur Finanzierung trugen von den Mitgliedern gezeichnete Anteilscheine im Wert von insgesamt mehreren tausend Mark bei.[8] Ähnlich hohe Summen investierten die »Freien Schwimmer Hannover« in ihrem Schwimmbad an der Ohe oder die Abteilung Döhren der »Freien Turnerschaft Hannover« für Klubheim und Vereinsplatz.

Die Erledigung anfallender Arbeiten fiel den Vereinsmitgliedern aufgrund ihrer Zusammensetzung aus Arbeiter- und Handwerkerkreisen nicht schwer, zumal sie den Erfolg ihrer Arbeit sahen und entsprechende Anerkennung ihrer Vereinsmitglieder erfahren konnten. Dabei ging es durchaus nicht so verbissen zu wie bei der Erwerbsarbeit, wie Herr S. beschreibt:

»... die sind gekommen, nech, und haben gearbeitet. Aus reinem Idealismus. Und nun war es natürlich auch so, die Zeit war ja schlechter. Was sollten sie den ganzen Tag im Hause machen. Die haben sich getroffen, und wenn sie Lust hatten, denn haben se mal zwei Stunden die Karre geschoben. Und denn haben se wieder nen Skat gespielt und haben sich gesonnt.«

Allerdings muß vor jeglicher Idealisierung der Zustände gewarnt werden. Der Sportplatz konnte den Arbeitsplatz nicht ersetzten, und ganz ohne Organisiation ließ sich diese Selbsthilfearbeit auch nicht bewerkstelligen. Listen wurden geführt, damit die anfallenden Tätigkeiten gerecht verteilt werden konnten und nicht an wenigen hängen blieb.

Abb. 3 Aufmarsch der Sportler und Sportlerinnen bei der Arbeiter-Olympiade 1925 in Frankfurt/Main

Volkssport für alle

Die Zugehörigkeit zum Arbeitersportverein bedeutete jedoch nicht nur Arbeit. Arbeiterinnen und Arbeiter konnten auf dem Sportplatz der Enge der Wohnung und den dicht bebauten Arbeiterquartieren entfliehen. Ausflüge fanden statt zu benachbarten Vereinen, häufig auch in das in der Heide bei Mellendorf gelegene »Naturfreundeheim«. Einigen Mitgliedern bot der Verein Gelegenheit, im Rahmen der sportlichen Großveranstaltungen größere Reisen zu unternehmen:

»... also für mich war das ganz schön, daß ich in Wien war, in Dresden war, in Leipzig war. Da wäre ich in meinem Alter nirgends hingekommen, wenn ich nicht Sport getrieben hätte.«

Die von Frau Sch. geschilderten Erfahrungen waren kein Einzelfall, denn durch das Kleben von Marken und die Anmietung von Sonderzügen ermöglichte der Arbeitersportverein relativ vielen Mitgliedern die sonst finanziell unerschwinglichen Reisen. So nahmen über 400 Hannoveraner und Hannoveranerinnen, darunter allein 35 Mitglieder des ATV Linden, an der Arbeiter-Olympiade 1931 in Wien teil.[9] Begleitet von den Klängen des Trommler- und Pfeifenkorps des Lindener Vereins zogen sie vom Sammelpunkt Gewerkschaftsheim zum Hauptbahnhof. Insgesamt kamen über 80.000 Arbeitersportler und -sportlerinnen in Wien zusammen, um in einem großen sozialistischen Fest die Idee des »Volkssports für alle«, der Völkerfreundschaft und der Solidarität der Arbeiterklasse zu demonstrieren.

Für viele ein unvergeßliches Erlebnis. Herr R. erinnert sich:

»Gerade auf den Olympiaden sollte natürlich dieses Gemeinsame und dieses Miteinander zum Ausdruck kommen. Wir haben ja wirklich in den Leuten immer erst das Menschliche gesehen und dann erst das Nationale. Wir haben uns auch gefreut, wenn zum Beispiel ein Finne gut lief.«

Im Gegensatz zur Praxis bürgerlicher Sportwettbewerbe ging es den Arbeitersportlerinnen und -sportlern nicht so sehr um die herausragende Einzelleistung. Es wurden keine Medaillen verteilt und erst recht keine Nationalhymnen gespielt. »Nicht Weltrekorde, Massensport wollen wir«, lautete die Devise. Doch in der Praxis konnte man diesen Ansprüchen nicht ganz gerecht werden.

Auf sportlicher Ebene mußten sich die Arbeitersportvereine mehr und mehr dem Leistungsprinzip unterwerfen, von dem sie sich ursprünglich stark abgegrenzt hatten. In den Anfangsjahren (als ausschließlich geturnt wurde) wurden Vergleichswettkämpfe generell abgelehnt, es sollte keine Siege oder Niederlagen geben, der Sport sollte allein der körperlichen Ertüchtigung dienen. Mit dem Aufkommen von Mannschaftsspielen (vor allem dem Handball) waren Wettkämpfe unumgänglich geworden, und schließlich wurden auf der Wiener Olympiade zum ersten Mal Siegestabellen, Landesbestenlisten und internationale Vergleichslisten eingeführt.

Dennoch bestanden weiterhin Unterschiede gegenüber den bürgerlichen Sportvereinen. Von ehemaligen Arbeiter-

Abb. 4 Der Arbeiterturnverein Linden 1932

Abb. 5 Die Freie Turnerschaft Hannover bei einem Umzug durch die Innenstadt anläßlich der Arbeiter-Olympiade 1925 in Frankfurt/Main

Abb. 6 Bundesturnfest des ATSB in Leipzig

sportlerinnen und Arbeitersportlern wird in den Erinnerungsgesprächen besonders hervorgehoben, daß es weder bei Bezirkswettkämpfen noch bei den Arbeiterolympiaden besondere Auszeichnungen für die Sieger gab. Der Erste wie der Letzte bekamen eine Anerkennung in Form einer Urkunde. Und auch der sonstige Umgang mit den Siegern und Siegerinnen war beim Arbeitersport ein anderer:

»Jedem nur so wie er kann. Es wurde ja keinem was aufgezwungen. Warum? Wir warn ja nicht für Rekorde ... Wir hatten welche, die eben nicht soviel konnten. Na, ne zweite Mannschaft mußte es ja auch geben. Und denn war einer dasselbe wert. Ebensoviel wie einer, der viel konnte ... Bei uns gab's ja, wie sagt man dazu, diese Verherrlichung, will mal sagen, diesen Personenkult, den gab's bei uns nicht,« erinnert sich der ehemalige Vorsitzende des »Vereins für Körperkultur« Herr B. Dagegen standen Ehrungen in bürgerlichen Vereinen hoch im Kurs. In einem Schreiben des bürgerlichen »Schwimmclubs Hannover-Linden« an das Stadtamt für Leibesübungen heißt es:

»In unserem Club ist er (sc. ein Teilnehmer am Endspiel um die olympische Wasserballmeisterschaft) bereits durch Überreichung eines goldenen Lorbeerkranzes geehrt und ausgezeichndet worden. Wir würden sehr dankbar sein, wenn ihm nun auch von behördlicher Seite eine Anerkennung zuteil würde.«[10]

Politik im Verein

»Im Verein haben wir keine Politik betrieben. Über den Verein nicht. Ich meine, das sprach sich schon in unserem Kreise sowieso herum. Aber daß der Verein angeordnet hat: ›Da gehen wir hin‹ oder so, das gab es nicht.«

Die bisherige Darstellung mag den Eindruck erweckt haben, als sei die Praxis der Arbeitersportbewegung im Vereinsalltag auf Geselligkeit und Körperertüchtigung beschränkt gewesen. Die Aussage des ehemaligen Arbeitersportlers P. scheint diese Ansicht zu unterstützen. Dies gilt aber nur, wenn man von einem engen Politikverständnis im Sinne von Parteipolitik ausgeht. Auf tagespolitische Fragen wurde in der Tat weder bei Großveranstaltungen noch bei regelmäßig abgehaltenen Mitgliederversammlungen eingegangen. Dafür war im Selbstverständnis des Arbeitersports die politische Partei zuständig. Aber immer wieder wurden auf diesen Veranstaltungen Bekenntnisse zur Weimarer Republik und zu den Zielen der sozialistischen Bewegung abgegeben.

In einem umfassenderen Verständnis von Politik waren die Arbeitersportvereine also durchaus »politisch«, denn die Ideen der Arbeiterbewegung wurden selbst im Vereinsalltag unter den Mitgliedern verbreitet. Dies geschah durch Filmvorführungen im Gewerkschaftsheim, wo beispielsweise Filme von den Arbeiterolympiaden gezeigt wurden, aber auch durch Bildungsarbeit im Verein. Im »Arbeiterturnverein Linden« wurden regelmäßig Vorträge[11] abgehalten mit den Themen »Warum sind wir Arbei-

Abb. 7 Die Handball-Frauen der Freien Turnerschaft

Abb. 8 Bezirkssportfest des ATSB in Hildesheim – Das Leistungsprinzip setzt sich durch

tersportler?«, »Arbeitersport und Kulturbewegung«, »Kulturwille der Arbeiterschaft« oder – gegen Ende der Weimarer Republik – »Wirtschaftskrise und Arbeitersport«. Auch medizinische Vorträge über Körperfunktionen beim Sporttreiben wurden angeboten. Sie waren in die durchschnittlich von 70 Sportlern besuchten Mitgliederversammlungen integriert. Referenten waren vor allem sozialdemokratische Politiker, unter anderem der Reichstagsabgeordnete und Vorsitzende des Metallarbeiterverbandes Richard Partzsch.

Über die Vorträge wurden die Ideen der Arbeiterbewegung bei einer Gruppe verbreitet, die über die Parteiveranstaltungen nur schwer erreicht werden konnte, denn nur ungefähr ein Zehntel der Arbeitersportler und Arbeitersportlerinnen war Parteimitglied.

Die Vereinsmitglieder fühlten sich durchaus zur Arbeiterbewegung zugehörig. Dies dokumentierten sie auch nach außen, wie die Mitglieder des »Schwimmvereins Aegir«, die auf ihrer weißen Badehose einen roten Stern als Vereinsemblem trugen. Auf Versammlungen und Sportveranstaltungen wurden die Lieder der Arbeiterbewegung »Brüder zur Sonne, zur Freiheit ...« oder »Wenn wir schreiten Seit' an Seit' ...« gesungen, die in einem eigenen Arbeiterturnerliederbuch zusammengestellt waren. Selbst im Gruß der Arbeitersportlerinnen und -sportler »Frei Heil« spiegelte sich die Zugehörigkeit zur sozialistischen Bewegung. Und nicht zuletzt dokumentierte sich auch im Eintritt eines Großteils der Mitglieder in die Republikschutzorganisation »Eiserne Front« das politische Selbstverständnis der Arbeitersportbewegung. Aber auch die Spaltung der Arbeiterbewegung wurde im Arbeitersport nachvollzogen, denn in den Zwanziger Jahren trat die kommunistische »Rote Sportinternationale« (über die Existenz eingetragener kommunistischer Vereine in Hannover ist nichts bekannt) in Konkurrenz zur »Sozialistischen Arbeitersportinternationale«.

Die Spaltung der Arbeiterbewegung erleichterte den Nationalsozialisten die »Machtübernahme« am 30. Januar 1933. Bald darauf wurden auch die Arbeitersportvereine verboten. Am 2. Mai 1933 besetzte die SA Plätze und Vereinsheime der Arbeitersportbewegung. Zwar versuchten sich einzelne Vereinsmitglieder zur Wehr zu setzen, hatten

auch Wachen aufgestellt und Alarmketten organisiert, doch war Widerstand – wie ihn Mitglieder der »Freien Schwimmer Hannovers« praktizieren wollten – angesichts der nationalsozialistischen Übermacht aussichtslos:

»Frühmorgens gegen 6.00 Uhr rollten 3 Lastwagen besetzt mit SA-Leuten (Kinnriemen, Gummiknüppel, Stahlruten) an. Aber auch eine große Schar unserer Sportler war schon da und lagerte vor unserem Eingang (sc. des Schwimmbades an der Ohe), bereit ihn zu verteidigen. Es bedurfte vieler Worte um sie von ihrem Vorhaben abzubringen.«[12]

Wenige Wochen nach der Besetzung mußten Plätze und Vereinsheime zwangsweise an einen vom Magistrat bestimmten Nachfolgeklub (zumeist nationalsozialistische Vereine) übergeben werden. Mit der Zerschlagung der Arbeitersportvereine ging für die Mitglieder ein zentraler Ort ihres Lebenszusammenhanges verloren, der auch nach dem Sturz des Hitler-Faschismus nicht mehr erneuert werden konnte.

Anmerkungen:

1 Zum Arbeitersport allgemein vgl. das Standardwerk von Ueberhorst 1973; über die hannoversche Arbeitersportbewegung informiert Lohmann 1989.
2 Vgl. Saldern 1986; Wunderer 1980.
3 Vgl. Vowi v. 23. 08. 1932.
4 Ueberhorst 1973, S.30.
5 Vgl. StAH Sp 10.
6 Vgl. den Überblick in der Jubiläumsausgabe des Vowi v. 10. 01. 1930.
7 Zur Geschichte des hannoverschen Arbeitersports wurden von mir im Jahre 1984 16 ehemalige Sportler(innen) befragt. Aus Anonymisierungsgründen sind hier nur ihre Initialien angegeben.
8 StAH Sp 244.
9 Vowi v. 23. 07. 1931.
10 StAH Sp 334, Schreiben v. 25. 10. 1930.
11 Vgl. die »Protokollbücher« des ATV Linden (Privatbesitz).
12 Vierzig Jahre (1959), S.9.

Literatur:

Lohmann, Hartmut, Organisierter Arbeitersport in Hannover in den 20er Jahren, in: Saldern, Adelheid von (Hg.), Stadt und Moderne. Hannover in der Weimarer Republik, Hamburg 1989.
Saldern, Adelheid von, Arbeiterkulturbewegung in Deutschland in der Zwischenkriegszeit, in: Boll, Friedhelm (Hg.), Arbeiterkulturen zwischen Alltag und Politik. Beiträge zum europäischen Vergleich in der Zwischenkriegszeit, Wien 1986.
Ueberhorst, Horst, Frisch, frei, stark, treu. Die Arbeitersportbewegung in Deutschland 1893 bis 1933, Düsseldorf 1973.
Vierzig Jahre (1919 - 1959) Freie Schwimmer Hannover e.V., o.O., o.J. (Hannover 1959).
Wunderer, Hartmann, Arbeitervereine und Arbeiterparteien. Kultur- und Massenorganisationen in der Arbeiterbewegung 1890 - 1933, Frankfurt/M. - New York 1980.

Uta Ziegan

»Die Kunst dem Volke«

Die »Freie Volksbühne Hannover« in den Zwanziger Jahren

Ein Abend im Mai 1923: Mehrere hundert Mitglieder der Freien Volksbühne Hannover drängeln sich eine halbe Stunde vor Vorstellungsbeginn im Regiezimmer des Opernhauses, das durch einen Eingang hinter dem Café Kröpcke zu erreichen ist. Mitgliedskarte und Beitragsmarke für die jeweilige Vorstellung parat, warten sie auf die Auslosung der Plätze. Eine Gruppe von Ordner, die sich aus den Reihen der Mitgliedschaft freiwillig für diesen Dienst gemeldet haben, organisieren den Ablauf. Die Platzkarten werden für alle Vorstellungen erst am Tag der Aufführung durch die Mitglieder selbst aus der Urne gezogen. Um die Chance auf einen guten Platz nicht ganz dem Zufall zu überlassen, sind die Karten in zwei Gruppen aufgeteilt. Die Mitglieder ziehen die Karten im steten Wechsel aus einer Gruppe bester und einer Gruppe weniger guter Plätze.

Die nummernweise Verteilung der Vereinsmitglieder auf die einzelnen Vorstellungen – jede Mitgliedskarte trägt eine Nummer – erfolgt durch den am Sonntag, später am Sonnabend, in allen Tageszeitungen erscheinenden Wochenspielplan der Theater, durch Anschläge an Plakatsäulen und in der Geschäftstelle der Freien Volksbühne im Gewerkschaftshaus in der Odeonstraße.[1] Nach der Auslosung ist Eile geboten, denn wer nicht pünktlich seinen Platz gefunden hat, muß – gemäß dem Reglement – bis Aktschluß stehen.

Leider ist nicht jeder ausgeloste Platz ein Glückstreffer. Bei der Zuteilung der Plätze an die Freie Volksbühne schieden die von Abonnenten besetzten Plätze aus, ebenso die teuren vorderen Plätze einer jeden Platzgruppe. Außerdem gab es in dem ehemaligen Hoftheater (heute Opernhaus), das in den Zwanziger Jahren noch im Originalzustand von 1852 erhalten war, sichtbehindernde Seitenplätze, die im freien Verkauf keine Abnehmer fanden und deshalb gerne an die Theaterbesucherorganisation abgegeben wurden.

Auch wenn für die Verteilung der Plätze wirtschaftliche Argumente angeführt wurden, spielte ein bürgerlicher Standesdünkel gegenüber dem neuen Theaterpublikum eine große Rolle. Bis zum Ersten Weltkrieg war die Arbeiterschaft von vielen Kulturangeboten ausgeschlossen. Die neue politische Situation nach 1918/19 leitete auch in diesem Bereich eine Demokratisierung ein. Das Ziel der Volksbühne, »das Verständnis für Kunst und Kunstwerke im Volke, besonders in den minderbemittelten Kreisen, zu wecken und zu fördern«[2], stieß aber nicht bei allen auf Gegenliebe, die bisher die Kunstdomäne gehütet hatten. Aber: Im Dunkeln sind alle Katzen grau ..., der Vorhang geht auf: Ernst Tollers »Masse Mensch« wird gegeben.

»Aufruf zur Sammlung aller Kunstbegeisterten«: Ein Verein konstituiert sich

Die Geschichte der »Freien Volksbühne Hannover« beginnt mit der Gründung als selbständiger Verein am 12. April 1922.

Einen »ersten Anlauf« hatte man von sozialdemokratischer und gewerkschaftlicher Seite bereits in der Kaiserzeit unternommen, um der Arbeiterschaft die Bereiche Kunst, Literatur und Theater näherzubringen. Im September 1894 konstituierte sich die »Freie Volksbühne Hannover-Linden«. Mechaniker Engelhard (Vorsitzender), Rentier Stoltefuß (Kassierer) und Maler Vogel (Schriftführer) konnten mit Hilfe von zwei Werbeveranstaltungen 250 Mitglieder gewinnen. Der Verein eröffnete sein Programm mit einer Vorstellung von Schillers »Kabale und Liebe«. Das Stück galt damals als revolutionär und durfte von bürgerlichen Theatern nicht gespielt werden. Die Aufführungen im großen Saal des »Odeon« (später Volksheim, wo in den Zwanziger Jahren auch die Mitgliederversammlungen und Besprechungsabende der Freien Volksbühne stattfanden) mußten aber schon nach knapp zwei Jahren wieder eingestellt werden. Die Leiter der bürgerlichen Theater witterten eine unliebsame Konkurrenz und drohten den beteilig-

71

Für Theaterbesuch und Kunstgenuß.

Lasse beim Eintritt in das Theater die Sorgen draußen!

Komme nicht zu spät! Unpünktlichkeit stört dir und anderen die Stimmung.

Darum: sei zu deiner eigenen Behaglichkeit fünf Minuten vor der Vorstellung auf deinem Platz!

Wer aber zu spät kommt, hat die Pflicht, im hinteren Raum stehen zu bleiben, bis der Aktschluß kommt.

Sei nicht verärgert, wenn du einen nichtgewünschten Platz lost! Sehe in den Ordnern usw. nicht deine Bedienten! Sie sind wie du Mitglieder der Kunstgemeinde.

Ruhe während der Vorstellungen! Es ist Rücksichtslosigkeit, durch Unterhaltungen, Hüsteln, Rascheln mit Papier die Andacht der Mitbesucher zu stören.

Eine Pause im Kunstwerk einer Dichtung ist nicht willkürlich, sie ist künstlerische Absicht; z. B. gehört ein leises Gespräch, ein stummer Gang des Schauspielers über die Bühne zum Rhythmus des Geschehens. Darum: kein Rücken und Räuspern!

Sei lebendiger, unentbehrlicher Mitarbeiter am Kunstwerk einer Theatervorstellung! Viele begnügen sich damit, ein Theaterstück „gesehen" zu haben. Für den wirklichen Genuß ist „Mitgehen" mit den Absichten des Dichters Voraussetzung. Der Künstler kann nur den erheben, der sein Werk erlebt.

Schäme dich nicht, wenn du von einem Stück ergriffen wirst!

Sei nicht zu schnell mit deiner Kritik! Denke: Es recht zu machen jedermann .....

Dränge nicht nach der Garderobe, wenn der Vorhang fällt!

Abb. 1 aus: Freie Volksbühne Hannover, Mitteilungsblatt, Februar 1924

ten Schauspielerinnen und Schauspielern mit Engagementverlust, so daß eine Fortsetzung der Arbeit nur mit Laienschauspielern möglich war. Außerdem rief die Auswahl der Stücke die Polizei auf den Plan. Behinderungen auf dem Verordnungswege und finanzielle Schwierigkeiten verhinderten die Weiterarbeit endgültig. Nur in den Städten Berlin (seit 1890) und Bielefeld (seit 1905) konnten sich vor dem Ersten Weltkrieg gegründete Volksbühnenvereine halten.

1904 ergriff das hannoversche Gewerkschaftkartell die Initiative und organisierte für jene, die sich die teuren Theaterkarten nicht leisten konnten, geschlossene Vorstellungen im Residenztheater[3]. Das Bedürfnis nach Bildung und Teilhabe am bis dahin unerschwinglichen Kulturbetrieb war so groß, daß 1905/06 26 ausverkaufte Vorstellungen erreicht wurden. Schon damals wurde die Platzfrage über das Losverfahren entschieden. Ein Jahr später beschloß das Gewerkschaftskartell zusammen mit dem Sozialdemokratischen Wahlverein einen Arbeiter-Bildungsausschuß ins Leben zu rufen, der die Aufgabe hatte, »das Wissens- und Kunstbedürfnis der Arbeiter ... durch geeignete Maßnahmen zu befriedigen«[4]. Dazu zählten neben Theateraufführungen, die Einrichtung einer Zentralbibliothek, Vortragsabende, Unterrichtskurse, Dichterlesungen,

Konzerte und Besuche in den Ausstellungen des Kunstvereins. Die Themen einiger Vortragsreihen, z.B. »Aus der Geschichte des Sozialismus und der Sozialdemokratie«, »Das Programm der Sozialdemokratie« und »Volkswirtschaftliche Grundbegriffe«, lassen darauf schließen, daß der Bildungsausschuß neben der kulturellen auch die politische Bildung der Arbeiterschaft anstrebte.

Anfang der zwanziger Jahre reichten die wenigen geschlossenen Theatervorstellungen der Vorkriegsjahre nicht mehr aus, um der Nachfrage gerecht zu werden. Der Arbeiter-Bildungsausschuß veröffentlichte im Frühjahr 1921 im *Volkswillen* einen »Aufruf aller Kunstbegeisterten unter den werktätigen Schichten« und schuf mit 1500 Mitgliedern die Basis für eine sozialdemokratisch orientierte Theaterbesucherorganisation in Hannover.

»Klappern« gehört zum Handwerk: »Werbt für die Freie Volksbühne !«

Die Mitgliedschaft in der Freien Volksbühne wurde durch eine Beitrittserklärung, die Zahlung einer Einschreibegebühr und eines Jahresbeitrags beantragt. Jedes Mitglied war verpflichtet, dem Verein für eine ganze Spielzeit anzugehören. In dieser Zeit hatte er Anspruch auf zehn Musik- und Theaterveranstaltungen.

Ansprechpartner für Beitrittswillige und Mitglieder waren die sogenannten Vertrauensleute, Männer wie Frauen, die sich aus den Reihen der Mitgliedschaft ehrenamtlich für die Hauskassierung der Vorstellungsbeiträge zur Verfügung gestellt hatten. Ihre Adressen waren in den ersten Ausgaben des vereinseigenen Mitteilungsblattes abgedruckt. Bei einer Mitgliederzahl von 20.000 im August 1923 hatten die 91 aufgeführten Vertrauensleute alle Hände voll zu tun. Im März 1924 waren bei etwa 30.000 Mitgliedern 200 Vertrauensleute im Einsatz.

Es gab darüber hinaus aber auch Zahlstellen des Vereins, meist Verkaufsstellen des gewerkschaftseigenen Konsumvereins, wo die Beiträge entgegengenommen und die Marken ausgehändigt wurden.

Der große Vorteil der Hauskassierung lag vor allem darin, durch persönliche Gespräche über die Volksbühnenidee aufklären und aktuelle Informationen weitergeben zu können. Die Mitglieder wurden durch diesen direkten Kontakt stärker an den Verein gebunden. Wünsche und Klagen konnten gegenüber den Vertrauensleuten ungezwungener geäußert werden. Nur verhältnismäßig wenige Mitglieder nutzten die andere Möglichkeit direkter Einflußnahme: die jährlich stattfindende Mitgliederversammlung.

Die Mitgliedszahl der Freien Volksbühne stieg in den ersten Jahren sprunghaft an und erreichte zu Beginn der Spielzeit 1925/26 einen Höchststand von 43.000. Damit gehörten 10 Prozent der Gesamtbevölkerung von Hannover dieser Theaterbesucherorganisation an. Hinter der Reichs-hauptstadt Berlin mit 160.000 Mitgliedern rangierte Hannover für einige Jahre auf dem 2. Platz.

Die Werbung neuer Mitglieder war ständiges Anliegen der Vereinsleitung. In keiner Nummer der kostenlosen Zeitung, die zunächst als Mitteilungsblatt, seit der 3. Spielzeit (1924/25) unter dem Titel *Blätter der Freien Volksbühne Hannover* erschien, fehlte der Appell an die Mitglieder, neue Volksbühnen-Freunde zu werben. Eine Belohnung für den Werber gab es allerdings nicht. Je größer der Verein, umso bessere Besuchskonditionen konnte der Vorstand bei seinen Verhandlungen mit den Theaterleitern und dem städtischen Theaterausschuß erzielen.

Vier Theater stehen zur Auswahl

Nach dem Ende der Monarchie in Deutschland 1918/19 wurde das von Georg Ludwig Friedrich Laves 1852 erbaute »Königliche Theater« (heute Opernhaus) als preußisches Staatstheater geführt. Bereits im Januar 1921 entschloß sich die Stadt Hannover, das Theater als Opern- und Schauspielhaus in eigene Regie zu nehmen. Der Verwaltungsdirektor des Theaters Arthur Pfahl kommentierte die Kontroverse um diese Entscheidung rückblickend:

»Man mag darüber streiten, ob es richtig war, sich gerade in Zeiten wirtschaftlichen und kulturellen Niedergangs mit einer solchen Aufgabe zu beschweren und es hat nicht an gewichtigen Stimmen gefehlt, die einem so gewagten Schritt dringend widerrieten. ... Eines nur ist gewiß: das hannoversche Theater unter staatlicher Verwaltung wäre

Abb. 2 Blick in den Zuschauerraum des Städtischen Opernhauses 1927

73

Theaterbesuch
ist kein Luxus, sondern
bedeutet
Fortbildung!

*

Es ist dein Vorteil,
wenn du jetzt Mitglied
der **Freien Volksbühne** wirst!

Mäßige Preise   Hohe Leistungen

Opern, Schauspiele, Lustspiele, Sinfonie-Konzerte, Kammermusik-Abende, Tanz-Veranstaltungen, Vortrags-Abende u. a.

Anmeldungen in der Geschäftsstelle der Freien Volksbühne, Odeonstr. 15/16
Fernruf 3 51 33

Abb. 3 Anzeige im Volkswille, Tageszeitung der sozialdemokratischen Partei der Provinz Hannover

Aufnahmeliste bis auf weiteres geschlossen.

Am 13. November 1922 haben wir die Mitgliederzahl von

10 000

erreicht. Es ist keine Zeit, Feste zu feiern, und doch wollen wir uns dieses schönen Erfolges aufrichtig freuen, sind doch unsere kühnsten Erwartungen bei weitem übertroffen. Allen den Mitgliedern, in erster Linie den Vertrauensleuten, die so eifrig an der Werbearbeit teilgenommen haben, sei an dieser Stelle herzlich gedankt. ℭ Um alle Organisationsarbeiten durchführen und abschließen zu können, ist die Aufnahme neuer Mitglieder vorläufig eingestellt.

Abb. 4 -

ein Stiefkind der Berliner Pflegeeltern geworden und hätte notwendig auf den Stand eines mittleren Provinztheaters herabsinken müssen. Die Stadt ist nun Herr im eigenen Hause und kann ihm die Richtung geben, die sie für gut hält ...«[5]

Zwei Jahre später ging die Stadt noch einen Schritt weiter. Sie pachtete das ehemalige Privattheater »Schauburg« an der Hildesheimer Straße, um für das Schauspiel eine eigene Bühne zu haben. Seit dem Kauf durch die Stadt im März 1925 führten beide Häuser die gemeinsame Bezeichnung »Städtische Bühnen«.

Nach dem Motto »Konkurrenz belebt das Geschäft« versicherte sich die Freie Volksbühne auch häufig der Kooperation der hannoverschen Privattheater, dem »Deutschen Theater« an der Reuterstraße und dem »Mellini-Theater« in der Artilleriestraße als Operettentheater.

Das Volksbühnenprogramm

»Die Volksbühne wendet sich an alle Volksgenossen, die in der Offenbarung des Menschlichen-Großen in der Kunst, besonders im Drama, einen höchsten Wert erkennen und deshalb jede Unterordnung des Strebens nach seiner Gestaltung unter politische oder konfessionelle Gesichtspunkte ablehnen, die zugleich im Theater ein mächtiges Werkzeug zur Weiterentwicklung der menschlichen Gesellschaft im Sinne einer neuen, freiheitlichen Gemeinschaftskultur erblicken und die aus dieser Gesinnung heraus allen Volksgenossen das Erlebnis der Bühne erschließen wollen.«

(Volksbühnenprogramm 1925)

Das Selbstverständnis der Freien Volksbühne Hannover, wie es Vorstand und Kunstbeirat in den Artikeln der vereinseigenen Zeitung zum Ausdruck brachten, zielte auf die »Veredelung« der Arbeiter. Die Arbeiterschaft sollte an die bürgerlichen Kulturgüter herangeführt werden, um ihr kulturelles Niveau zu heben. Dieser Ansatz lag auf der Linie des gesamtdeutschen Verbandes, dem fast alle regionalen Volksbühnenvereine angeschlossen waren und orientierte sich an der kulturpolitischen Ausrichtung der SPD, die den kulturellen Bereich von politischen Einflüssen freihalten wollte.

Im Begriff der Gemeinschaftskultur, die mit allen Privilegien der Klassenkultur aufräumen sollte, kulminierte das Volksbühnenprogramm: Alle Bevölkerungsgruppen sollten gemeinschaftlich an den kulturellen Errungenschaften der Vergangenheit und Gegenwart teilhaben können. Die Pflege der Klassiker gehörte zum erklärten Programm.

Im Gegensatz zu Berlin, wo es über die Frage – eindeutige politische Stellungnahme auch im kulturellen Bereich oder unpolitischer Kulturgenuß? – zu heftigen Flügelkämpfen innerhalb der Vereinsspitze kam, war man sich in Hannover einig. Die Vereinsleitung vertrat eine gemäßigte Linie, um bestehende Vorbehalte abzubauen und eine erfolgreiche Zusammenarbeit mit den entscheidenden Institutionen zu ermöglichen. Der Verein in Hannover sah seine Aufgabe auch darin, das Theater zu sichern und zu erhalten. Deshalb freute man sich, »daß nicht nur die hannoversche Arbeiterschaft der Freien Volksbühne das gebührende Interesse entgegenbringt, sondern daß auch das freiheitlich denkende Bürgertum zu nicht geringem Teil sich an dieser wahren Bildungsbewegung beteiligt hat.«[6]

Nach internen Ermittlungen des Vereins setzte sich die Volksbühnenmitgliedschaft 1924/25 zu 55 Prozent aus Arbeitern und unselbständigen Handwerkern, zu 35 Prozent aus Angestellten und Beamten der unteren und mittleren

Tarifgruppen und zu 10 Prozent aus höheren Beamten und selbständigen Berufen zusammen. Bis Mai 1927 hatte der Anteil der Mitglieder aus der Arbeiterschaft stark abgenommen. Von 18.220 in der Berufsstatistik der Freien Volksbühne erfaßten Männer und Frauen gehörten mit 5.155 Personen etwa 30 Prozent zu den Handarbeitern, 5.180 zur Gruppe der Kaufleute, Angestellten und Techniker, und 2.315 waren Beamte und Lehrer. Es ist anzunehmen, daß die sich verschlechternden Wirtschaftverhältnisse in der 2. Hälfte der Zwanziger Jahre in erster Linie Arbeiter zum Austritt gezwungen haben.[7] Andere Freizeitangebote wie Kino und Rundfunk, Tanz und Sport boten zwar keine billigeren Vergnügen, aber die Entscheidung bei einem knappen finanziellen Budget fiel häufig eher zugunsten der neuen und spektakulären Möglichkeiten aus.

Die Volksbühne verstand sich als integrative gesellschaftliche Bewegung, die alle politischen und sozialen Gegensätze überwinden und ihnen die neue Form einer Kulturgemeinschaft entgegensetzen wollte.[8]

Bei diesem auf Ausgleich bedachten sozialreformerischen Ansatz spielte die Förderung und Erhaltung einer kulturellen Identität der Arbeiterschaft eine untergeordnete Rolle. In einem Artikel über »die Aufgaben der Volksbühne« ist in der Vereinszeitung folgende Begründung zu lesen:

»Diesem hoffnungslosen Eingesperrtsein der Massen in ein menschenunwürdiges Proletentum des geistigen Haushalts gegenüber ist die vom historischen Kulturtheater her befürchtete ›Verbürgerlichung‹ denn wohl das kleinere Übel. ›Bedroht‹ sie doch unser Volk schließlich mit nichts Schlimmerem als mit etlicher Erweiterung des Horizonts, mit einer zunächst zwar nur bescheiden konventionellen, aber wenigstens sauberen und geordneten Geisteshaltung.«[9]

Die zahlreichen Männer und wenigen Frauen, die den Kurs der Freien Volksbühne in Hannover bestimmten, rekrutierten sich aus dem Kreis bürgerlicher Sozialreformer und Intellektueller, gehörten der SPD an oder standen ihr zumindest nahe. Die Titel und Berufsbezeichnungen der Aktiven im Verwaltungsausschuß des Vereins erlauben Rückschlüsse auf die soziale Herkunft der Vereinsspitze. Sie setzt sich nach der Wiederwahl durch die ordentliche Mitgliederversammlung im August 1924 wie folgt zusammen:

Vorstand:
1. Vorsitzender Gymnasialdirektor Prof. August Ziegler
2. Vorsitzender Dr. A. Lipschitz
3. Vorsitzender Martin Danker, städt. Angestellter

Zum Kunstbeirat, der dem Vorstand bei seinen Verhandlungen – in erster Linie bezüglich des Spielplans – beratend zur Seite stand, gehörte lange Jahre der Philosophie-Professor und Mitbegründer der hiesigen Volkshochschule Theodor Lessing. Die Mitglieder von Vorstand und Kunstbeirat, hauptsächlich Lehrer, Rechtsanwälte, Schauspieler und Musiker, rekrutierten sich im Laufe der Zeit aus fast allen kulturellen Institutionen der Stadt: Volkshochschule, Sängerkartell, Museen, Theater, Zeitung.

Die personelle Besetzung der Vereinsspitze blieb relativ konstant. Im August 1930 war Oberstudiendirektor Dr. Richard Brill 1. Vorsitzender. Ansonsten gab es gelegentliche Verschiebungen zwischen den einzelnen Vereinsgremien. Der Geschäftführer und Revisoren wechselten nicht.Der gesamte Verwaltungsausschuß investierte Zeit und Arbeit

ehrenamtlich. Mit Beginn der 2. Spielzeit im August 1923 wurde der Geschäftsführer, Heinrich Schumacher, als bezahlte Kraft eingestellt.

»Unser Geheimnis, für dasselbe Geld einen guten Platz zu haben, verraten wir Dir!«

Ein zentraler Aspekt bei den Verhandlungen zwischen Vereinsvorstand und Theaterleitung bzw. städtischem Theaterausschuß war die Preisfrage. In der Regel wurden die Kosten pro Platz für die Mitglieder der Theaterbesucherorganisationen[10] im Sommer für die kommende Spielzeit festgelegt. Die Vorstellungen der beiden Seiten kamen dabei oft nur mühsam zur Deckung. Die hohe Mitgliederzahl der Freien Volksbühne stellte ein verläßliches Besucherkontingent, besonders bei weniger erfolgreichen Stücken oder an schlecht besuchten Wochentagen. Die Städtischen Bühnen waren bereits damals ein hoch subventioniertes Unternehmen, die Oper mit bis zu 1 Mill. Reichsmark pro Jahr. Der städtische Theaterausschuß als aufsichtsführende Behörde mit Entscheidungsbefugnis wollte natürlich deshalb möglichst hohe Platzpreise durchsetzen. Sie betrugen im Schnitt ein Drittel des normalen Preises. Für Opernaufführungen mußten die Mitglieder der Theaterbesucherorganisationen sogar bis zur Hälfte des Kassenpreises zahlen.

Die starke Abnahme der Platzbesetzung bei den Theatervereinen ist auf den Rückgang der Mitgliederzahlen, besonders der Freien Volksbühne als größter Organisation zurückzuführen.

Die Freie Volksbühne wehrte sich erfolgreich dagegen, preislich mit Abonnenten auf eine Stufe gestellt zu werden, da diese einen festen Platz im Theater beanspruchten. Die Vereinsmitglieder hingegen nahmen mit immer neuen Plätzen unterschiedlicher Qualität vorlieb.

Die wirtschaftlichen Verhältnisse des Jahres 1923 stellten die Vereinsorganisation auf eine harte Probe. Die Eintrittspreise schnellten inflationär in die Höhe und mußten jede Woche neu bestimmt werden. Als Richtwert für die Preisfestlegung orientierte man sich am Stundenlohn eines ungelernten Arbeiters. Da der Preis am Tag des Theaterbesuchs als Abrechnungsgrundlage diente, mußten die Vertrauensleute neben ihrer eigentlichen Tätigkeit noch die fällig gewordenen Nachzahlungen einkassieren.

Im Sommer 1925 kam es zu einem ernsten Konflikt zwischen Volksbühne und städtischem Theaterausschuß. Aus Protest gegen den Versuch des Ausschusses, die Mitgliederzahl des Vereins zu beschränken und ihn ausschließlich auf die Zusammenarbeit mit den Städtischen Bühnen zu verpflichten, boykottierte die Volksbühne im August 1925 für 14 Tage den Besuch der Städtischen Bühnen. Da die Volksbühne nach eigenen Angaben zu dieser Zeit 57 Prozent aller vorhandenen Plätze sämtlicher Vorstellungen in der Schauburg belegte (laut Tabelle lag der Anteil aller Theatervereine zusammen zwischen 48,6 Prozent und 52,5 Prozent), dürften die Vorstellungen in der 2. Augusthälfte vor halbgefülltem Zuschauerraum stattgefunden haben. Um die Abhängigkeit von der Stadt in Grenzen zu halten, wurde außerdem mit dem Deutschen Theater ein Vertrag abgeschlossen, der geschlossene Vorstellungen für die Freie Volksbühne vorsah.

Die Freie Volksbühne mußte zwar eine weitere Preiserhöhung für die Städtischen Bühnen hinnehmen, konnte aber die Einschränkung ihrer sonstigen Aktivitäten durch den Theaterausschuß erfolgreich verhindern.

Theaterjahr und Monat	Zahl der Vorstellungen überhaupt	davon im Abonnement	Durchschnittliche Einnahme je Vorstellung "ideale"	tatsächliche Vollzahler	Abonnenten	Theatervereine	Studenten, Schüler	Frei u. Dienstplätze	zusammen	in % der idealen	Von 100 vorhandenen Plätzen waren durchschnittlich besetzt als vollbezahlte	abonnierte	Theatervereine	Studenten, Schüler	Frei u. Dienstpl.	zusammen	Durchschnittlicher Preis eines Platzes Kassenpreis	Wirklich erzielt von Vollzahlern	Abonnenten	Theatervereine	Studenten, Schüler	Frei Dienstplätzen	Besuchern überhaupt
	ℳ	ℳ	ℳ	ℳ	ℳ	ℳ	ℳ	ℳ	ℳ	%	%	%	%	%	%	%	ℳ	ℳ	ℳ	ℳ	ℳ	ℳ	ℳ
1	2	3	4	5	6	7	8	9	10	11	12	13	14	15	16	17	18	19	20	21	22	23
Opernhaus: Oper.																						
1924/25	256	230	8487	1635	1068	1004	49	23	3777	44,5	21,7	19,4	33,9	3,2	7,2	85,4	5,—	4,44	3,26	1,75	0,91	0,19	2,61
1925/26	267	238	9784	1332	1661	895	49	29	3966	40,5	17,2	28,4	22,3	2,8	7,2	77,9	5,78	4,56	3,45	2,37	1,—	0,24	3,—
1926/27 August/September	29	27	7953	691	1877	714	52	19	3333	41,9	11,6	36,0	17,7	2,3	6,0	73,6	4,67	3,49	3,06	2,37	0,82	0,18	2,66
Oktober	27	25	8309	979	1871	717	78	19	3664	44,1	16,1	35,9	17,7	4,1	6,6	80,4	4,88	4,60	3,06	2,59	1,10	0,16	2,67
November	24	21	8728	1182	1776	717	75	23	3773	43,2	17,3	34,0	17,3	4,0	6,2	78,8	5,12	4,02	3,06	2,43	1,09	0,21	2,81
Dezember	25	21	8479	1497	1705	700	53	25	3980	46,9	19,4	32,7	16,9	3,0	6,9	78,9	4,93	4,53	3,05	2,43	1,01	0,22	2,96
Januar	27	23	8494	1705	1725	692	61	23	4206	49,5	23,2	33,0	16,9	3,6	7,2	83,9	4,98	4,32	3,06	2,40	0,99	0,19	2,94
Februar	24	22	8280	1128	1858	702	51	22	3761	45,4	16,2	35,5	16,9	3,4	7,2	79,2	4,86	4,08	3,07	2,44	0,88	0,18	2,80
Opernhaus: Schauspiel.																						
1924/25	42	25	6502	770	693	946	35	9	2453	37,7	12,8	12,5	49,1	3,0	4,8	82,2	3,84	3,55	3,27	1,14	0,69	0,11	1,76
1925/26	46	23	6582	414	864	1067	36	9	2390	36,3	7,9	14,3	48,5	3,2	3,9	78,3	3,89	3,11	3,43	1,30	0,67	0,14	1,80
1926/27 August/September	5	5	5781	263	1972	377	18	8	2638	45,6	5,4	37,8	17,0	1,9	5,5	67,6	3,39	2,85	3,07	1,30	0,55	0,09	2,29
Oktober	4	4	5869	173	1971	364	16	7	2531	43,1	3,5	37,8	16,3	1,1	5,7	64,4	3,44	2,92	3,06	1,30	0,89	0,08	2,50
November	4	3	5869	710	1478	618	35	9	2850	48,6	16,5	28,3	22,6	4,7	5,4	77,5	3,44	2,52	3,06	1,61	0,44	0,08	2,16
Dezember	2	—	5428	349	—	608	1206	4	2167	39,9	9,2	—	27,4	54,5	2,8	93,8	3,19	2,22	—	1,30	1,30	0,08	1,35
Januar	4	1	5428	322	493	1010	18	3	1846	34,0	8,5	9,4	40,2	1,7	3,2	63,0	3,19	2,21	3,07	1,47	0,61	0,06	1,72
Februar	4	4	5428	274	1971	463	14	4	2728	50,3	6,7	37,6	20,9	1,4	4,8	71,9	3,19	2,40	3,07	1,30	0,55	0,03	2,23
Schauspielhaus.																						
1924/25	309	120	3628	665	40	587	31	7	1330	36,7	19,4	2,5	52,5	2,5	6,2	87,9	3,66	3,46	1,74	1,13	1,24	0,11	1,62
1925/26	315	120	4233	553	73	678	40	11	1355	32,0	15,4	2,9	48,6	3,0	6,6	76,5	4,28	3,46	2,52	1,41	1,33	0,17	1,79
1926/27 August/September	34	14	3835	328	125	496	35	6	990	25,8	10,2	5,7	33,9	3,1	5,1	58,0	3,87	3,24	2,23	1,48	1,14	0,13	1,72
Oktober	31	10	3951	738	98	321	83	14	1254	31,7	21,1	4,4	19,5	5,8	8,7	59,5	3,99	3,54	2,23	1,66	1,47	0,17	2,13
November	29	13	3959	664	136	475	53	11	1339	34,0	18,6	6,2	31,7	4,0	6,9	67,4	3,93	3,61	2,22	1,51	1,34	0,17	2,01
Dezember	30	12	3904	684	152	356	32	7	1231	31,5	18,7	8,2	23,6	2,5	5,5	58,5	3,94	3,66	1,88	1,52	1,29	0,14	2,12
Januar	31	15	3925	762	206	364	55	12	1399	35,6	21,5	11,8	24,3	3,9	6,4	67,9	3,96	3,59	1,76	1,51	1,43	0,18	2,08
Februar	25	15	3976	456	256	457	56	8	1233	31,0	12,8	14,3	29,2	4,1	5,8	66,2	4,02	3,60	1,75	1,58	1,40	0,14	1,87

Erläuterungen: Unter der durchschnittlichen „idealen" Einnahme je Vorstellung (3) ist die Einnahme zu verstehen, die erzielt wäre, wenn das Theater stets zum jeweilig zutreffenden Kassenpreise ausverkauft gewesen wäre. Nur nach dieser idealen Einnahme kann man bemessen, wie sich die Theaterpreise verändern, denn hierfür sind nicht die Preispläne allein entscheidend, sondern auch die jeweilige Wahl der Preisgruppe innerhalb des Preisplans.

Die durchschnittliche „tatsächliche" Einnahme je Vorstellung (4–9) ist die wirklich erzielte Platzeinnahme einschl. Garderobegebühr, Sozialabgabe, Dienst- und Freiplatzsteuer, ohne Programmlos usw. Das Verhältnis der tatsächlichen zur idealen Platzeinnahme (10) drückt gleichsam das Nutzergebnis der Preispolitik aus. Die Zahl der vorhandenen Plätze ((vgl. 11–16) beträgt im Opernhaus 1704, im Schauspielhaus 990. — Der durchschnittliche

Kassenpreis eines Platzes (17) ergibt sich, wenn man die ideale Einnahme je Vorstellung (3) durch die Zahl der vorhandenen Plätze dividiert.

Der wirklich erzielte durchschnittliche Preis eines Platzes (18–23) ergibt sich, wenn man die tatsächliche Platzeinnahme je Vorstellung (4–9) durch die wirkliche Besucherzahl je Vorstellung — getrennt berechnet für Vollzahler, Abonnenten usw. — dividiert. (Die wirkliche Besucherzahl je Vorstellung ist in dieser Tabelle nicht angegeben, sondern es finden sich darüber in den Spalten 11–16 der besseren Anschaulichkeit wegen die Angaben, wieviel Prozent der vorhandenen Plätze durchschnittlich besetzt waren.)

Bei den Abonnementsvorstellungen und den Abonnenten (2, 5, 12, 19) werden neben dem allgemeinen Abonnement auch alle Sonderabonnements (Abonnementskonzerte, Nibelungenabonnement usw.) berücksichtigt.

Abb. 5 aus: Rahlfs, Heinz, Die Städtischen Bühnen und ihre Vorläufer in wirtschaftlicher und sozialer Hinsicht, Hannover 1928

Der Boykott hatte der Verwaltung drastisch vor Augen geführt, daß die Zusammenarbeit mit einer großen Theaterbesucherorganisation für den Erhalt und die Finanzierung der städtischen Theater unerläßlich war. Die Angst, daß die Freie Volksbühne eine eigene Bühne einrichten könnte, hat die Kompromißbereitschaft im Theaterausschuß sicherlich gefördert.[11]

Der 2. Vorsitzende des Vereins, Herr Lipschitz, bedauerte in einem Leitartikel der *Freien Volksbühne* vom Februar 1928 die anhaltende Engstirnigkeit des städtischen Theaterausschuß. Der Verein wäre durchaus bereit, die Städtischen Bühnen stärker zu stützen und zu fördern, aber Verträge mit den hannoverschen Privattheatern, allen voran mit dem Deutschen Theater, müßten aufgrund der harten Linie des Ausschusses schon aus Sicherheitsgründen abgeschlossen werden. Durch die Beteiligung an Vorstellungen im Deutschen Theater gingen der Schauburg natürlich Einnahmen verloren, die ihr Defizit gemindert hätten. Zu Beginn der Dreißiger Jahre konnte der Theaterausschuß seinen harten Kurs nicht mehr aufrechterhalten. Der Besuch der Theater ließ generell erheblich nach, so daß man aus wirtschaftlichen Gründen keine Animositäten mehr hegen konnte, sondern im Gegenteil durch Preissenkungen den Mitgliederschwund bei den Theatervereinen zu stoppen versuchte.

War es in zähen Verhandlungen gelungen, zunächst äußerlich eine Gemeinschaft gleichberechtigter Theaterbesucher/innen zu schaffen – inzwischen standen den Volksbühnenmitgliedern Karten aus allen Platzgruppen zur Verfügung -, blieb es erklärtes Ziel des Vereins, sie »auch innerlich zu einer Gemeinschaft zusammenzuführen«[12] Dazu

diente in erster Linie die Herausgabe des kostenlosen Mitteilungsblattes mit einer durchschnittlichen Auflage von 9.300 Exemplaren, in dem neben wichtigen organisatorischen Hinweisen und Veranstaltungstips, kurze Inhaltsangaben über die Stücke abgedruckt und Informationen über die laufenden Verhandlungen mit den Theaterleitungen gegeben wurden. Darüber hinaus finden sich Aufsätze, die sich mit der Volksbühnenidee beschäftigen wie zum Beispiel:

»Der Weg zur Gemeinschaft«, »Spielpläne – Ideal und Wirklichkeit«, »Die Freie Volksbühne Hannover und die Städtischen Bühnen«, »Vorstand und Mitgliedschaft«, und solche, die sich mit Literatur und Theater ganz allgemein auseinandersetzen: »Etwas vom Stil der Dichtung«, »Das Tendenzstück«,»Zur Dramaturgie des Lustspiels«, »Vom Schreibtisch zur Bühne«,»Was ist literarisch wertvoll?«, »Gegen die Zensur, für die Freiheit der Kunst«, »Staat und Kunst«.

Besprechungen von Ausstellungen in Hannover lassen erkennen, daß es der Freien Volksbühne zwar hauptsächlich, aber nicht nur um den Theaterbesuch ging. Häufig und ausführlich wurde auf die Arbeit der Kestner-Gesellschaft und des Kunstvereins hingewiesen. Diese Institutionen gewährten Volksbühnenmitgliedern verbilligten Eintritt, um auch hier die Besucherschranken abzubauen.

»Zeichen der Unbildung«: Lachen und Husten

Stil und Inhalt einer ganzen Reihe von Artikel , die bis 1933 in fast jeder Ausgabe zu finden waren, wirken auf den heutigen Leser befremdend, fast peinlich. Sie richteten sich an

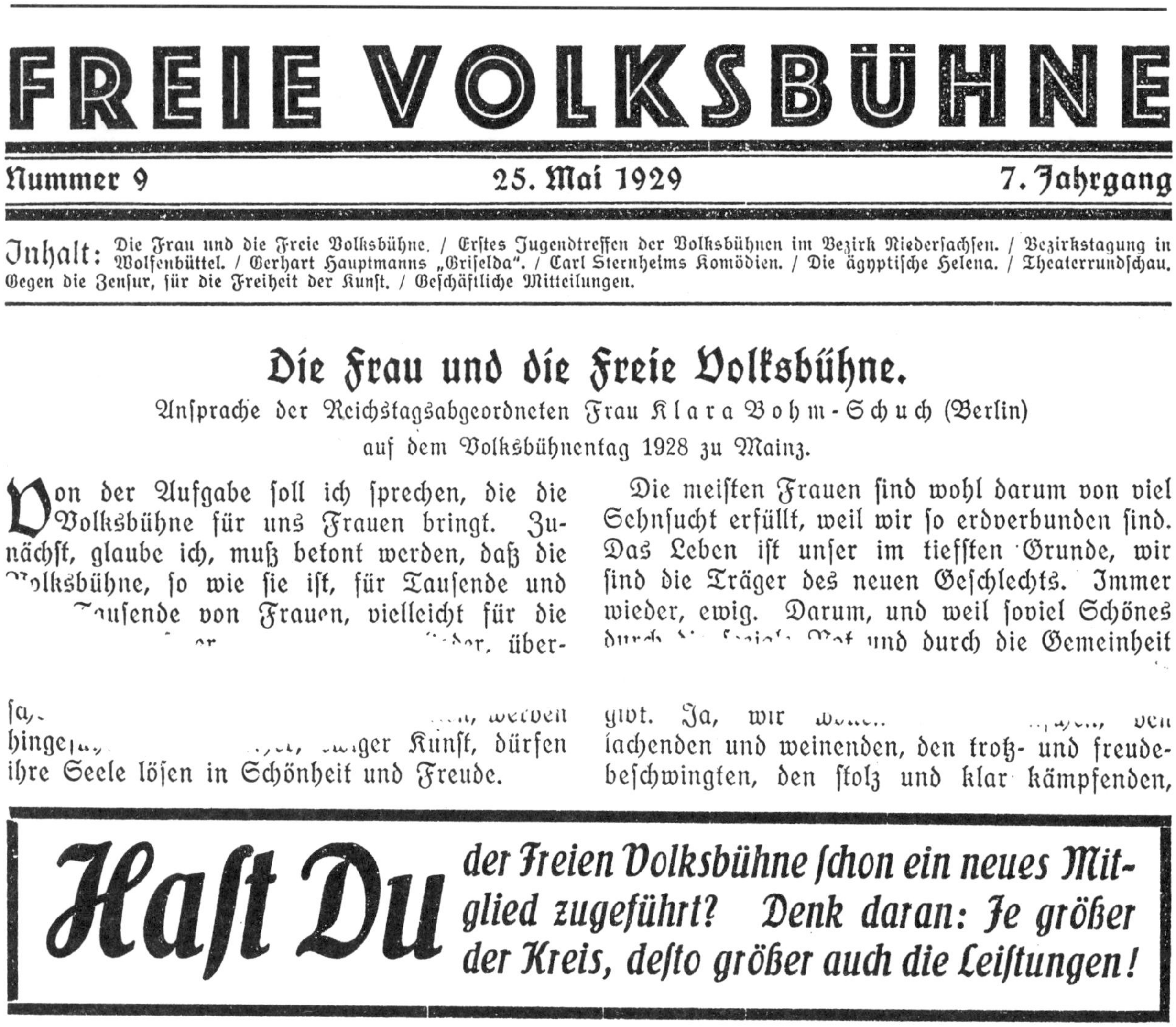
FREIE VOLKSBÜHNE

Nummer 9 — 25. Mai 1929 — 7. Jahrgang

Inhalt: Die Frau und die Freie Volksbühne. / Erstes Jugendtreffen der Volksbühnen im Bezirk Niedersachsen. / Bezirkstagung in Wolfenbüttel. / Gerhart Hauptmanns „Griselda". / Carl Sternheims Komödien. / Die ägyptische Helena. / Theaterrundschau. Gegen die Zensur, für die Freiheit der Kunst. / Geschäftliche Mitteilungen.

Die Frau und die Freie Volksbühne.

Ansprache der Reichstagsabgeordneten Frau Klara Bohm-Schuch (Berlin) auf dem Volksbühnentag 1928 zu Mainz.

Von der Aufgabe soll ich sprechen, die die Volksbühne für uns Frauen bringt. Zunächst, glaube ich, muß betont werden, daß die Volksbühne, so wie sie ist, für Tausende und Tausende von Frauen, vielleicht für die ... über-

... werden hinge... ger Kunst, dürfen ihre Seele lösen in Schönheit und Freude.

Die meisten Frauen sind wohl darum von viel Sehnsucht erfüllt, weil wir so erdverbunden sind. Das Leben ist unser im tiefsten Grunde, wir sind die Träger des neuen Geschlechts. Immer wieder, ewig. Darum, und weil soviel Schönes ... und durch die Gemeinheit

... gibt. Ja, wir ... den lachenden und weinenden, den trotz- und freudebeschwingten, den stolz und klar kämpfenden,

Hast Du
der Freien Volksbühne schon ein neues Mitglied zugeführt? Denk daran: Je größer der Kreis, desto größer auch die Leistungen!

Abb. 6 -

die »Störenfriede« und »Unzufriedenen« innerhalb der Volksbühnengemeinde.

Unter der Überschrift »Achtung vor dem Kunstwerk und dem Künstler!« wurde z.B. im August 1924 Ordnung und Disziplin beim Theaterbesuch gefordert. Der Artikel beginnt resignativ:

»Trotz aller Hinweise und Ermahnungen in unseren Mitteilungen zeigt es sich immer wieder, daß einzelne Mitglieder sich nicht bewußt sind, daß das Theater mehr ist als bloße Unterhaltungsstätte.«

Der Autor beklagt die »Zeichen der Unbildung«: essen, sich unterhalten, mit Papier rascheln, aber auch: husten, sich räuspern und unzeitgemäß lachen.

Nach den Verhaltensmaßregeln dann noch einmal der deutliche Appell: »Die Volksbühne muß darauf bestehen, daß ihre Mitglieder diese Gebote beachten. ... Ruhe und Hingebung gegenüber dem, was das Theater bietet.«

Vielen Volksbühnenmitgliedern schien die bürgerliche Kunstmuße noch nicht in Fleisch und Blut übergegangen zu sein. Es steht außer Frage, daß Aufmerksamkeit und Rücksichtnahme zum Theaterbesuch gehören. Unruhe und »unzeitgemäßes Lachen« sind aber deutliche Indizien dafür, daß Teile des Publikums noch »Fremdkörper« im bürgerlichen Kulturbetrieb waren, weil ihnen auch der entsprechende Bildungshintergrund fehlte.

Siegfried Nestriepke, Generalsekretär der Berliner Volksbühne und Geschäftsführer des Deutschen Volksbühnenverbandes[14], schildert das Problem in der hannoverschen Vereinszeitung unter dem Titel »Vom Lachen und vom Husten« sehr anschaulich: »Wenn beispielsweise in Schillers ›Kabale und Liebe‹ der alte Musikus Miller herumtobt, so ist das für ihn und den Dichter eine sehr ernste Angelegenheit. Dieses Mannes Innerstes ist aufgewühlt, ist erschüttert. ... Und wenn er aus höchster Seelenqual seine Frau mit den Worten anschreit: ›Knie vor Gott, alte Heulhure, und nicht vor Schelmen!‹ so gibt es immer soundso viele, die hören nur den Klang der Worte und merken nicht, was dahinter steckt, ... Wer da nichts anderes weiß, als herzhaft loszulachen, der zeigt, daß er wohl kaum in den Kern des Stückes vorgedrungen ist.«

Der Autor bedauert diese Tatsache, aber hält es für viel schlimmer, daß durch das »Lachen jene empfindlich gestört werden müssen, die ganz dem Stück leben, die es in seinem innersten Wesen mitempfinden, und denen nun das Lachen der Oberflächlichen wie eine Ohrfeige ins Gesicht knallt.«[15]

Um wen es sich dabei handelt, ist dem Sitzungsprotokoll des städtischen Theaterausschuß vom 10.1.1925 zu entnehmen:

»Senator Otte brachte die Sprache auf den Besuch der städtischen Theater durch die Mitglieder der Freien Volksbühne. Durch die Mitglieder würden immer noch Störungen der Vorstellungen hervorgerufen. (Redner bezog sich hierbei auf den Besuch einer kürzlich stattgehabten Vorstellung der ›Iphigenie‹, in der auch von B.V.(Bürgervorsteher) Weber die Störungen unangenehm empfunden worden seien.) Um zu verhüten, daß das Bürgertum immer mehr dem Theater fern bleibe, müsse der Theaterausschuß Maßnahmen ergreifen.«[16]

Sein Vorschlag sah vor, die von der Volksbühne mühsam erreichte Gleichbehandlung ihrer Mitglieder wieder rückgängig zu machen, indem Karten für den 1. Rang und das Parkett grundsätzlich nicht mehr an die Freie Volksbühne vergeben würden.

Der Verwaltungsdirektor der Städtischen Bühnen, Artur Pfahl, trat in den Verhandlungen als Mittler und Schlichter auf. Er nahm den Verein in Schutz und sprach sich gegen die vorgeschlagenen Maßnahmen aus, weil sich die Volksbühne seiner Ansicht nach »als wertvolle Stütze des Theaters bewährt«[17] hätte. Es blieb weiterhin bei Appellen an die guten Manieren.

Von seiten der Freien Volksbühne fehlte es auch nicht an Bemühungen, durch Informationen über Autor und Stück den Theaterbesuch vor- und nachzubereiten, zunächst durch sporadisch stattfindende Einführungsvorträge, ab Februar 1926 durch regelmäßige, einmal im Monat abgehaltene »Besprechungsabende« im Volksheim. Nach einem einführenden Kurzreferat, in der Regel durch einen Aktivisten aus Vorstand oder Kunstbeirat, sollte den Interessenten die Möglichkeit gegeben werden, »durch Ausspra-

che über die Darbietungen und durch Austausch der Eindrücke nach der Aufführung das Verständnis zu vertiefen.«[18] Darüber hinaus sollte »ein fühlbarer Unterschied geschaffen (werden) zwischen dem sogenannten freien Theaterbesucher und dem Volksbühnenmitgliede, das auf diesem Wege mit dem Gemeinschaftgedanken vertraut gemacht wurde.«[19]

Die Resonanz war mäßig. Hinweise auf einen begeisterten Zulauf finden sich in den Vereinsmitteilungen jedenfalls nicht, häufiger die Frage »Warum war unser Besprechungsabend so schlecht besucht?«

»Pflege der Sprache« – »Beherrschung des Körpers«

Einige erfolgreiche Versuche, Teile der in erster Linie passiv konsumierenden Theatergemeinde in eine künstlerisch tätige Gemeinschaft einzubinden, hat es aber durchaus gegeben.

Im Herbst 1926 wurde der Sprechchor der Freien Volksbühne Hannover gegründet, der bereits im Dezember desselben Jahres 120 Mitglieder zählte. Dem Chor konnten alle beitreten, die älter als 14 Jahre waren, auch wenn sie nicht zur Volksbühnengemeinde gehörten. Das Interesse scheint bei jüngeren Leuten größer gewesen zu sein, denn schon bald suchte man »auch ältere Damen und Herren für die Darstellung der tieferen Stimmen«[20]

Später wurde dem Sprechchor ein Bewegungschor angegliedert. Die Übungsabende für beide Chöre fanden, getrennt an zwei Abenden in der Woche, zunächst im Volksheim, später im Naturheilverein in der Ohestraße, statt. Da gemeinsame öffentliche Auftritte geplant und durchgeführt wurden, mußten sich die Teilnehmer und Teilnehme-

Abb. 7 Anzeige in der Illustrierten Beilage des Hannoverschen Anzeigers, Oktober 1932

rinnen »zum regelmäßigen Besuch der Übungsstunden, zur Einordnung in die Gemeinschaft und zur Kameradschaft«[21] verpflichten.

Unter dem Titel »Morgenfeier für Wort und Tanz« trat der Sprech- und Bewegungschor der Freien Volksbühne Hannover am Sonntag, den 21. April 1929, um 11h in der Schauburg an der Hildesheimer Straße auf.

Unter der künstlerischen Leitung des Tänzers Otto Zimmermann absolvierte der Chor Gastspiele, u.a. in Hildesheim, Peine und b eim Rundfunksender Hamburg-Hannover.

Aus dem Programm der Morgenfeier ist zu schließen, daß der expressionistischen Dichtung ein besonderer Stellenwert zukam. Die ekstatischen Lautgedichte von August Stramm und Kurt Schwitters, in denen die Worte aus ihrem grammatischen Zusammenhang gelöst und zu neuen Wortreihen kombiniert sind, wurden nicht nur als sprachliche Vorlage verarbeitet, sondern darüber hinaus in Bewegung umgesetzt und interpretiert.

Ab Herbst 1929 warb der Sprechbewegungschor wieder verstärkt um Mitglieder. Vermutlich konnten viele arbeitslos gewordene Mitglieder den inzwischen eingeführten Monatsbeitrag von 1 M nicht entbehren. »Unsere Hauptaufgabe besteht nach wie vor in der Pflege der Sprache, der Atemtechnik, der Beherrschung des Körpers. Daraus ergibt sich ganz von selbst die Zweieinigkeit im Ausdrucksvermögen, denn aus diesen Dingen, die, miteinander verbunden, stärkste Prägung einer künstlerischen Idee, einer Dichtung sind, wächst die chorische Gestaltung, die letzten Endes Hauptzweck und höchstes erreichbares Ziel ist.«[22]

1930 vereinigte sich der Volksbühnenchor mit dem Sprechchor der Volkshochschule zu einer Arbeitsgruppe. Die künstlerische Leitung übernahm der Tanzlehrer Maxim Bosse, in dessen Tanzschule in der Langen Laube auch die Übungsstunden stattfanden. Ein über die Volkshochschule angebotener Kurs von 10 Abenden kostete 4 M. Seit Gründung der Freien Volksbühne bestand eine enge personelle und organisatorische Verbundenheit mit der Volkshochschule Hannover. Prof. Lessing, Lyzeallehrer Krogel – beide im Kunstbeirat der Volksbühne engagiert – und Dr. Brill, ab 1930 1. Vorsitzender des Vereins, wirkten als Dozenten an der Volkshochschule. Vorträge und Arbeitsgemeinschaften der Volkshochschule, besonders in den Bereichen Theater und Musik, ergänzten die Angebote des Theatervereins. Die Freie Volksbühne druckte in ihrer Zeitung Auszüge aus dem Veranstaltungsangebot der Volkshochschule ab und verteilte den Lehrplan kostenlos an ihre Mitglieder.

Einen weiteren großen Auftritt hatte der Chor im März 1931 bei der Festaufführung zum 10jährigen Bestehen der Freien Volksbühne Hannover im Schauspielhaus. Eine junge Frau aus dem Sprechbewegungschor beschreibt ihre Eindrücke während der Einstudierung und bei der Aufführung »Leben in dieser Zeit« von Erich Kästner[23]:

»... Das Studium der Rollen ist für die jungen Laienspieler alles andere als einfach. Man redet nicht – man ›spricht‹, das heißt, man sagt die Worte lautlich rein und deutlich, ohne Dialekt, ohne Verwischung... Da war das Lied von der Rumpfbeuge, das Lied von den Schreibmaschinen. Ja,

Sonntag, den 21. April, 11 Uhr, im Schauspielhaus an der Hildesheimer Straße:

Morgenfeier: Wort und Tanz

veranstaltet vom

Sprech- und Bewegungschor der Freien Volksbühne Hannover.

Aus dem Programm:

Der Morgen . . . . . . K. Bröger
Weltwehe . . . . A. Stramm
Komödie . . . . O. Zimmermann
Mensch zu Mensch . . G. Engelke

Otto Zimmermann tanzt:

An Anna Blume . . K. Schwitters
Tanz der Maschinen
Das trunkene Lied . . Nietzsche
Der Gefangene
Lächerlicher Zeitgenosse

Am Flügel: Erich Lichtenstein

Karten für Mitglieder sind von 75 Pf. an bei den Vertrauensleuten und in der Geschäftsstelle zu haben.

Abb. 8 -

so tippt man im Büro – und so parodiert man sich selbst auf der Bühne. ›Tippen‹, schnelle Schritte, das Maschinchen rattert: ›Wir müssen ja das Geld verdienen‹ – weich, elegisch, müde und hart, brutal, energisch, wie eine letzte Konsequenz. ›Drum hämmern wir, drum hämmern wir.‹ Die Rumpfbeuge: Zwang der Arbeit, Ducken der Wirbelsäule unter ihrem brutalen Zugriff, verbissenes Sichfügen, ›die Wirbelsäule ist zum Bücken da‹, zwangsläufiger Gehorsam und Hinnehmen unabänderlichen Gesetzes. Alles das in der Musik des Körpers, in die Sprache der Bewegung umgesetzt ... am Sonntag ist die erste Probe im Schauspielhaus. Eigenartiges Gefühl, das Schauspielhaus von der anderen Seite als vom Zuschauerraum aus kenenzulernen... Die eiserne Tür tut sich auf, man stolpert in einen dunklen Raum, stößt sich an Kulissen. Jemand sagt, daß ist eine Drehbühne; der andere gebraucht das abgegriffene Wort von den Brettern, die die Welt bedeuten... Dann kam die Vorstellung... Da gab man alles her, steigerte im bewußten Aufschwung die Handlung bis zu dem erschütternden Schluß, dem Sinnbild der großen Masse, der aus Not der Zutritt zur Freude versperrt, der von Asphalt, von dem Lärm der Maschinen erstickt und betäubt wird. Der Schluß, der das Sinnlose des Lebens in dieser Zeit aufrollt, der trotz aller Anstrengung keine Versöhnung mit der Frage des unerbittlichen Heute und dem hoffnungslos abgelehnten Morgen findet, wo auch Fäusteballen und Aufschrei nur noch eine ohnmächtige Geste ist.«[24]

Eine mit weniger Verpflichtung verbundene Möglichkeit künstlerischer Betätigung bot die im Frühjahr 1928 gegründete Volksmusikschule von Grete Sehlmeyer, einer langjährigen engagierten Mitarbeiterin der Freien Volksbühne. An den offenen Singstunden konnte jeder gegen einen Obulus von 25 Pfennig teilnehmen und sein »Verständnis für Musik durch gemeinsames Musizieren ... fördern.«[25]

Bis Mai 1930 hatten 7 Veranstaltungen dieser Art mit insgesamt 2.100 Teilnehmern stattgefunden. Außerdem bot Frau Sehlmeyer Blockflötenunterricht, Kurse in Musikkunde und Stimmbildung für Chorsingen an.

»Was soll man spielen ?«

Die Antwort auf diese Frage hing nicht allein von den Wünschen und Vorstellungen der Volksbühnenleitung ab.
Die Freie Volksbühne verfügte in Hannover nicht über eine eigene Bühne wie der Verein in Berlin mit dem Theater am Bülowplatz. Er hatte also nur die Möglichkeit, in den Verhandlungen mit den Vertragstheatern Einfluß auf die Spielplangestaltung geltend zu machen. Prof. Ziegler, 1. Vorsitzender der Freien Volksbühne Hannover, zog nach 10 Jahren folgende Bilanz:
Man »beschränkte uns freilich in der Bestimmung unseres Spielplans, vielmehr: wir hatten gar keinen eigenen mehr, sondern fügten uns in den allgemeinen ein. Von dem Recht, einzelne Stücke für uns ganz abzulehnen, machten wir immer nur bescheiden und selten Gebrauch, vielleicht gar zu bescheiden. Aber auf der anderen Seite wurden auch einzelne Stücke gerade auf unseren Wunsch aufgenommen, insbesondere wurde gegen Ende der Spielzeit für uns ›ein eigenes Stück‹ gespielt.«[26] Im gesamten Spieljahr 1927 kamen nach Zieglers Angaben allerdings nur zwei von der Freien Volksbühne vorgeschlagene Werke im Städtischen Schauspielhaus zur Aufführung.

Obwohl beide Seiten aufeinander angewiesen waren, – die Mitglieder der Freien Volksbühne waren fest einkalkulierbares Theaterpublikum, das auch zahlenmäßig nicht ignoriert werden konnte – mußte die Theaterleitung auch auf das gutsituierte bürgerliche Publikum Rücksicht nehmen. An diskriminierenden Zeitungsartikeln von konservativer und deutschnationaler Seite hat es im Zusammenhang mit der Volksbühne während der Zwanziger Jahre nicht gefehlt. In ihnen wurde die Arbeit des Vereins als schädigend für das Theater hingestellt. Vor allem die niedrigen Platzpreise der als »sozialdemokratisch« abgewerteten Theaterbesucherorganisation seien Schuld an der hohen Subventionierung des Theaterbetriebs. Hinter diesen Angriffen steckten zum Teil Neid und Mißgunst, denn den bürgerlichen Theaterbesucherorganisationen von geringer Größe (z.B.der Bühnenvolksbund mit 850 Mitgliedern) konnten natürlich nicht so günstige Konditionen eingeräumt werden wie der Freien Volksbühne.[27]
Außerdem entzündete sich die Kritik an dem angeblich so negativen Einfluß der Volksbühne auf den Spielplan der Städtischen Bühnen. Ab 1927 häuften sich von verschiedenen Seiten die Klagen über ein »dürftiges« Programm. In der *Niederdeutschen Zeitung* vom 5.1.1928 wurde daher Stimmung gegen die Volksbühne gemacht und ihr für die finanziell und konzeptionell desolate Theatersituation in Hannover die Verantwortung zugeschoben. Die Anschuldigungen entbehrten jeder Grundlage, brachten den Verein aber immer wieder ins Gerede und in Rechtfertigungszwang.
In der sogenannten »Ära Roennecke« (Dr. Rolf Roennecke war von 1919 bis 1927 Schauspieldirektor in Hannover) hat es zwischen Theaterleitung und Freier Volksbühne um den Spielplan weniger Auseinandersetzungen gegeben als unter seinem Nachfolger. Roennecke hat neben den obligatorischen Klassikern auch die expressionistischen Zeitstücke ins Programm aufgenommen: u.a. Fritz von Unruhs »Geschlecht«, Georg Kaisers »Nebeneinander« und »Von morgens bis mitternachts«, Ernst Tollers »Masse Mensch«, Bertold Brechts »Trommeln in der Nacht«, Carl Sternheims »Kandidaten« und »Tabula rasa«, Klabunds »Nachtwandler«, »Kreidekreis« und »Teufelspakt«. Damit erfüllte Roennecke von seinem eigenen Selbstverständnis her eine zentrale Forderung der Freien Volksbühne:

»Das gute Zeitstück ist ein wichtiger Bestandteil des Spielplans, denn es stellt in erster Linie die Verbindung mit dem Leben der Gegenwart her. Hierdurch gibt das Theater einen Antrieb zur Weiterentwicklung der menschlichen Gesellschaft.«[28]

Die Zusammenarbeit mit Dr. Georg Altmann, ab 1927 Roenneckes Nachfolger, gestaltete sich deshalb schwierig, weil »in der Hauptsache altes Theater geboten wird, weil viele Sachen wieder aufgewärmt werden, ..., weil man die Klassiker in unerträglich langen, nahezu ungekürzten Aufführungen spielt, weil man im städtischen Schauspiel so gut wie nichts vom Zeittheater zu verspüren bekommt, also alle Stücke ängstlich meidet, die nur irgendwie merklich von neuem und revolutionären Geist atmen.«[29]
Allen Widerständen zum Trotz hat der Vereinsvorstand immer wieder zum – häufig aber nur verbalradikalen – Angriff geblasen: »Mag uns darum auch mancher Bildungsphilister als Banausen bespötteln und bekritteln, wir fühlen uns stark genug, dem zu begegnen und um so lauter den Ruf nach den neuen Dichtern zu erheben, ...«[30] Gegen

Ende der Zwanziger Jahre – die kulturelle Wende begann sich abzuzeichnen – wird dieser Ruf immer weniger Gehör finden.

Die Forderung nach aktuellen, modernen Stücken hatte aber nicht nur erzieherische Gründe. Es galt auch, das Theater gegenüber Kino, Radio und Sport konkurrenzfähig zu halten.

Der Verein in Hannover hat, darauf wurde schon hingewiesen, auch mit den Privattheatern kooperiert. Im Mellini-Theater wurden die von der Mitgliedschaft sehr favorisierten Operetten zeitweise in geschlossenen Vorstellungen geboten. Im Deutschen Theater studierte man vom Verein gewünschte Stücke ein und zeigte sie ebenfalls in geschlossenen Vorstellungen, z.B. »Nora« von Henrik Ibsen und »So ist es – ist es so?« von Luigi Pirandello.

Die Volksbühnenleitung sorgte auch für hochrangige Gastspiele in Hannover, die die Mitglieder als Sonderveranstaltung besuchen konnten. Dazu gehörten Matineen mit den Ausdruckstänzerinnen Mary Wigman, Yvonne Georgi (ab 1926 Ballettmeisterin in Hannover) und Gret Palucca, Aufführungen der »Niederdeutschen Bühne« Hamburg in plattdeutscher Sprache und Konzerte im Kuppelsaal der Stadthalle.

Gute Unterhaltung in vornehmer Umgebung

Die erzieherischen Ansprüche, die der Auswahl von Stücken durch die Volksbühnenleitung zugrundelagen, kollidierten nicht selten mit den Wünschen der Mitglieder. Die Vorlieben – ob mehr Oper, Operette oder Volksstück – waren unterschiedlich, aber der Trend zu eher leicht konsumierbaren, visuell reizvollen und weniger problemorientierten Theaterabenden war unverkennbar.

»In dem Konkurrenzkampf zwischen Oper und Schauspiel hat die Oper gesiegt. Und nicht etwa, weil die Oper künstlerisch wertvoller wäre, sondern weil das Schauspiel eine größere Aufmerksamkeit verlangt, eine willigere Aufgeschlossenheit den Problemen des Lebens gegenüber, eine größere Bereitwilligkeit, den künstlerisch geformten Ernst des Lebens auf sich wirken zu lassen.«[31]

In einer vom Verein durchgeführten Fragebogenaktion im Frühjahr 1925 äußerten sich 1.400 Mitglieder in Hannover u.a. über den Spielplan. In einem Resümee heißt es: »Einige, denen das Leben wohl vorwiegend ernste Stunden beschert hat, wünschen mehr den heiteren Charakter bevorzugt. Andere wiederum geben nur den Klassikern ihre Zustimmung. Die modernen und die ganz modernen Dichter finden nur wenig Zusage.«[32] Man wünschte sich eben keine künstlerisch erhöhte »Verbindung mit dem Leben der Gegenwart«, sondern eher das Gegenteil: Zerstreuung und gute Unterhaltung.

Um den unterschiedlichen Interessen und Möglichkeiten der Zuschauerinnen und Zuschauer entgegen zu kommen, richtete der Verein 1927 spezielle Besuchergruppen ein. Die ursprüngliche Besuchsorganisation mit 10 Vorstellungen (Oper, Schau- und Lustspiel, Sonderveranstaltung) pro Spielzeit blieb als »Stammgemeinde« bestehen, ebenso die »Konzertgemeinde«, die ausschließlich Musikveranstaltungen abnahm. In der »Literarischen Gemeinde« trafen sich die Anhänger von modernen Stücken. In einer Zusatzgruppe für Opernfreunde bekamen Interessenten zwei weitere Opernbesuche angeboten. Die »Kleine Gemeinde« war für Leute gedacht, z.B. Kurzarbeiter, die aus fi-

nanziellen Gründen nur fünf Veranstaltungen abnehmen wollten. Eine spezielle Sonntagsgruppe und mehrere Nachtschichtgruppen ermöglichten es auch Mitgliedern mit wechselnder Arbeitsschicht, das Theater zu besuchen. Der Verein war ständig bemüht, die Rahmenbedingungen für den Theaterbesuch so optimal wie möglich zu gestalten und die Arbeits- und Lebenssituation der arbeitenden Mitglieder zu berücksichtigen. Als Ende der Zwanziger Jahre die zunehmende Arbeitslosigkeit ein größeres Problem war als ungünstige Arbeitszeiten, setzte sich der Verein dafür ein, daß seine betroffenen Mitglieder und ihre Familien die Schauburg in besonderen Vorstellungen kostenlos besuchen konnten.

Die Kritik einiger Mitglieder richtete sich aber nicht nur gegen die Inhalte, sondern auch gegen die Spielorte selbst. Die Schauburg wurde dem Deutschen Theater vorgezogen, weil sie vornehmer und behaglicher wirke und über reichere und höhere Spielmöglichkeiten verfüge.[33]

Die Bevorzugung von Opernaufführungen dürfte nicht zuletzt auf den Spielort – das sehr prunkvolle ehemalige Hoftheater – zurückzuführen sein. Das vornehme Ambiente verdrängte den weniger glanzvollen Alltag wenigstens für einige Stunden.

»Das Plus der Frau«

In einer dreiteiligen Artikelserie äußerten sich 1931/32 zwei Frauen über das Verhältnis ihrer Geschlechtsgenossinnen zu Theater und Volksbühne. Grete Berges kam zunächst zu der Erkenntnis, daß die Frau »anders und intensiver« genießen könne als der Mann, »weil sie ohne Vorurteile und ohne instinktiv männliche Abwehr die Eindrücke von der Rampe her mit aller Kraft der Sinne und der Seele empfängt und tief in sich einströmen läßt.«[34]

Trude Wiechert, Ehefrau des Sozialdemokraten und Bürgervorstehers Karl Wiechert, versuchte in persönlichen Gesprächen mit weiblichen Mitgliedern der Freien Volksbühne, etwas genaueres zu erfahren. Es bleibt jedoch unklar, wieviele Frauen befragt und nach welchen Kriterien sie ausgewählt worden sind. Die Verfasserin gibt in ihren beiden Artikeln die von ihr gestellten Fragen wieder und faßt die gegebenen Antworten in einem anschließenden Kommentar zusammen. Dabei wählte sie die Antworten aus, die für die Leserinnen und Leser lehrreich sein sollten. Als Resümee auf die Frage »Warum sind sie in der Freien Volksbühne?« ist zu lesen: »Auch der Arbeiter soll gute Theaterstücke sehen und nicht nur billiges Kitschkino«; und auf die Frage »Welche Werte verschafft Ihnen ein Theaterbesuch? Was gibt er Ihnen mehr als Film und Rundfunk?« begeisterte sich Frau Wiechert über die »Klarheit und Schönheit dieser Antworten«, weil sie zeigen »wie sehr die Frauen der Werktätigen schon aus der Tiefe dumpfer Empfindungen und mangelnden Verständnisses aufgestiegen sind«[35]. Abweichende Meinungen, die von der Zielvorstellung der Volksbühnenarbeit ablenken könnten, fielen unter den Tisch. Die gesamte Artikelserie erfüllte in erster Linie den Zweck, die erzieherischen Ziele und natürlich die schon eingetretenen Erfolge der Volksbühnenarbeit in Form von persönlichen Antworten zu dokumentieren. Das Maß aller Dinge – vom Standpunkt der Autorinnen – sollte für die kulturell »unterentwickelten« Arbeiterinnen und Arbeiter die liberal-bürgerlich geprägte Sicht von Kultur und Theater sein. Es war deshalb nur folgerichtig, daß sich alle befragten Frauen für gute, moderne Stücke ausspra-

Abb. 9 Foyer der Schauburg in der Hildesheimer Straße

chen, obwohl diese Äußerungen im krassen Widerspruch zur Praxis standen. Hier war eher der Wunsch als die Realität Vater des Gedankens ...

Konkurrenz von der Leinwand

»– – – THEATER!«
  Wen interessiert das wohl außer Ihnen?
»Das Publikum!«
  Ach – ! Welches denn zum Beispiel?
»Unser hannoversches Publikum!«
  – – – Soo!???
»Ja! – Sehen Sie doch unsere vollen Häuser
an, betrachten Sie die ständig wachsende
Abonnentenzahl!«
  – Na, und die Kinos, sind die nicht noch voller?
»Zugegeben! – Darf man aber Oper und Kino in einem Atem
nennen?« (aus: Almanach der Städtischen Bühnen 1929)

Mit dieser Frage beschäftigte sich auch die Freie Volksbühne recht ausführlich. Noch 1924 wetterte sie in den Vereinsblättern gegen den »Kinogeist« und »Oberflächenkunst«. In verfilmten Bühnenstücken würde zwar der Inhalt präsentiert, aber man lerne »durch das Anschauen von Filmschauspielen nicht die Schönheit dramatischer Dichtungen empfinden, man genießt den Inhalt, den Stoff, der nicht dichterisch gestaltet ist«[36]. Man stellte das sinnlichere und unmittelbarere Erlebnis einer Theateraufführung gegenüber dem Kinobesuch heraus. Solange Theater und Stummfilm miteinander rivalisierten, konnte das »dramatische Erleben der Sprache« als Bonus ins Feld geführt werden: das Medium Film galt noch nicht als Konkurrenz, sondern als »wesentliches Hilfsmittel ..., um das Publikum der Volksbühnenorganisation der Sprechbühne nicht nur zu erhalten, sondern vielleicht in noch höherem Maße als bisher als freudige Kunstbekenner zuzuführen.«[37]

Als ab 1928 der Tonfilm die Leinwand eroberte, mußte das Verhältnis Theater – Film neu überdacht werden. Im Februar 1929 begann die Freie Volksbühne auch auf diesen Sektor vorzustoßen. Zunächst konnten die Volksbühnenmitglieder die Imperator-Lichtspiele an der Hildesheimer Straße , die Lunapalast-Lichtspiele in der Bürgerstraße und die Kulturfilmbühne des Planetariums im Anzeiger-Hochhaus (heute umgebaut zum Hochhaus-Kino) zum ermäßigten Preis besuchen. Das Programm des Planetariums sah in erster Linie Wissenswertes aus den Bereichen Tier- und Pflanzenwelt, Kunst und Geographie vor, gelegentlich verbunden mit einem Vortrag. Die Freie Volksbühne organisierte dort aber auch eigene Filmvorführungen, um »auf diesem Wege zielstrebig und bewußt an einer Verbesserung des künstlerischen dramatischen Spielfilms (zu) arbeiten, denn der Volksbühnengedanke will ja nicht nur das Theater erfassen und reformieren, er will darüber hinaus alle Kunst- und Kulturbedürfnisse dem Volk erschließen«[38].

Zunächst wurden in den oben genannten Kinos am Sonntag vormittag um 11 Uhr Spielfilme gezeigt, die heute zu den Klassikern der Filmgeschichte zählen, aber im regulären Programm der kommerziellen Kinos entweder gar nicht oder selten lange auftauchten. Auch im Kino war eher die seichte Unterhaltungsware gefragt. Neben dem Hauptfilm lief noch ein Lustspiel und die aktuelle Wochenschau. »Künstlerisch einwandfreie Spielpläne« waren laut Programm »Der Biberpelz« nach Gerhard Hauptmann,

»Johanna von Orleans«, »Der Zirkus« mit Charlie Chaplin, »Der Dieb von Bagdad«, »Varieté« mit Emil Jannings, »Die Mutter« (sowjetischer Spielfilm), »Die Heimkehr« nach Leonard Frank, »Mutter Krausens Fahrt ins Glück«, »Der blaue Engel« mit Marlene Dietrich. Eine Filmkommission aus Mitarbeitern des Vereins wählte die Filme sowohl nach inhaltlichen wie filmästhetischen Kriterien aus.[39]

Literaturverfilmungen und problemorientierte Filme bestimmten die inhaltliche Auswahl: Kontrastprogramm zu Kitsch und Idylle im florierenden Unterhaltungsfilm der Zwanziger Jahre.

Besondere Beachtung ließ man dem Stummfilm zuteil werden, der in den Augen der Volksbühnenleitung qualitativ wesentlich besser sei und von der Tonfilm-Invasion verdrängt werde. Karl Brinkmann glaubte 1930, daß »dieser Rummel nicht lange dauern wird, denn ein Tonfilm gleicht dem anderen. Alles fabriziert nur Operettenkitsch.«[40] Abgesehen davon, daß dieses pauschale Qualitätsurteil auch für die Weimarer Jahre nicht zutrifft, klammerte der Autor die Bedürfnisse des Publikums nach leicht konsumierbaren Stoffen bei seinen Betrachtungen völlig aus. Seine Prognose hat sich ja auch nicht bestätigt.

Die Volksbühne hatte aber damals noch mit ihrem Stummfilm-Programm großen Erfolg. Im Saal des Volksheims flimmerten die Stummfilme für 30 Pfennig pro Vorstellung zweimal im Monat über die Leinwand. Von Oktober 1931 bis Februar 1932 drängten sich an 20 Filmabenden an die 20.000 Besucher. Sicherlich war auch der billige Eintritt ein Grund für die große Resonanz. Die ermäßigten Vorstellungen im Lunapalast und Imperator-Kino kosteten mit 60 Pfennig immerhin das Doppelte. Für einen Theaterbesuch – selbst mit der Freien Volksbühne – mußte man noch einmal mehr als das Doppelte ansetzen. Arbeiter und Angestellte, die im Zuge der Weltwirtschaftskrise massenweise arbeitslos wurden, bevorzugten das Kino als preiswerteres Vergnügen. Als Folge dieser Entwicklung schrumpfte die Volksbühnengemeinde von über 40.000 Mitglieder auf unter 15.000 am Ende der Zwanziger Jahre. Die ausgeschiedenen Mitglieder begründeten ihre Austritte auf Anfrage fast ausschließlich mit der angespannten Wirtschaftslage.[41]

Gegen die Reaktion

»Das künstlerische Gewissen des Volkes wachzuhalten«[42] hatte sich die Freie Volksbühne von Anfang an auf ihre Fahnen geschrieben. Als sich zu Beginn der Dreißiger Jahre aufgrund der wirtschaftlichen und sozialen Probleme die politischen Gruppen immer stärker radikalisierten, blieb dies auch für den Kulturbetrieb nicht ohne Folgen.

Bereits im Mai 1929 unterstützte der Verein eine Umfrage des Volkswillen unter stadtbekannten Persönlichkeiten, die eine Stellungnahme zu den Zensurbestrebungen im Theater abgeben sollten. Einige Antworten wurden im vereinseigenen Mitteilungsblatt vollständig abgedruckt, andere zusammenfassend kommentiert. Ob Theaterdirektor, Polizeipräsident oder Stadtbaurat, alle sprachen sich »gegen die Zensur, für die Freiheit der Kunst« aus.[43]

Aktueller Anlaß waren die Proteste gegen die Aufführung der Weillschen Oper »Der Protagonist«. Konfessionelle, allen voran die katholischen Verbände lösten in Zeitungsartikeln und Briefen an den Magistrat eine Protestwelle aus, der sich der christlich-nationale Bühnenvolks-

bund und zahlreiche Frauenverbände anschlossen. Man war über die würdelose und schamlose Art empört, in der ein katholischer Ordensangehöriger dargestellt wurde. Kurt Söhnlein, seit September 1925 Bühnenbildner am Opernhaus, gibt uns eine Vorstellung vom Geschehen: »Im Protagonist ist eine Szene etwas verfänglich. Da stehen zwei Häuser, und in dem einen wohnt eine etwas fragwürdige Frau. So manche liebäugeln mit ihr, darunter ein Mönch. Er geht zu ihr hinauf, und man wird Zeuge eines ziemlich heftigen Liebesspiels am Fenster. Dagegen kam sehr starker Protest auf.« Um sich selbst ein Bild machen zu können, nahmen Magistrat und Theaterausschuß an einer geschlossenen Vorstellung der Freien Volksbühne teil. In der vermutlich danach abgehaltenen Magistratssitzung vom 1. März 1929 verkündete Oberbürgermeister Menge, daß diese Oper in Hannover nicht mehr gespielt würde. Öffentlich mochte sich der Magistrat zu dieser Entscheidung aber anscheinend nicht bekennen, denn in einem Artikel des Volkswillen vom 9. März 1929 wird etwas ratlos gefragt: »Aber was nun? Das Stück ist bisher noch nicht wieder auf dem Spielplan erschienen. Weder der Magistrat noch das Opernhaus haben sich bisher geäußert. Der eine überläßt die Entscheidung dem anderen.« Und die folgende Prognose, »die Aufführung wird stillschweigend verschwinden und begraben«, sollte sich bestätigen. Diese Entwicklung ist umso erstaunlicher, als Kurt Söhnlein folgende Interna zu berichten weiß: »Auch kirchliche Kreise haben Veto eingelegt. Krasselt (der Opernhausdirektor, d.V.) wurde wütend. Schließlich war es so schlimm, daß er sagte: ›Ich will mir keine Laus in den Pelz setzen lassen. Ich streiche diese Szene ...‹ Das war nach der Generalprobe. Nun war inzwischen eine Clique vorbereitet, die stören sollte. Bei der Premiere kommt die Szene, der Mönch betritt die Bühne und schon fangen die Leute an zu zischen und zu pfeifen, aber die Szene findet gar nicht statt!«[44]

Der Oberbürgermeister erklärte es darüber hinaus wenige Tage später für eine Selbstverständlichkeit, daß nach folgendem Antrag der NSDAP verfahren werde:

»Die Verwaltung der Städtischen Bühnen ist künftig besonders zu verpflichten, daß sie die Aufführung von Stücken unterläßt, bei denen damit gerechnet werden muß, daß sie das sittliche und religiöse Gefühl größerer Bevölkerungskreise verletzen.«[45] Zunächst wenig präzise und mit Interpretationsspielraum begann die reaktionäre Kulturauffassung um sich zu greifen. Es sollte nicht mehr lange dauern, bis die Feindbilder genauer definiert wurden.

Auch wenn die Volksbühne ihrem Selbstverständnis gemäß auf die politischen Entwicklungen der Zeit kaum reagierte und z.B. die Reichstagswahlen 1930 lediglich als »empfindliche Störung« ihrer Werbearbeit kommentierte, erklärte sie sich in bezug auf die Abwehr von Gesinnungsherrschaft »von einem politischen Willen beseelt. Er behauptet unbeugsam das Menschenrecht der freien geistigen Entfaltung.«[46] Im Januar 1931 wandte sich die Freie Volksbühne gegen das Verbot des Remarque-Films »Im Westen nichts Neues«. Neben zahlreichen anderen kulturellen Vereinen und Verbänden trat sie dem sich gerade konstituierenden Anti-Zensur-Ausschuß in Hannover bei.[47]

Aufschlußreich für das geistige Klima der Zeit und die sich abzeichnende kulturelle Wende sind auch die Auseinandersetzungen um »Rotation«, einem Stück von Hermann Kesser. Die Freie Volksbühne hatte Schauspieldirektor Altmann dieses Zeitstück vorgeschlagen und eine Zusage für die Spielzeit 1931/32 erhalten. Als bis Mai 1932 keine Aufführung in Sicht war, schickte der Verein dem Vorsit-

Abb. 10 Städtisches Opernhaus: Erfrischungsraum für das Publikum in den Rängen 1928

Zur Matinee Mary Wigman.

Wir weisen auch an dieser Stelle noch einmal auf die am Sonntag, dem 20. Januar, vormittags 11 Uhr, im Schauspielhause stattfindende Tanz-Matinee mit Mary Wigman hin, die unseren Mitgliedern wieder ein großes Erleben bescheren wird. Das letzte Gastspiel der Künstlerin im Dezember in Berlin war ein einziger großer Erfolg, der die hohe Kunst Mary Wigmans erneut feststellte. Hier ein Urteil von vielen. Der „Berliner Lokalanzeiger" schreibt unterm 5. Dezember 1928: „Das sind keine Tänze mehr, das sind Tanzdramen, Tanztragödien, Tanzvisionen, Tanzballaden und Tanzgedichte. Dafür gibt es nirgend einen Vergleich. Das ist das große Geschehnis einer Kunst, die einmalig und unsterblich ist."

Eintrittskarten zum Preise von 1 bis 3 Mark sind in unserer Geschäftsstelle zu haben.

Verloren. In unserer geschlossenen Aufführung am 10. Dezember im Deutschen Theater wurde eine graue Damenhandtasche verloren. Der Finder wird gebeten, dieselbe in unserer Geschäftsstelle, Odeonstraße 15/16, abzugeben.

In der Volkshochschule beginnt Professor Ziegler im Januar zwei Kurse für Kunst und Fertigkeit der freien Rede. Je 10 Abende, Montags oder Donnerstags.

Abb. 11 aus: Freie Volksbühne, Januar 1929

---

zenden des Theaterausschusses, Dr. Menge, ein Protestschreiben. Daraufhin wurde das Thema einen Monat später auf der Sitzung des Theaterausschuß behandelt. Direktor Altmann begründete seine nachträgliche Ablehnung mit der kommunistischen Tendenz des gewünschten Stükkes und fügte hinzu, daß er Vorwürfen von Seiten des Ausschusses vorbeugen wollte. Als Alternative verpflichtete sich Altmann – in Absprache mit der Freien Volksbühne – zur Aufführung von »Fuhrmann Hentschel«, einem Stück von Gerhard Hauptmann.[48] Sein wohlfeiles Verhalten hat Georg Altmann nicht davor bewahrt, bereits im März 1933 von seinem Posten enthoben zu werden. In der *Niedersächsischen Tageszeitung* vom 25.3.1933 ist unter der Überschrift »Dr. Georg Altmann zu Fall gebracht!« die neue Gesinnung auf den Punkt gebracht:

»Es erfüllt uns mit lebhaftester Genugtuung, daß nun endlich unserm fortgesetzten mühseligen Kampf gegen die Theater-Unkultur, die der judenblütige Direktor Dr. Altmann am Städt. Schauspielhause betrieb, der verdiente Sieg zuteil geworden und dieser Schädling wahrer deutscher und speziell hannoverscher Theater-Kultur unserem verstärkten Endangriff nunmehr erlegen ist.«

Altmann emigrierte mit seiner Familie in die Vereinigten Staaten.

»Dienst am Volk« im Dritten Reich

Im gleichen Monat wurde durch die Gründung des nationalsozialistischen Reichsverbandes Deutsche Bühne e.V. die Gleichschaltung aller Theaterbesucherorganisationen vorbereitet. Bevor im Mai 1933 die entsprechende reichsweite Verordnung erlassen wurde, hatte man auf Initiative von Wilhelm Katz, dem Geschäftsführer der alten – und später auch der neuen – Deutschen Bühne, die Überführung in Hannover bereits vollzogen.[49] Die dem Reichsverband Deutsche Bühne angeschlossenen Theatervereine behielten lediglich ihre organisatorsche Selbständigkeit, d.h. sie durften weiterhin ihren eigenen Besucherstamm betreuen, die weltanschauliche Arbeit dagegen bestimmte der Reichsverband. Die Leitung der Volksbühne ordnete sich diesen Vorgaben unter, um den Verein zu erhalten und den

»Dienst am Volk« fortsetzen zu können. Die letzte Ausgabe der inzwischen nicht mehr freien Freien Volksbühne vom 10.6.1933 propagierte linientreu »Das Theater im neuen Staat«:

»Die Bühne von morgen wird durch die Tatsache bestimmt, daß alle Kunst organisch an das Volkstum gebunden ist ... Nur eine Kunst, die sich durch tausend Adern mit Kraft aus diesem Urgrund der Gemeinschaft speist, wird künftig auf der Bühne ihren Platz haben.«[50]

Der Begriff der Gemeinschaft wird in sein Gegenteil verkehrt: nicht mehr der Anspruch auf kulturelle und soziale Integration bestimmter sozialer Gruppen in einem pluralistischen Sinne, sondern der Zwang, sich einer antidemokratischen, nationalistischen Gemeinschaftsideologie unterzuordnen. Die Gleichschaltung war damit auch weltanschaulich vollzogen.

Und heute:

Die Freie Volksbühne hat ihre Arbeit nach dem Zweiten Weltkrieg als selbständige Organisation wieder aufgenommen. Auch heute kann man als Mitglied oder Abonnent die hannoverschen Theater billiger und bequemer besuchen. Die Karten werden immer noch per Losverfahren gezogen. Trotzdem hat sich einiges verändert: Der Verein erfüllt heute nur noch zum Teil die Funktion, die den Ausschlag für seine Gründung gegeben hat. Soziale Aspekte spielen keine Rolle mehr. Geworben wird um alle, die gern regelmäßig ins Theater geht. Die 1.700 Mitglieder können sich selber aussuchen, in welche Stücke sie zu welchem Zeitpunkt gehen möchten. Ihre Auswahl, die sie nach dem in der vereinseigenen Zeitung *Theater* abgedruckten »Kultur-Kalender« treffen, müssen sie der Geschäftsstelle nur früh genug bekanntgeben. Die Hauskassierung ist natürlich inzwischen auch abgeschafft. Die Karten muß man in der Geschäftsstelle selbst abholen.

Anmerkungen

1 In diesem Gebäudekomplex waren außerdem das Volksheim mit Saal, zahlreiche Büros von Arbeiterorganisationen und die Redaktion des »Volkswillen« untergebracht.
2 Satzungen der Freien Volksbühne, Hannover, II. Zweck des Vereins, §2, in: Freie Volksbühne (FVB), Mitteilungsblatt, 1.Jg., Nr.2, S.5.
3 1851 als Theater des Thalia-Vereins an der Marktstraße errichtet; 1879 Umbau zum Residenztheater; 1922 geschlossen und zu einer Kraftfahrzeuggarage umgebaut.
4 Vowi v. 1.10.1930 (Jubiläumsnummer), S.33.
5 Die Städtischen Bühnen, in: Hannover – Die Großstadt im Grünen 1927, S.163.
6 Die erste Tat der »Freien Volksbühne«, in: Vowi v. 7.7.1921.
7 FVB, 4.Jg., Nr.1 (August 1925), S.2; Berufsstatistik der FVB Hannover vom Mai 1927, in: Adams 1929, S.69.
8 Vgl. FVB, 9.Jg., Nr.9, S.10.
9 FVB, 7.Jg., Nr.6, S.8. In dem Artikel wird eine Rede von Hermann Eßwein (München) anläßlich der Feier des zehnjährigen Bestehens der Münchener Volksbühne wiedergegeben. Die Schriftleitung der hannoverschen Vereinszeitung fand die Ausführungen »so beherzigenswert«, daß sie sie ihren Lesern nicht vorenthalten wollte.
10 Neben der FVB gab es in den Zwanziger Jahren in Hannover folgende Theaterbesucherorganisationen: den Bühnenvolksbund, die Deutsche Bühne, die deutsche Theatergemeinde (ab Spielzeit 1931/32 speziell zur Unterstützung des Deutschen Theaters), die Niedersächsische N.S.-Bühne (ab Sommer 1931).
11 Vgl. Sitz. d. Theaterausschußes v. 13.12.1924, in: StAH X c 10 Nr.32. Vorsitzender des städtischen Theaterausschuß war Arthur Menge, Mitglied der Deutsch-Hannoverschen Partei und von 1925-1937 Oberbürgermeister von Hannover. Im politischen Spektrum weit rechts angesiedelt, war es sein erklärtes Ziel, den seiner Meinung verderblichen sozialdemokratischen Einfluß auf die hannoverschen Verhältnisse einzudämmen.(Vgl. Ausstellungskatalog Hist. Museum, Hannover 1933, Hannover 1981, S. 103.)
12 FVB, 10.Jg., Nr.8, S.9.
13 FVB, 3.Jg., Nr.1, S.5.
14 Der Verband wurde im Oktober 1920 als nationale Dachorganisation gegründet. Einmal jährlich fand ein sogenannter Volksbühnentag statt.
15 FVB, 5.Jg., Nr.2, S.7.
16 In: StAH X c 10 Nr.32.
17 75 Jahre Opernhaus Hannover 1927, S. 29.
18 FVB, 6.Jg., Nr.10, S.4/5.
19 FVB, 10.Jg., Nr.8, S.9/10.
20 FVB, 5.Jg., Nr.8, S.9.
21 FVB, 7.Jg., Nr.2, S.12.
22 FVB, 8.Jg., Nr.2, S.11.
23 Die »lyrische Suite in drei Sätzen« hat Kästner 1929 im Auftrag des Schlesischen Rundfunks, Breslau geschrieben. Die Musik stammt von Edmund Nick. Obwohl als Hörspiel konzipiert, wurde es von zahlreichen Theatergruppen als Schauspiel aufgeführt.
24 FVB, 10.Jg., Nr.9, S.8/9.
25 FVB, 6.Jg., Nr.10, S.5.
26 FVB, 10.Jg., Nr.8, S.4.
27 Vgl. FVB, 7.Jg., Nr.2, S.6/7.
28 FVB, 10.Jg., Nr.8, S.6/7; vgl. Kunstverein Hannover 1962, S.155.
29 FVB, 7.Jg., Nr.10, S.1.
30 FVB, 6.Jg., Nr.6, S.2.
31 FVB, 8.Jg., Nr.5, S.2.
32 FVB, 3.Jg., Nr.10, S.12.
33 Vgl. FVB, 4.Jg., Nr.7, S.5.
34 FVB, 10.Jg., Nr.3, S.1.
35 FVB, 10.Jg., Nr.5, S.1,3. Hervorhebung d. Verf.
36 FVB, 3.Jg., Nr.3, S.5.
37 FVB, 5.Jg., Nr.1, S.6/7.
38 FVB, 7.Jg., Nr.6, S.9.
39 Vgl. FVB, 8.Jg., Nr.3, S.10/11; FVB, 9.Jg., Nr.2, S.10.
40 FVB, 9.Jg., Nr.2, S.9/10.
41 FVB, 8.Jg., Nr.3, S.9.
42 FVB, 10.Jg., Nr.8, S.12.
43 FVB, 7.Jg., Nr.9, S.10/11.
44 Die Entscheidung des Magistrats und der Artikel im Volkswillen in: StAH X c 10 Nr.22; das Gespräch zwischen Kurt Söhnlein und Sabine Hammer in: Hammer 1986, S.66. Obwohl die Sozialdemokraten seit November 1929 die absolute Mehrheit im Bürgervorsteher-Kollegium (Rat) hatten, entwickelte Oberbürgermeister Arthur Menge mit Hilfe des bürgerlich-konservativen Blocks im Magistrat einen autoritären Führungsstil.
45 Gemeinschaftl. Sitz. d. Städt. Kollegien v. 19.3.1929, in: StAH X c 10 Nr.22; seit 1929 saßen drei NSDAP-Mitglieder im Bürgervorsteher-Kollegium.
46 Vgl. FVB, 9.Jg., Nr.2, S.12; FVB, 7.Jg., Nr.6, S.9.
47 FVB, 9.Jg., Nr.6, S.2/3. Dem Anti-Zensur-Ausschuß gehörten u.a. an: Schriftsteller- und Lehrerverbände, die Sozialistische Arbeiterjugend, die Internationale Frauenliga und das Reichsbanner Schwarz-Rot-Gold.
48 Sitz. d. Theaterausschußes v. 6.6.1932, in: StAH X c 10 Nr.32.
49 Vgl. Historisches Museum 1981, S.164-166.
50 FVB, 11.Jg., Nr.10, S.1/2.

Literatur:

Adams, Margarete, Die Ausnutzung der Freizeit des Arbeiters, Köln 1929.
Almanach der Städtischen Bühnen Hannover 1929.Braulich, Heinrich, Die Volksbühne. Theater und Politik in der deutschen Volksbühnenbewegung. Berlin (DDR) 1976.
75 Jahre Opernhaus Hannover, Hannover 1927.
Ferking, Johann, Das erste Jahrdritt der städtischen Schauspiele, in: Festschrift zur Tagung des deutschen Städtetages in Hannover, Berlin Friedenau 1924 (=Sonderheft der Zeitschrift für Kommunalwirtschaft),
Hammer, Sabine (Hg.), Das Opernhaus in Hannover, Hannover 1986.
Hannover – Die Großstadt im Grünen, hrsg. v. Verkehrsverein Hannover, Hannover 1927.
Historisches Museum Hannover (Hg.), Hannover 1933, Ausstellungskatalog, Hannover 1981.
Historisches Museum Hannover (Hg.), Hannover 1913, Ausstellungskatalog, Hannover 1988.
Kunstverein Hannover (Hg.), Die Zwanziger Jahre in Hannover, eingel. v. Henning Rischbieter, Hannover 1962.
Langewiesche, Dieter, Freizeit und »Massenbildung«, in: Huck, Gerhard (Hg.), Sozialgeschichte der Freizeit, Wuppertal 1982.
Rahlfs, Heinz, Die Städtischen Bühnen und ihre Vorläufer in wirtschaftlicher und sozialer Hinsicht, Hannover 1928.
Schwerd, Almut, Zwischen Sozialdemokratie und Kommunismus. Zur Geschichte der Volksbühne zwischen 1918 - 1933, Wiesbaden 1975.

Abb. 1 Wannenbad der Städtischen Badeanstalt an der Goseriede, 1929

Anni Schultz/Stefan Gostomczyk

»Arbeiter gehören unter die Brause«

Öffentliche Brause- und Wannenbäder in Hannover

»Die Zeiten, wo das Baden so wenig gewöhnlich war, daß viele Leute als Leiche zum ersten Mal gewaschen wurden, sind vorüber!«

Ein Badezimmer in jeder Wohnung – für uns heute eine Selbstverständlichkeit – war zu Beginn unseres Jahrhunderts noch die Ausnahme.

»Kaum ein Sechstel der Wohnungen ist mit Badeeinrichtungen versehen«, schätzte 1910 der Regierungspräsident für die Stadt Hannover.[1]

Die Vorstellung, daß Körperpflege im Hause und sogar in speziellen Räumen vonstatten gehen müsse, hat sich mit dem Vorrücken der Scham- und Peinlichkeitsschwelle seit dem 16. Jahrhunderts allmählich durchgesetzt. Norbert Elias hat in seinem Standardwerk »Über den Prozeß der Zivilisation« diese Entwicklung als Verdrängung der elementaren Körperfunktionen »hinter die Kulissen des gesellschaftlichen Lebens« charakterisiert.

Im mittelalterlichen, städtischen Gesellschaften war man freizügiger. Die Bürger trafen sich in öffentlichen Badehäusern, um sich beim geselligen Baden zu entspannen. Seit der Reformation und Gegenreformation veränderte sich die Einstellung der Menschen zu Körper und Sexualität.

Großen Einfluß hatte nunmehr die Kirche, die Nacktheit und sinnliches Wohlbefinden – selbst im Zusammenhang mit der Körperpflege – in die Nähe von Unmoral und Sünde rückte.

Mit der Verbreitung dieser neuen moralischen Werte verschwanden die früher üblichen öffentlichen Badehäuser, und die Körperpflege wandelte sich zu einer mehr mechanischen Reinigungshandlung, die in privaten Räumen vollzogen wurde.[2]

Im 19. Jahrhundert wurden die Sauberkeitsnormen wesentlich erhöht. Die neuen medizinischen Erkenntnisse über die Verbreitung von Krankheiten wie Cholera und Typhus führten unter dem Einfluß von großen Epidemien zu einer wachsenden Angst vor Ansteckung (durch körperlichen Kontakt), vor Schmutz und körperlichen Ausscheidungen. Dadurch beschleunigte sich der Verhäuslichungsprozeß: Alle Tätigkeiten, die in Zusammenhang mit dem Körper, seiner Reinigung und seinen Ausscheidungen standen, sollten ins Haus verlagert werden. Mit erzieherischem Druck wurde der Verbreitung der neuen Sauberkeitsnormen auch in der Arbeiterschicht nachgeholfen.

Gleichzeitig konnten auch die technischen Voraussetzungen geschaffen werden, die zur Einrichtung häuslicher Badezimmer und Toiletten notwendig waren: Pumpwerke, Speicherbehälter, Wasserleitungen und Kanalisationssystem zur Ableitung des Schmutzwassers. Noch um die Mitte des 19. Jahrhunderts wurde das Wasser, das im Haushalt und für die Körperpflege gebraucht wurde, von einem der öffentlichen Brunnen geholt, die einen Häuserblock oder mehrere Blöcke versorgten. Das Wasser mußte eimerweise transportiert werden und wurde dementsprechend sparsam verbraucht. Für die Körperwäsche war meist nur ein Waschkrug vorgesehen. Das Abwasser wurde danach auf die Straße oder in den Hof gegossen. Alle Verunreinigungen und insbesondere das Sickerwasser aus den Abortgruben gelangten in den Boden und belasteten das Grundwasser. Um 1870 war die Qualität des Brunnenwassers in Hannover so schlecht geworden, daß 1878 ein Trinkwasserleitungssystem zur Versorgung der Haushalte mit sauberem Wasser gebaut wurde.[3] In den folgenden Jahren wurden rasch immer mehr Haushalte an das Leitungssystem angeschlossen, der Wasserverbrauch stieg an und damit die Abwassermenge. Das vorhandene Kanalisationssystem, das bis dahin nur die Straßen entwässern mußte, war durch die ständig steigende Abwassermenge, trotz eines gewaltigen Ausbaus, bald überlastet. In den achziger Jahren wurde mit dem Neubau der Kanalisation begonnen, um alle Abwässer zu sammeln und sie möglichst schnell aus der Stadt hinaus bis 1908 ungeklärt – bei Herrenhausen der Leine zuzuführen.[4]

In der Stadt Hannover war 1911 eine recht umfassende Versorgung erreicht:

Von 12.795 bebauten Grundstücken waren
   10.180 an die Kanalisation,
   10.729 an die Wasserversorgung,
   10.189 an das Gasnetz angeschlossen.
    2.699 hatten Stromanschluß.[5]

Die Mühsal des Badens

In den ersten Badezimmern gab es nur einen einzigen Wasserhahn im Hausflur für sämtliche Wohnungen auf einer Etage. Gegen Ende des 19. Jahrhunderts bekamen dann oft auch Arbeiterwohnungen einen eigenen Wasserhahn. Dieser war meist in der Küche installiert, wo Mahlzeiten zubereitet wurden und wo die Bewohner/innen sich selbst und oft auch die Wäsche wuschen. Einige Häuser hatten schon eine eigene Waschküche, die alle gemeinsam nutzten. Wurde warmes Wasser gebraucht, mußte es auf dem Küchenherd erhitzt werden. In den 1920er Jahren machte die Entwicklung einen weiteren Sprung: Nun baute man Wohnungen mit zwei Wasseranschlüssen in verschiedenen Räumen. Essenszubereitung und Körperpflege werden seither räumlich voneinander getrennt: Es entstand das separate Badezimmer.[6] Warmes Wasser für die Badewanne mußte aber immer noch häufig aus der Küche geholt werden. Zwar gab es schon Kohleöfen und Gasdurchlauferhitzer, aber ihre Installation verteuerte den damals beginnenden sozialen Wohnungsbau beträchtlich, so daß solche Wohnungen nur für gehobene Arbeiterschichten sowie für Angestellte und Beamte bezahlbar waren.

Baden in Fabrik und Schule

Die unteren und mittleren sozialen Schichten waren um 1900 in Hannover auf Bademöglichkeiten außerhalb ihrer Wohnungen angewiesen. Die Anzahl der Wohnungen in Hannover, die nicht mit einem Badezimmer ausgestattet waren, lag bei 81,6 Prozent (1910).

Anzahl der Wohnungen Hannovers mit Badezimmer

Jahr	Gesamtzahl der Wohnungen	davon mit Badezimmer	
		absolut	in %
1900	51.808	4.760	9.2
1905	56.859	7.524	13.3
1910	63.900	11.755	18.4[7]

Es gab in Hannover die Flußbadeanstalten an der Ihme und an der Fösse, die aber nur den Sommer über benutzbar waren. Große Industriebetriebe wie Continental, Bahlsen und die Döhrener Wollkämmerei hatten eigene Betriebsbadeanstalten, die auch den Familienangehörigen der Arbeiter zur Verfügung standen. In einigen Volksschulen befanden sich Brausebäder, die die Schulkinder während der Unterrichtszeit freiwillig(!) benutzen konnten.[8] So heißt es 1913 in einem Bericht des Leiters des hannoverschen Gesundheitsamtes über den Einstellungswandel der Jugend: »In erfreulicher Zunahme ist die Wertschätzung des Badens bei unserer Jugend begriffen. Die Zeiten, wo das Baden so wenig gewöhnlich war, daß viele junge Leute als Leichen zum ersten Mal gewaschen wurden, sind vorüber. Die

Einrichtung der Schulbrausebäder sorgt dafür, daß Reinlichkeit und Hautpflege, diese wichtigen Bestandteile unserer allgemeinen Gesundheitspflege, schon dem Kinde zum Lebensbedürfnis werden. Man sieht das aus der steigenden Frequenz des Besuches der Schulbrausebäder. Die Zahl der verabfolgten Bäder hat sich bis auf nahezu 500.000 gehoben.«[9]

Im Jahre 1890 hatte es erst zwei Schulbäder gegeben, 1904 waren bereits 20 von 35 Bürgerschulen mit einem Brausebad ausgestattet. Geschickt baute man das Baden in die Unterrichtszeit ein, um die Kinder ohne Zwang daran zu gewöhnen:

»... ; es wurde daher vorerst jedem Schüler freigestellt, die Bäder zu benutzen; nach wenigen Monaten schon meldeten sich indeß, dank dem Einflusse der Lehrer und Lehrerinnen, der größte Theil aller Schüler und bald darauf die ganze Schule. So werden nun in Zwischenräumen von 14 Tagen während der Unterrichtszeit, namentlich während der Fächer: Schreiben, Lesen, Rechnen u.s.w. alle Schüler gebadet. Der Lehrer entläßt bei Beginn der betr. Stunde 6-9 Schüler nach dem Baderaum, die Erstangekommenen kleiden sich sofort aus, treten unter die Brausen, andere folgen nach, während sich diese abtrocknen, wieder rasch ankleiden und in die Klasse zurückgehen, worauf andere folgen bis nach Verlauf einer Stunde die ganze Klasse durchgebadet hat. Bei Klassen von 60 Kindern kommen somit auf das Kind nur 3 Minuten Zeit, was etwas wenig erscheint.«[10]

Nur was fließt, reinigt

Das erste Volksbrausebad in Hannover wurde 1889 am Marstall eröffnet. Nachdem in anderen Städten schon »billige Brausebäder für die unbemittelten Volksschichten« errichtet worden waren, ließ auch die Stadtverwaltung von Hannover ein öffentliches Bad bauen. Das Bad erfreute sich großer Beliebtheit. Schon nach einem Jahr erweiterte man die Kapazität von 10 auf 19 Brausezellen. Den Männern standen 11, den Frauen 8 Zellen zur Verfügung. Im Jahre 1900 wurden über 30.000 Bäder gezählt.

Doch Modernes veraltet schnell. Wenige Jahre später heißt es in einem Bericht über das Bad: »Es ist dunkel und der Gesamteindruck ist ein sehr wenig vorteilhafter.«[11] Offenbar gab es hygienische Bedenken.

Zwei Jahre nach der Eröffnung des Volksbrausebades I wurde der Öffentlichkeit ein zweites Bad übergeben. Es lag am Klagesmarkt zwischen Hainhölzer- und Striehlstraße. Nach weiteren sechs Jahren kam schließlich ein drittes Bad in der Stadtstraße (Südstadt) hinzu.

Das Volksbrausebad II am Klagesmarkt war von Beginn an größer als das Bad am Marstall. In dem kreuzförmigen Gebäude waren 26 Brausezellen untergebracht. Auf der einen Seite lag die Männerabteilung mit 16 Zellen, auf der gegenüberliegenden Seite die Frauenabteilung mit 10 Zellen. Dazwischen saß der Bademeister, der von seiner Kabine aus beide Flügel übersehen konnte.[12]

Im Dachgeschoß des Gebäudes stand der große Warmwasserbehälter, von dem aus das Wasser in den kleinen Vorratsbehälter jeder einzelnen Zelle floß. Die Badegäste hatten so einen Warmwasservorrat von jeweils 25 Litern, den sie in 20 Minuten – einschließlich der Zeit für das Aus und Anziehen – verbrauchen konnten.

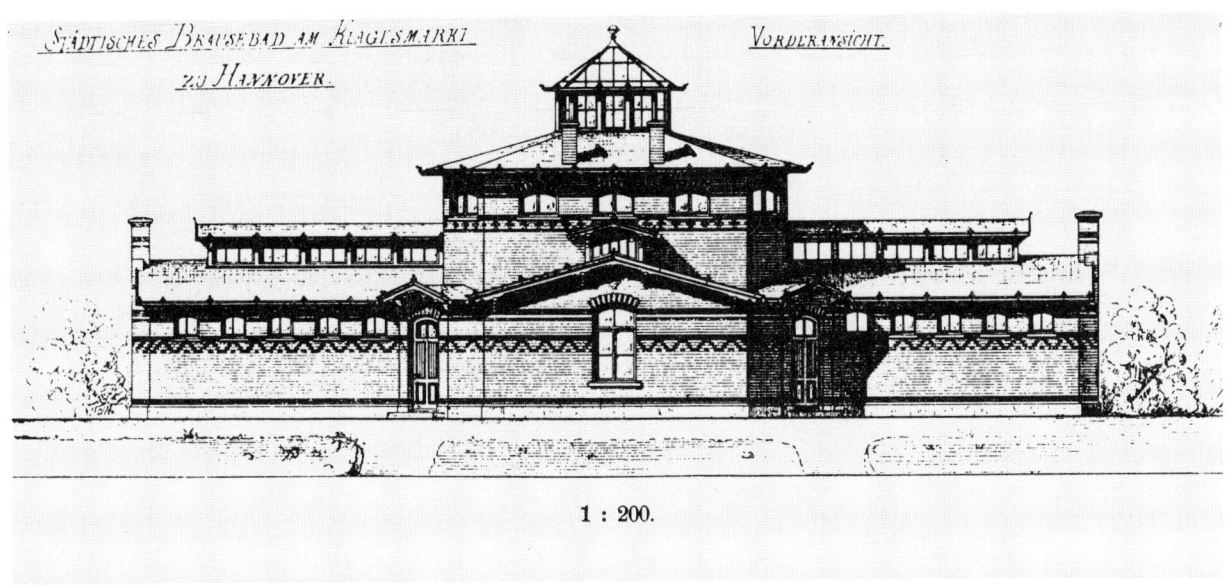

Abb. 2

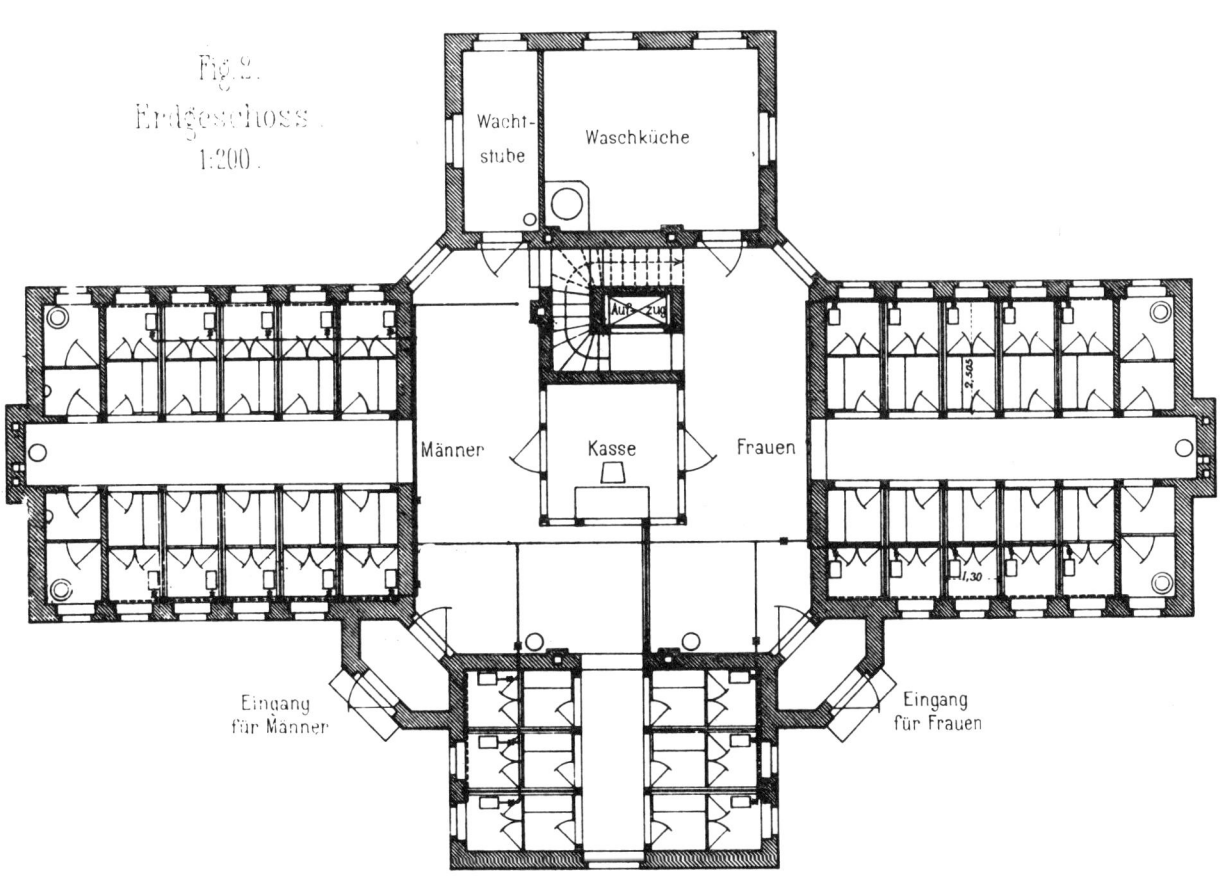

Abb. 3

Die Eintrittspreise waren niedrig. Ein Brausebad kostete 5 Pfennige, Handtuch und Seife konnten für weitere 5 Pfennige geliehen werden.

Trotz hoher Besucherzahlen arbeitete das Klagesmarktbad mit diesen Preisen nicht kostendeckend, mußte also durch städtische Subventionen gestützt werden. Die Betreiber von Privatbadeanstalten gerieten durch die Bezuschussung der städtischen Bäder natürlich ins Hintertreffen. Obwohl sie hauptsächlich Dampf-, Schlamm- und medizinische Bäder anboten, wollten sie mit ihren Preisen für einfache Wannenbäder auch konkurrenzfähig bleiben. Um der »vernichtenden Konkurrenz« der Stadtbäder zu begegnen, versuchten die privaten Anbieter Preiserhöhungen durchzusetzen. 1915 gab es die erste Preiserhöhung auf 10 Pfennige.[13]

Lokales.

Hannover, den 4. November 1929.

In Hannover ist das Baden Luxus.

Die Bäder sind draußen geschlossen, und wir sind auf die Badeanstalten angewiesen. Denn wer hat zu Hause ein Bad? Unter dem sozialdemokratischen Druck der nachrevolutionären Jahre wurde in neuen Häusern ja manches anders. Früher war die Badewanne nur etwas für Wohlhabende.

Man zähle die Badewannen in Hannover, wie man sie anderswo schon gezählt hat, und man wird finden, daß auf Hunderte von Menschen eine Badewanne kommt. Die Masse der Bevölkerung ist auf die Badeanstalt angewiesen, aber da sind die Bäder so teuer, daß auch diese Badewannen für große Arbeitermassen einfach nicht vorhanden sind.

Wieviel kostet denn ein Wannenbad an der Goseriede? Eine Mark. Für Mann und Frau zwei Mark. Und wenn noch Söhne und Töchter vorhanden sind, die baden wollen? Ja, das Baden ist für die Masse ein Luxus, den es sich einfach nicht leisten kann. Die Badewannen an der Goseriede existieren für die große Masse des arbeitenden Volkes nicht.

Warum kostet denn das Wannenbad an der Goseriede eine Mark? Will man die Benutzung des Bades durch Arbeiter möglichst vermeiden? Soll die Dusche das Bad der Arbeiter sein und die Badewanne den Reichen vorbehalten bleiben? Wir verstehen diesen unerhörten Preis von einer Mark nicht.

Man hat auch in anderen Städten wohl Wannenbäder zu 1 Mk., aber dann stehen doch neben den teuren Bädern wenigstens andere gute Badezellen mit Wannen zu niedrigem Preise zur Verfügung. In Köln und Krefeld kostet ein Wannenbad 70 Pf., in Aachen, Chemnitz, Duisburg, Bremen, Saarbrücken 50 Pf., in Magdeburg 40 Pf., in Hamburg 45 Pf., in München 35 Pf. Wir finden im „Bad" von Direktor Luß eine Aufstellung über die Bäderpreise nach dem Stande vom 1. Januar 1929, und da ist außer Hannover keine andere deutsche Großstadt genannt, in das Wannenbad so teuer ist. Entweder ist das Wannenbad überhaupt billiger, oder es gibt in der Badeanstalt neben den Luxusbädern auch gute Wannenbäder zu billigem Preise. Trotzdem versuchte der Ordnungsblock in der letzten Sitzung des Ausschusses für die Badeanstalten eine weitere Verteuerung der Bäderpreise in Hannover.

Hannover steht mit seiner Goseriede an der Spitze da, wo es um kurzsichtiges und unsoziales Verhalten gegenüber der Masse geht. Aber die Herren des Ordnungsblocks haben ihr wohliges Bad daheim, und Arbeiter gehören unter die Brause.

Dr. Gustav Hoffmann.

Abb. 4

Die Besucherzahlen im Klagesmarktbad stiegen von Jahr zu Jahr. 1900 kamen 47.300 Männer und 4.000 Frauen, 1913 waren es bereits fast 60.000 Männer und 7.600 Frauen. Durchschnittlich zählte man 200 Besucher, im Sommer mehr, im Winter weniger.

Der Anteil der Frauen an der Gesamtzahl der Gäste im Klagesmarktbad lag zu Beginn bei weniger als 10 Prozent. Den Frauen standen dort nur Brausemöglichkeiten, aber keine Wannenbäder zur Verfügung. Viele Frauen bevorzugten deshalb die Bäder in der Stadtstraße und später an der Goseriede, zumal sie dort auch Kinder bis zu sechs Jahren mit in die Badewanne nehmen konnten.

Als 1925 endlich Wannenbäder in der Frauenabteilung eingebaut wurden, stieg der Frauenanteil kontinuierlich. 1930 lag er bei 25 Prozent.[14] Der Sonnabend, an dem häufig weniger lange als sonst gearbeitet wurde, war offenbar der Badetag vieler Hannoveraner. Die meisten Besucher kamen an diesem Tag. An Sonn- und Feiertagen schloß das Bad am Klagesmarkt bereits mittags. Das wurde oft als Einschränkung empfunden, da viele Leute gerade dann gerne das Bad besucht hätten.[15]

Statt Baden – Entlausen

Nach dem Ersten Weltkrieg mußte das Klagesmarktbad – wie die anderen städtischen Bäder auch – für einige Zeit schließen. Es gab keine Kohlen mehr für den Betrieb der Heizkessel. Anschließend, Ende 1919, wurde das Gebäude umgenutzt; für zwei Jahre diente es nicht mehr als Brausebad, sondern als Entlausungsanstalt für Frauen. Die aus dem Krieg heimkehrenden Soldaten hatten Läuse mitgebracht und auf Frauen und Kinder übertragen. Als die Verlausung so weit fortgeschritten war, »daß sie sich nicht mehr nur auf Arbeiterviertel beschränkte, sondern auch andere Straßen in Mitleidenschaft« zog, so daß man »gegen diese Plage so schnell wie möglich vorgehen«[16] wollte, wurde für Männer eine Entlausungsanstalt im Goseriedebad eröffnet und für Frauen das Klagesmarktbad umgebaut.

Die Entlausung war unentgeltlich. Kleidung, Betten und Polster wurden ebenfalls entlaust, indem sie mit Heißluft behandelt wurden.[17]

Duschen contra Baden oder »Arbeiter gehören unter die Brause«

Das 1905 eröffnete Goseriedebad war kein »Volksbrausebad«, sondern als eine »allen neuzeitlichen Anforderungen« entsprechende Badeanstalt konzipiert. Neben einem Frauen- und zwei Männerschwimmbecken enthielt die Goseriede 39 Wannenbäder und weitere Räume für Massagen, Dampf- und Heißluftbäder.[18] Die Preise waren höher als in den Volksbrausebädern: Ein Wannenbad kostete 1905 immerhin 60 Pfennige, Badeseife und Handtuch konnten für jeweils 5 Pfennige zusätzlich benutzt werden.

Auch 25 Jahre später war das Baden im Goseriedebad sehr teuer. Wie nachfolgender Artikel aus dem *Volkswillen* zeigt, wurden die Preise als Folge einer Art Klassenpolitik interpretiert, die insbesondere die Stadt Hannover auszeichne: auf der einen Seite das Bedürfnis der Arbeiterinnen und Arbeiter billig zu baden – und zwar gerade auch im Goseriedebad -, auf der anderen Seite die Preispolitik des bürgerlichen Ordnungsblocks, die dies verhinderte.

Abb. 5 Eingangsportal der Städtischen Bäder am Küchengarten, 1929

Neue Bäder am Ende der Weimarer Republik

Zwischen 1927 und 1931 entstanden drei weitere öffentliche Bäder.[19] In Linden wurde als Notstandsarbeit ein Volksbrausebad am Küchengarten gebaut. Die Lindener verfügten dadurch über 17 Brausen und 18 Badewannen. Das Wannenbad erfreute sich steigender Beliebtheit. In Stöcken richtete man eine Brauseanlage in der Turnhalle der Bürgerschule ein. Die fünf Brausen waren sehr gefragt. Freitags kamen Frauen, samstags Männer. Insgesamt zählte man 1930 6.000 Besucher und Besucherinnen. Das dritte Bad erhielt 1931 die Nordstadt gegenüber der Lutherkirche. Der Bürgerverein des Distrikts Schaufeld in der Nordstadt hatte schon lange darauf gedrängt, den Bürgern der Nord-West-Stadt ein eigenes Bad zu errichten. Der Magistrat sah zunächst keinen Handlungsbedarf, weil Goseriede- und Klagesmarktbad für die Nordstädter erreichbar waren. 1928 gab man dem Drängen nach und beschloß den Bau eines Brausebades. In dem Gebäude, das bis heute unverändert erhalten ist, waren neben dem Bad, noch die Stadtbücherei, die städtische Mädchenberufsschule, eine Wohnung für den Hausmeister und eine Fahrradwache untergebracht. In einer zeitgenössischen Baubeschreibung ist folgendes über das Gebäude zu lesen:

»Der Bau ist mit Rücksicht auf die Kirche und die unruhige Gestaltung der anschließenden Wohnbebauung ganz schlicht gehalten. Durch die Anordnung und Verteilung der Fenster, die der inneren Raumordnung entsprechen, wird die Fassade rhytmisch gegliedert. Der Neubau schließt so schlicht, aber städtebaulich bedeutsam die hier verbliebene Baulücke, in der geziemenden Rücksichtnahme auf die Lutherkirche, die mit ihrem Turm die Dominante auf dem Platz bleiben muß.«[20]

Das Bad befand sich im Erdgeschoß und im I. Obergeschoß des zur Lutherkirche hin gelegenen Gebäudeflügels. Die Frauenabteilung hatte 9 Badewannen und 6 Brausezellen, die Männerabteilung nur 6 Wannen, dafür aber 11 Brausezellen; die Erfahrungen in anderen öffentlichen Bädern hatte gezeigt, daß Männer die Brausen und Frauen eher die Badewannen bevorzugten.

Baden im 8-Minuten-Takt

Bei der Ausstattung der Baderäume wurde besonders auf Pflegeleichtigkeit geachtet. Man nahm von gefliesten Wannen Abstand, da sich in den Fugen leicht Schmutz ablagern konnte. Emaillewannen waren hygienischer. Das Sauberhalten blieb trotzdem schwere körperliche Arbeit für das Personal. Wegen des starken Besucherandranges konnte von einem ruhigen, entspannten Bad keine Rede sein. Ein anschauliches Bild von der Atmosphäre im Bad an der Lutherkirche vermittelt ein Zeitzeuge:

»Und gebadet wurde dann einmal in der Woche hier in der Mädchenberufsschule, so nannten wir das früher, das war ne öffentliche Badeanstalt und da wurde für 20 Pfennig gebadet. Und da saßen dann so bis zu 50 Leute, so die ganze Treppe runter. Und immer alle 7 Minuten, 8 Minuten, zack ... wurde an die Tür geklopft und die Neuen rein, nich. Also das war abenteuerlich, aber man mußte ja irgendwo mal im Laufe der Woche versuchen, den Dreck richtig runterzukriegen, nich.«[21]

Ausblicke

Noch bis 1972 ersetzte das Bad an der Lutherkirche das eigene Badezimmer. Danach wurden die Räume von der Anna-Siemens-Schule übernommen. Das Goseriedebad schloß 10 Jahre später seine Pforten. Die letzten öffentlichen Badewannen im Stadtgebiet kann man im Lindener Fössebad finden. Hauptsächlich ältere Leute benutzen die Wannen zu einem Preis von 3 DM. Auch heute sind noch nicht alle Altbauwohnungen in Hannover mit einem Badezimmer ausgestattet. Nach einer städtischen Erhebung von 1981 gab es zum Beispiel in der Nordstadt in 13 Prozent der Wohnungen weder Badewanne noch Dusche.

Anmerkungen:

1 StAH X b 5 b 2; der Regierungspräsident bezog die Schätzung auf die Stadt Hannover ohne Linden, das zu dieser Zeit noch selbständig war.
2 Paravicini, Ursula, Von der Wohnung des Bürgers zur Wohnung für die Massen, in: Archithese 1985, Heft 1, S.20.
3 Bokelberg, G., Die Kanalisation von Hannover, in: Zeitschrift des Architekten- und Ingenieur- Vereins zu Hannover, 1891, Heft 6, S.452.
4 Dahlhaus, Die Kanalisation der Stadt Hannover, in: Hannover 1927, S.127.
5 Stat. Monatsberichte der Stadt Hannover, 1911, Nr. 1.
6 Paravicini, a.a.O., S.23.
7 Zusammengestellt aus: Stat.Jb.der Stadt Hannover, 1911.
8 StAH X b 5 b 2.
9 Dohrn, Die öffentliche Gesundheitspflege, in: Festschrift 1913.
10 StAH X b 5 b 2.
11 Bericht v. 18.03.1908, in: StAH X b 5 b 2. Das Bad blieb noch bis 1920 geöffnet.
12 Vgl. Rowald, Das öffentliche Brausebad Nr. 2 am Klagesmarkt zu Hannover, in: Zeitschrift des Architekten- und Ingenieur-Vereins zu Hannover, 1891, Heft 8, S.589.
13 StAH X b 5 b 2.
14 Stat. Vjber. der Stadt Hannover, 1930, Heft 2.
15 StAH X b 5 b 2.
16 Ebd.
17 Ebd.
18 Vgl. Grimm, Die städtischen Badeanstalten, in: Hannover 1927, S. 132/133.
19 StAH X b 5 b 2.
20 Ebd.
21 Zit. n. Dettmer 1984, S.124.

Literatur:

Bockelberg, G., Die Kanalisation von Hannover, in: Zeitschrift der Architekten- und Ingenieur-Vereins zu Hannover, 1891, Heft 6.
Dettmer, Bettina, Die Nordstadt. Zur Ideologie des sozialen Aufstiegs, Hamburg 1984 (Magisterarbeit, masch.schr.).
Festschrift zur Einweihung des Rathauses Hannover, Hannover 1913.
Elias, Norbert, Über den Prozeß der Zivilisation (1939), 2 Bde., Frankfurt/M. 1976.
Gleichmann, Peter, Die Verhäuslichung körperlicher Verrichtungen, in: ders. (Hg.), Materialien zu Norbert Elias Zivilisationstheorie, Frankfurt/M. 1977.
Hannover – Die Großstadt im Grünen, hrsg. v. Verkehrsverein Hannover e.V., Hannover 1927.
Parvicini, Ursula, Von der Wohnung des Bürgers zur Wohnung für die Massen, in: Archithese 1985, Heft 1.
Rowald, Das öffentliche Brausebad Nr. 2 am Klagesmarkt zu Hannover, in: Zeitschrift des Architekten- und Ingenieu-Vereins, 1891, Heft 8.
Schmidt, Thomas / Dieckmann, Klaus, Studienarbeit am Fachbereich Architektur, Hannover 1990 (unveröffentl.).

Alke Bauer, Jens Vogel, Uta Ziegan

»Hannover soll eine gemütliche Stadt bleiben«

Die hannoversche Straßenbahn und der Wandel des Verkehrswesens

Die Straßenbahn heute: über und unter der Erde ein selbstverständlicher Teil unserer städtischen Umwelt. Die einschneidenden Veränderungen, die diese verkehrstechnische Neuerung für das Zeit- und Raumempfinden der Menschen und das Stadtbild im 19. Jahrhundert mit sich brachte, sind uns nicht mehr gegenwärtig. Der öffentliche Nahverkehr ist aus unserem Arbeits- und Lebenszusammenhang nicht mehr wegzudenken. Schneller und pünktlicher Transport von Menschen und Gütern ermöglicht erst die reibungslose Organisation unseres Alltags.

Zunächst aber – zu Beginn der Entwicklung – reagierten auch die Hannoveranerinnen und Hannoveraner mit »gemischten Gefühlen« auf die verkehrstechnische Errungenschaft: Neugierde, Faszination und begeisterte Nutzung einerseits, ästhetische(!) Bedenken, Angst und Widerstand andererseits.

1. Station:
Die Droschkenanstalt in der hiesigen Stadt

Um 1830: Das Stadtgebiet von Hannover umfaßte etwa 23.000 Einwohner und ließ sich bei einem Durchmesser von knapp zwei Kilometer mehr oder weniger bequem zu Fuß durchqueren. Ab 1842 brachte der Bau des Bahnhofs erste große Veränderungen des Stadtbildes. Der Weitertransport von Gütern mußte organisiert, Einwohner und Gäste zu ihrem Zielort gebracht werden. Zu diesem Zeitpunkt leitete ein Droschkenunternehmen in der Calenberger Neustadt die Ära des öffentlichen Nahverkehrs ein. Damit dies auch mit Anstand und Würde vonstatten ginge, waren die Droschken mit standesgemäßen Komfort ausgerüstet.

Am Bahnhof wurden den Droschkenkutschern die Kunden von Polizeibeamten höflich zugewiesen. Die Kutscher hatten die Pflicht, sowohl nüchtern als auch adrett gekleidet zu sein. Vier Jahre später fuhren bereits sogenannte Omnibusse (lat. für alle) durch die Stadt – allerdings von Pferden gezogen.

»Jeder hiesige Bürger ist berechtigt, an der Droschkenanstalt in der hiesigen Stadt teilzunehmen«, heißt es 1851 in §1 der gesetzlichen Reglementierung für Droschkenunternehmen.[1]

Dennoch, auch wenn der eine oder andere Omnibus über den Lindener Marktplatz fuhr und schwerbeladenen Händlern und Kunden den Weg nach Hause erleichterte, so blieben Droschke und Omnibus doch eher Fortbewegungsmittel bürgerlicher Schichten. Die Berechtigung »jedes hiesigen Bürgers« scheiterte für die Mehrzahl der Bevölkerung an der finanziellen Möglichkeit, sie zu nutzen.

Ab 1872 pendelte die erste Pferdebahnlinie zwischen Königsworther Platz und Döhrener Turm. Wer es sich leisten konnte, nutzte die schnelleren Verkehrsmittel auch für den Sonntagsausflug nach Herrenhausen, Limmerbrunnen und zu den Waldlokalen an und in der Eilenriede.

Um 1900 – die Stadt hatte sich nach den Eingemeindungen von 1859 und 1891 flächenmäßig erheblich ausgedehnt und fast eine Viertelmillion Einwohner – gab es einen öffentlichen Droschkenverkehr mit 24 Halteplätzen, 185 Kutschen und einigen Omnibussen. Die Ära der Pferdekraft neigte sich aber bereits dem Ende zu. Die letzten beiden Pferde-Omnibus-Linien mußten 1914 im Zuge der Mobilmachung des gesamten Pferdebestandes ihren Betrieb einstellen. Erst 11 Jahre später wurden dafür zwei Auto-Omnibus-Linien eingerichtet.

2. Station:
Die »Elektrische« bahnt sich ihren Weg

Die bisherigen Transportmittel erweiterten zwar den städtischen Verkehr, ließen sich aber noch problemlos in das Stadtbild integrieren. Erst Schienenstränge und elektrische Oberleitungen bedeuteten auch optische »Einschnitte«, die nicht widerspruchslos hingenommen wurden.

Zu Beginn der 1890er Jahre legte man Schienen an, auf denen Straßenbahnwagen aber noch mit Pferden durch

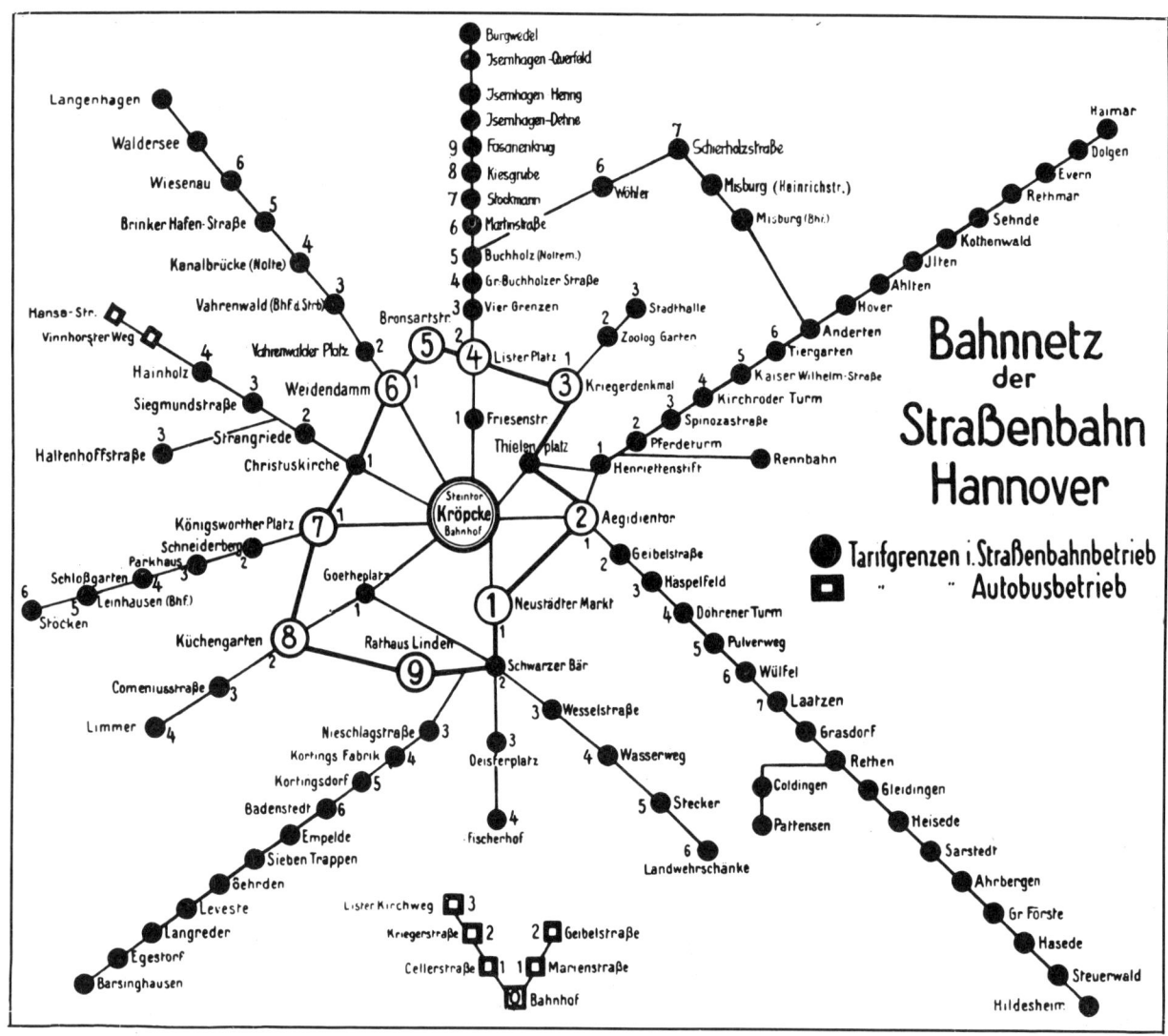

Abb. 1 aus: Hannoversches Adressbuch 1926

Hannover gezogen wurden. Die erste »Elektrische« bestaunten die Hannoveranerinnen und Hannoveraner bei ihrer Jungfernfahrt 1893 vom Königsworther Platz nach Herrenhausen. Bis zur Jahrhundertwende erfolgte – zunächst in den äußeren Stadtbezirken – die Umstellung auf Elektrizität. Die alte Pferdebahnlinie nach Döhren erhielt Schienen.

Der Ausbau des Straßenbahnnetzes wurde entlang der großen Ausfallstraßen zügig vorangetrieben. 1907 waren Barsinghausen, Burgwedel, Haimar, Pattensen und Hildesheim an die Schienenverbindung angeschlossen. Die Straßenbahn transportierte seit 1899 nicht nur Personen, sondern auch Güter und erfüllte damit eine wichtige Mittlerfunktion zwischen Eisenbahn und Hinterland.

In den ländlichen Regionen ging der Ausbau der Straßenbahn nicht ganz reibungslos vor sich. Der städtische Magistrat geriet wegen der ungeklärten Gewinnbeteiligung mit den Landkreisen in Konflikt. Bauern mußten für die Schienenwege Land abtreten und forderten im Gegenzug Ermäßigung beim Transport von landwirtschaftlichen Produkten ins Stadtzentrum. Aber auch andere Stimmen wurden laut, zum Beispiel um 1900 aus Laatzen: »Unser Dorf hat durch die Straßenbahn viel gewonnen. Die Grundstückspreise sind ganz bedeutend gestiegen.«[2]

3. Station:
»Eine gemütliche Stadt« in Gefahr

In der hannoverschen Innenstadt stieß der technische Wandel auf erhebliche Vorbehalte. Hier liefen die Bahnen zunächst mit Akkumulatorenzugwagen, statt mit elektrischen Oberleitungen. Theodor Krüger, Leiter der 1892 gegründeten »Straßenbahn-Hannover Aktiengesellschaft«, warnte unter Hinweis auf amerikanische Großstädte: »Hannover soll eine gemütliche Stadt bleiben!« Aber: »Gemütlich kann man nur leben, wenn man Geld verdient.«[3]

Grundsätzlich stimmten die Bürger und Geschäftsleute der Innenstadt dieser Einsicht natürlich zu. Zu klären blieb nur, wie sich »Gemütlichkeit« und das geplante Oberleitungsnetz der Straßenbahn vereinbaren ließen. Gar nicht, wie es zunächst schien, denn der Plan wurde nach einem Bescheid des Magistrats auf Eis gelegt. Als Argumente galten vor allem, daß durch die Elektrifizierung Brandgefahr bestünde und der Lärm der rumpelnden (!) Straßenbahnen den Anwohnern nicht zuzumuten sei.

Nach langen Auseinandersetzungen zwischen dem Magistrat und der Straßenbahn AG wurde die Elektrifizierung der Innenstadt dann um die Jahrhundertwende Schritt für Schritt durchgeführt, wobei jedoch der Ästhethik des

Abb. 2 Endstation der Pferdebahn am Döhrener Turm (um 1875)

Abb. 3 Die erste elektrische Bahn in Hannover 1893

Abb. 4 Straßenbahn mit eingezogenem Aufladebügel am Kröpcke um 1900. Bis 1903 durften die Straßenbahnen in der Georgstraße nur mit Akkumulatorenbetrieb fahren

Stadtbildes möglichst wenig Schaden und den Augen der Anwohner »keine Beleidigung« zugefügt werden sollte. So wurden die Masten und die Stellen an den Häusern, zwischen denen das Oberleitungsnetz gespannt war, mit schmiedeeisernen Verzierungen versehen. Die Straßenbahnen selbst glichen mit ihren schnörkeligen Details Kunstwerken bürgerlicher Geruhsamkeit.

Besonders die Georgstraße, das Renommierstück Hannovers, sollte möglichst lange vom Oberleitungsnetz verschont bleiben. Der Güterverkehr, in der übrigen Innenstadt nur morgens gestattet, war hier ganz verboten. Erst 1903 wurden die Akkumulatorenwagen aus dem Verkehr gezogen und alle Linien mit Oberleitungen versehen.

4. Station:
»Die Straßenbahn war ja die Schuldige«

Die ästhetischen Vorstellungen und die teilweise begründeten Befürchtungen, die sich auf die technischen Gefahren der Elektrifizierung bezogen, sind jedoch nur die eine Seite eines weitergreifenden Wandlungsprozesses. Die Einführung der Straßenbahn ist ein eindrucksvolles Beispiel für die grundlegende Veränderung in der Wahrnehmungsweise von Raum und Zeit im Zuge der Industrialisierung.

Die Straßenbahn faszinierte: Sie eröffnete neue Wege für Ware und Mensch und übte den Reiz neuer Erfahrungen aus.

Der alltägliche Umgang mit dem »Eindringling« Straßenbahn verlief aber nicht immer harmonisch. Das neue Verkehrmittel verlangte von den Menschen mehr Rücksichtnahme und Vorsicht, als sie es bis dahin im Straßenleben gewohnt waren. Deshalb kam es immer wieder zu »Machtproben« zwischen der Straßenbahn und anderen Verkehrsteilnehmern. So berichteten hannoversche Zeitungen von Fußgängern, die »gradlinig« über die Schienen spazierten und Kindern, die die Gefahr nicht erkannten, wofür die Mütter verantwortlich gemacht wurden:

»Gewöhnlich stehen Mütter mit untergeschlagenen Armen auf dem nahen Trottoir und klönen, freuen sich wohl gar, wenn ihr Junge mit kühnem Satz das Gleis überspringt. Wenn dann natürlich ihr Herzenskind einen kräftigen Stoß weg hat, hat der meist ganz schuldfreie Kutscher die zartesten Schmeicheleien über sich zu ergehen.«[4]

Die Kette der Probleme riß nicht ab. Modebewußte Hannoveranerinnen hatten einige Unannehmlichkeiten auszustehen. Da die Straßenbahnschienen mit Öl geschmiert wurden, um das unangenehme Quietschen zu verhindern, blieben verschmutzte Kleidersäume solange ein Ärgernis, bis engere und vor allem kürzere Röcke sich in der Mode durchsetzten. Geradezu gefährlich für die Fahrgäste hannoverscher Straßenbahnen waren die langen, ungeschützten Nadeln, mit denen gutsituierte Damen ihre dekorati-

Abb. 5 Vor dem hannoverschen Bahnhof

ven Hüte befestigten. Aus diesem Grund wurden weibliche Fahrgäste gelegentlich von der Mitfahrt ausgeschlossen.

Selbst Handgreiflichkeiten waren an der Tagesordnung, wobei sich der Volkszorn letztlich auf die Fahrer der Bahnen konzentrierte:

»Und kam es einmal bei dem nun schon dichter gewordenen Verkehr zu schweren Unglücksfällen mit tödlichem Ausgang, so griffen in den entsprechenden Stadtgegenden derbere Verkehrgenossen zur Selbsthilfe und gingen dem Personal tätlich zu Leibe.... . Die Straßenbahn war ja die Schuldige.«[5]

Sehr gebräuchlich war bis nach dem Zweiten Weltkrieg das Trittbrettfahren. Verbotenerweise wurde noch während der Fahrt auf- und abgesprungen, um möglichst schnell ans Ziel zu kommen. Dieser »Sport« war nie ungefährlich. Als die Bahnen im Schrittempo durch die Innenstadt fuhren, ging noch so mancher Fehltritt glimpflich aus. Mit zunehmender Geschwindigkeit häuften sich die Unfälle. »Man mußte nur wissen, wie es geht«, berichtete ein Zeitzeuge, »aus dem Lauf mit beiden Händen sich hinten festhalten und dann aufspringen, abspringen mußte man in Fahrtrichtung.«[6] Die Straßenbahngesellschaft fuhr regelrechte Kampagnen gegen solche Trittbrettfahrer. Noch Ende der vierziger Jahre stand mit riesigen Lettern auf den Wagen zu lesen: »Trittbrettfahrer, du fährst in den Tod.«

Heute ist diese riskante Form des Ein- und Aussteigens in den rundum geschlossenen Wagen nicht mehr möglich. Nach der automatischen Verriegelung der Türen bleibt so mancher Fahrgast an der Station zurück.

Endstation

Die Straßenbahn hat den Lebensraum »Straße« verändert. Was die Eisenbahn durch die Verknüpfung der Städte bewirkte, ist mit dem Ausbau der Straßenbahn innerhalb der Städte vergleichbar. Deshalb gilt fast in gleicher Weise für die Straßenbahn, was bereits 1840 über das Wesen der Eisenbahn gedacht und geschrieben wurde: »Die Eisenbahn kennt nur noch Start und Ziel. Sie kennt nur Abfahrt, Aufenthalt und Ankunft als Orte. Mit den Räumen dazwischen, ..., verbindet sie nichts.«[7]

Diese »Räume dazwischen«, das sind die Lebensräume – in der Stadt als dichtbesiedeltem Raum noch stärker als auf dem Land. Die Funktion des Raumes wandelt sich, und ebenso das Empfinden von Zeit für den, der sie beschleunigt durchquert. Die geschilderten Auseinandersetzungen zwischen Mensch und Straßenbahn erweisen sich unter diesem Blickwinkel als Gegensätze, die erst in einem längeren Prozeß ausbalanciert werden mußten.

Die Hannoversche Woche empfiehlt noch im Herbst 1926, »daß der Deutsche und selbst der Hannoveraner auf etwas mehr Rücksichtnehmen und Gewandtheit im Getriebe großstädtischen Verkehrs sein Augenmerk richte«.[8]

Anmerkungen:

1 Heinrich Beyer, Zur Geschichte des hannoverschen Stadtverkehrs, in: Hann. Geschichtsblätter, NF Bd.12, Hannover 1959, S.45.
2 Zit. n. ebd., S.87.
3 Zit. n. ebd., S.74.
4 Zit. n. ebd., S.76.
5 Zit. n. ebd., S.83.
6 Interview mit Herrn und Frau N., im Besitz von Silke Radloff.
7 Wolfgang Schivelbusch, Geschichte der Eisenbahnreise, München 1977, S.39.
8 Die Hannoversche Woche. Offizielles Organ des Verkehrs-Verein Hannover e.V., 2.Jg., Nr.2 (30.10.1926), S.2.

Literatur

Behrens, Die Verkehreinrichtungen Hannovers, in: Hannover – Die Stadt im Grünen, hrsg. v. Verkehrs Verein Hannover e.V., Hannover 1927.
Lüder, Detlev, Von der Sänfte zur Stadtbahn. Zur Geschichte des öffentlichen Nahverkehrs in Hannover, Hannover 2.Aufl. 1977.
Überlandwerke und Straßenbahnen Hannover Aktiengesellschaft, in: Hannover – Die Stadt im Grünen, hrsg. v. Verkehrs-Verein Hannover e.V., Hannover 1927.

Silke Radloff

»Weil das der Mittelpunkt unserer Stadt ist...«
Die Ernst-August-Stadt in Hannover

Stehen wir heute, Anfang der 90er Jahre am Kröpcke, dem Herzen der Stadt, so ist im Straßenraum zunächst nicht mehr viel zu erkennen vom ehemaligen Hauptverkehrsknotenpunkt. Vom Steintor bis zum Opernplatz, vom Bahnhof bis zur Osterstraße erstrecken sich Fußgängerzonen. Verbannt sind die Autos, Fahrräder und Straßenbahnen, die ehemals das Stadtbild prägten.

Der Kröpcke ist auch heute noch ein wichtiger Verkehrsknotenpunkt des Straßen- und U-Bahnnetzes von Hannover. Der Verkehr bleibt jedoch unsichtbar. Den einzigen Anhaltspunkt geben weiß-blaue U-Schilder und Treppen, die in den Untergrund führen, wo sich über mehrere Geschosse der größte Knoten- und Umsteigepunkt der Stadt erstreckt.

Die Autos werden um das Einkaufszentrum herumgeleitet, so daß die Straßen den hastenden Fußgängern gehören, die während der Geschäftszeiten das Bild beleben.

Städtebauliche Entwicklung

Noch zu Beginn des 19. Jahrhunderts bildete die Georgstraße die nord-östliche Grenze der Stadt. Das stetige Bevölkerungswachstum, die wirtschaftliche Entwicklung und der Ausbau der Verkehrsnetze sprengten die Grenzen der Altstadt und machten eine Stadterweiterung notwendig. In den 1840er Jahren wurde Hannover an das Eisenbahnnetz angeschlossen, der Bahnhof entstand außerhalb der Altstadt und bot für die Lavesschen Pläne einer östlichen Stadterweiterung einen wichtigen Bezugspunkt: Der Oberhofbaurat Georg Ludwig Friedrich Laves plante zwischen Bahnhof, Kurt-Schumacher-, Kanal-, Georg-, Prinzen- und Joachimstraße einen großzügigen, mit breiten Straßen und Plätzen angelegten Stadtteil, der dann tatsächlich in der zweiten Hälfte des 19. Jahrhunderts ausgebaut wurde. Durch diese Baumaßnahmen wurde die Georgstraße aus ihrer ehemaligen Randlage in die Stadt integriert und zur Pracht- und Renommierstraße zwischen Kröpcke und Ae-

gidientorplatz ausgestaltet, während auf der Seite zum Steintor hin, vielfältige kleine und große Geschäftshäuser für breite Bevölkerungsschichten ihre Waren anboten.[1]

Vom Hausvorplatz zur öffentlichen Straße

Die städtische Straße und ihre Funktionen für Anwohner und Benutzer erfuhren mit der industriellen Revolution eine tiefgreifende Veränderung.
Wie war es früher?
Vor der industriellen Revolution wurden Straßen in erster Linie von den Anwohnerinnen und Anwohnern genutzt. Sie dienten als erweiterter Lebens- und Arbeitsraum der Menschen. Ein Teil der häuslichen und gewerblichen Arbeiten fand auf der Straße statt. Kinder spielten auf der Straße, und Nachbarn trafen sich. Die Straße bot Raum für den Austausch von Neuigkeiten und für zwanglose Gespräche. Die heute übliche Abschirmung des Privatlebens vor der Öffentlichkeit war unbekannt. Die Lagerung von Holz und Mist war ebenso selbstverständlich wie der freie Auslauf von Haustieren in der Straße. Nach dem Selbstverständnis der Anwohner wurde über die Straße wie über das Eigentum verfügt, obwohl die Straße auch immer der Kontrolle der Polizei ausgesetzt war. In südlichen Ländern Europas kann man diese vielfältige Nutzung von Straßen noch heute beobachten.
Der Bewegungs- und Aktionsradius der Menschen war konzentriert auf die Wohnumgebung. Der Transportverkehr spielte nur ein geringe Rolle, da die täglichen Nahrungs- und Gebrauchsgüter im eigenen Haus und Garten hergestellt und verarbeitet wurden. Die Wohnstraße wurde hauptsächlich von den Anwohnern belebt, und so waren Straßenbefestigungen, wie sie für Kutschen und Pferdewagen notwendig waren, bis zur Mitte des 19. Jahrhunderts selten.

Mit der zunehmenden Industrialisierung im 19. Jahrhundert veränderten sich die gesellschaftlichen Verhältnisse. Viele Leute wanderten in die Städte mit der Hoffnung, in den neu entstandenen Fabriken mehr Geld zu verdienen als in ihren Heimatorten. Die städtische Bevölkerung wuchs in einem zuvor unbekannten Ausmaß. Die Fabriken wurden größtenteils am Stadtrand gebaut, was eine Trennung von Arbeitsplatz und Wohnung zur Folge hatte und somit einen stärkeren Personenverkehr notwendig machte. Weiterhin ging die Selbstversorgung der Haushalte zurück, so daß auch der Warenverkehr anstieg. Dies alles hatte zur Folge, daß die Straße immer stärker von Nichtanwohnern genutzt wurde. Aus dem privaten Hausvorplatz wurde öffentlicher Raum, für den sich die Anwohner und Anwohnerinnen immer weniger verantwortlich fühlten.

Ein prägnantes Zeichen für diesen Wandlungsprozeß ist das Straßennamenschild, das mit der zunehmenden Mobilität der Bevölkerung ein wichtiges Orientierungsmittel wurde. In der vorindustriellen Zeit bestand für eine Beschilderung keine Notwendigkeit, da die Straßennamen von Generation zu Generation überliefert wurden und der eigene Aktions- und Bewegungsradius überschaubar war. Das räumliche und bevölkerungsmäßige Anwachsen der Städte und die immer länger werdenden Arbeitswege erforderten solche Orientierungshilfen.[2]

Straßengestaltung

Mit der Expansion der Städte in der zweiten Hälfte des 19. Jahrhunderts entstanden überall neue Stadtteile, bei denen die städtischen Behörden Planung und Bau, sowie Ent- und Versorgung übernahmen. Die Straßen wurden mit Pflaster, Kanalisation, Laternen und Straßenschildern ausgestattet. Der zunehmende Waren- und Personenverkehr erforderte eine Teilung der Straßenfläche nach unterschiedlichen Funktionen. Ein Beispiel hierfür ist das Trottoir, welches die Fußgänger vom übrigen fließenden Verkehr trennte. Dies wurde zuerst in Paris zur Zeit Napoleon III. eingeführt: Eine breite Allee trennte die Fahrbahnseiten. Auf ihr flanierte das Bürgertum und stellte sich entsprechend seinem kulturellen Repräsentationsbedürfnis zur Schau, städtische Macht und Geld demonstrierend.

Diese Entwicklung läßt sich auch in Hannover nachvollziehen. In der Innenstadt galt dies vor allem für die Georgstraße mit dem breiten Trottoir an der Opernseite und den Baumreihen, unter denen allsonntäglich der Schorsenbummel abgehalten wurde.[3] Die breite Fahrbahn bot genügend Platz für Sraßenbahn, Kutschen, Pferdewagen und Fahrräder.

Platzgestaltung in der Ernst-August-Stadt

Am öffentlichen Platz läßt sich, ebenso wie bei der Renommierstraße, ein Zurückdrängen der Alltagsnutzung beobachten. Am Ende des 17. Jahrhunderts wurden in Paris, beispielgebend für weitere europäische Großstädte, mehrere große Plätze angelegt, z.B. Place Vendome, Place des Invalides und Place Victoire. Durch ihre architektonische

Abb. 1 Aegidientorplatz um 1910

Abb. 2

Gestaltung mit Brunnen, Obelisken, Grünanlagen und Monumenten hatten die Plätze nur eine Funktion: Sie schufen eine repräsentative, architektonisch-ästhetisch anspruchsvolle Öffentlichkeit und fungierten als Orte der Selbstdarstellung führender gesellschaftlicher Schichten. Diese Entwicklung wurde im 19. Jahrhundert durch das erstarkende Bürgertum weitergetragen.[4] Erst im 20. Jahrhundert setzte sich mit der zunehmenden Motorisierung der Trend durch, die gestalterischen Maßnahmen den praktischen Erwägungen der Verkehrsführung anzupassen, häufig auch unterzuordnen.

Das Lavessche Konzept der Ernst-August-Stadt umfaßte ebenso die Verkehrsknotenpunkte. Auf dem Aegidientorplatz kreuzten sich die Nord-Süd- und Ost-West-Verkehrsverbindungen der Stadt. Er wurde großzügig ausgestaltet: in der Mitte die Grünanlagen mit einigen Bänken, als Attraktion mit Bananenstauden und Palmen versehen, vom gemächlichen Verkehr umsäumt. Als weiteres Renommierstück wurde der Bahnhofsplatz als stilgerechter Empfangsraum für Gäste und Einheimische konzipiert. Auch hier waren die symmetrisch angeordneten Grünanlagen vorherrschend, die das Reiterstandbild von Ernst August umgaben. Das städtische Grün hatte lediglich die Funktion der optischen Verschönerung und der Repräsentation. Es war nicht für die Nutzung durch Anwohner vorgesehen. Die Einzäunungen, die auf älteren Photos erkennbar sind, verdeutlichen dies anschaulich.

Mit dem Durchbruch der Karmarschstraße im Jahre 1879 entstand an der Ecke Bahnhofs- und Georgstraße eine Verkehrskreuzung, die alle Himmelsrichtungen der Stadt und des Umlandes erschloß. Dieser öffentliche Raum, benannt nach dem bekannten Café Kröpcke, wurde anders als die zuvor beschriebenen Plätze bereits auf verkehrstechnische Funktionen reduziert. Keine Grünanlagen, Bänke, Brunnen oder ähnliches luden hier zum Verweilen ein. Jedoch wirkten die nahen Grünanlagen des Cafégartens und der Allee entlang der Oper dieser Nüchternheit entgegen.

Platz für den Verkehr

Die alten und neuen Verkehrsmittel, neben Straßenbahnen, Fuhrwerken und Fahrrädern auch Autos und Motorräder, nahmen immer mehr Platz im Straßenraum in Anspruch. Auf einem Luftbild von 1933, das den Bahnhofsplatz zeigt, ist diese Entwicklung bereits erkennbar. Die Grünflächen aus der Zeit der Jahrhundertwende sind auf ein Minimum reduziert worden, um für moderne Verkehrsmittel und deren Parkmöglichkeiten Platz zu schaffen. Diese veränderte Nutzung dominiert bis heute den städtischen Raum. Oasen der Ruhe und des Verweilens sind selten geworden. Heute haben Taxistände, Parkplätze und die Treppen in den Untergrund die Grünflächen vor dem Bahnhof endgültig verdrängt. Die einzigen Anlagen, die den früheren Stadtteilcharakter noch erahnen lassen, befinden sich an der Georgstraße zwischen Oper und Georgsplatz, mit Rasen, Beeten, Denkmälern und Brunnen.

Abb. 3 Verkehrsknotenpunkt Kröpcke mit Polizist in den Zwanziger Jahren

Reglementierungen der wachsenden Verkehrsflut

Die wachsende Verkehrsdichte hatte nicht nur eine Aufteilung der Straßenfläche zur Folge, sondern führte zur allmählichen Reglementierung des Aufenthaltes in der Straße. An den Polizei- und Verkehrsverordnungen unterschiedlicher Zeiträume sind die Veränderungen und Entwicklungen im Straßenverkehr ablesbar. Um die Jahrhundertwende, als der Verkehr noch überschaubar war und gemächlich rollte, gab es für Hannover ein Verbot, mit Kinderwagen und »Fahrstühlen« (gemeint sind Rollstühle) das Trottoir zu befahren. Sie mußten die normale Fahrbahn benutzen. Ausnahmen wurden nur anhand von ärztlichen Attesten gestattet. Zum Befahren mußte eine Fahrkarte für 25 Pfennig bei der Polizeidirektion erstanden werden.[5] Erst 1926 wurde dieses Verbot aufgehoben, zu einer Zeit, da der Verkehr immer dichter, schneller und gefährlicher wurde.

Neue Verkehrsregeln galten vor allem dem Automobilverkehr. Genügte es anfangs noch, sich als Automobilist mit der Hupe, Handzeichen oder scharfen Blicken einen freien Weg durch die Straßen zu bahnen, so wurden nach dem Ersten Weltkrieg die ersten vier verbindlichen Verkehrszeichen eingeführt. Dies waren Richtungspfeile, Einbahnstraße, Parkplatz und Straßen 1. und 2. Ordnung. Heute bereichern ca. 200 verschiedene Zeichen den deutschen Schilderwald.[6] Für Fußgänger wurden eigens Richtungspfeile angebracht, um den Weg zur Überquerung der Straßen vorzuschreiben. Doch die Verkehrszeichen allein reichten nicht aus, um die steigende Kollisionsgefahr von Fußgängern, Tieren, Fuhrwerken, Radfahrern, Automobilen und Straßenbahnen zu bannen. Am Kröpcke stand bis Anfang der Dreißiger Jahre ein Polizist auf der Kreuzung, der die »Hochflut des Verkehrs« regelte.

Dieser Polizist wurde, einem damaligen Brauch zufolge, in der Weihnachtszeit reichlich mit kleinen Geschenken behängt.[7] Von einigen war dies vielleicht auch als Geste der Versöhnung gedacht, die als ungeduldige Trittbrettfahrer verbotenerweise noch während der Fahrt auf- und absprangen, um möglichst schnell zu ihrer Anschlußbahn zu kommen.

Von insgesamt 18 Straßenbahnlinien führten 14 über den Kröpcke, Knotenpunkt und Hauptumsteigestation. »Wer eine Reise vermittels Straßenbahn durch Hannover tut, muß immer ein Umsteigebillet nehmen. Und hat Aufenthalt bei Kröpcke. Weil das der Mittelpunkt dieser Stadt ist...«.[8]

Eine neue Art der Verkehrsreglementierung wurde in den Zwanziger Jahren in Paris erprobt. Mit Hilfe von »elektrischen Leuchtfeuern«(Ampeln) wurde der Verkehr in regelmäßigen Intervallen aus verschiedenen Richtungen über die Kreuzung geleitet.[9] Auch in Hannover wollte man modern sein. Ab 1930 zierte den Kröpcke ein 2,5m hoher Verkehrsturm. Dieser glich mehr einer Laterne als einer Ampel im heutigen Sinn und mußte von einem Schupomann mechanisch bedient werden. Für die Verkehrsteilnehmer bedurfte es zunächst einiger Gewöhnung, statt auf die Arme des Schutzmanns auf die Zeichen des Verkehrsturms zu achten.[10]

Vergnügungszentrum im Wandel

Die wechselnden politischen, ökonomischen und gesellschaftlichen Entwicklungen hinterließen besonders in Krisenzeiten deutlich ihre Spuren. Das Vergnügungs- und Ausgehviertel in der Innenstadt war selbst während des Ersten Weltkrieges nie ausgestorben, wenn auch die vorverlegte Polizeistunde um 23 Uhr dem ganzen Treiben ein früheres Ende setzte als in Friedenszeiten. Ein zeitgenössischer Artikel im Hannoverschen Anzeiger aus dem letzten Kriegsjahr zeichnet ein anschauliches, wenn auch sehr moralisierendes Bild über die Bummelecke um den Kröpcke und in der Bahnhofsstraße:

»Und nun das Treiben auf der Straße. Am Kaffee Kröpcke schiebt sich die Menge im Bummeltempo langsam Schritt vor Schritt auf und ab. Das Halbdunkel läßt die Gesichter kaum erkennen. Nur wenn einmal ein hellerleuchteter Straßenbahnwagen kommt, lassen sich genauere Studien machen. O Schreck! Die überwiegende Zahl der Bummler sind kaum der Schule entwachsene Jungen und Mädchen. Obgleich es 10 Uhr ist, und sie doch von Rechts wegen ins Bett gehörten, schlendern sie hier auf und ab. Knaben mit bunten Schülermützen, die Zigarette im Munde, und Mädchen mit offenem Haar und kurzen Kleidern; sie geben den Ton an. Da werden vielsagende Blicke geworfen, Worte und Zurufe fliegen hin und her. Junge Feldgraue durchsetzen die wogende Menge. Ihnen gelten besonders lüsterne Blicke. Kichernd und flüsternd kritisieren die Backfische die jungen Helden. Hier herrscht die Jugend! Allem Anschein nach geschieht dies alles im Einverständnis mit den Eltern oder vielmehr der Mutter; denn der jedenfalls als Soldat anderswo weilende Vater würde wohl solche Scherze nicht dulden.

In der Bahnhofsstraße ein anderes Bild. Hier überwiegt das reifere Alter. Im Prinzip dasselbe Gebaren. Auch hier schießt Gott Amor seine Pfeile. Da ist das schüchterne Mädchen vom Lande, das verstohlen seine Blicke einem schmucken Kriegsmanne folgen läßt, dort ists das kleine Bürofräulein oder das Ladenfräulein, das dem schneidigen jungen Manne im eleganten Anzuge nachschaut, und dort die Kokotte, die auf Stöckelschuhen, modern gekleidet, auffallend gepudert und geschminkt, einhertrippelt und mit frechem, dreist lächelndem Blick nach einem Opfer ausspäht, womöglich gleichzeitig ermunternde oder einladende Worte an ihr geeignet erscheinende Herren richtend. Dann und wann geht ein Gimpel ins Garn. Triumphierend wird er abgeführt, seinem Schicksal entgegen, Großstadtluft! Wenn um 1/2 11 Uhr die Musik verstummt, leeren sich die großen Lokale und das Gedränge wird für eine halbe Stunde noch ärger. Die Straßenbahnwagen nehmen Unmengen von Menschen auf und immer wieder stehen dicke Haufen an den Haltestellen beim Kröpcke. Gegen 12 Uhr wirds ruhiger und bald ist die Bummelecke ausgestorben. Wo in Friedenszeiten bis 3 oder 4 Uhr morgens ›Betrieb‹ war, herrscht jetzt schon kurz nach Mitternacht Totenruhe.«[11]

Abb. 4 Café Kröpcke bei Nacht. Der Kiosk führte mehr als 250 Zeitungen

In diesem Bericht fallen vor allem die Klagen über die Jugendlichen auf, die offenbar noch spät am Abend die Straßen bevölkerten. Sie schienen dem Autor aufgrund der fehlenden väterlichen Strenge gefährdet, denn während die Männer im Krieg waren, mußten die Frauen allein für Lebensunterhalt und Kindererziehung sorgen. Die sogenannte Zuchtlosigkeit der Jugendlichen veranlaßte während des Krieges den Regierungspräsidenten, einschränkende Maßnahmen zu ergreifen. Im Januar 1916 wurde eine entsprechende Verordnung erlassen, die Jugendlichen unter 17 Jahren den Besuch von Wirtshäusern, Konditoreien, Eis- und Erdbeerstuben nach 6 Uhr abends untersagte, Jugendlichen im schulpflichtigen Alter war ein solcher Besuch gänzlich verboten. Selbst Rauchen und Kinobesuche waren nicht mehr gestattet. Darüber hinaus sollte der öffentliche Raum von »Zuchtlosem gesäubert« werden. Aus diesem Grund erließ man das Verbot des »... zweck- und ziellosen Auf- und Abgehens und des zwecklosen Aufenthaltes der Jugendlichen für den ganzen Tag«, und zwar in der Georgstraße und den darin einmündenden Straßen sowie am Georgsplatz, Aegidientorplatz, Theaterplatz, Theaterstraße, Königstraße, Luisenstraße, Ernst-August-Platz und in der Langen Laube, womit praktisch die ganze Ernst-August-Stadt gemeint war.[12] Der gewünschte repräsentative Charakter des Stadtteils sollte auch in Kriegszeiten erhalten bleiben und nicht durch »zuchtlose« Jugendliche gestört werden. Dies ist ein Beispiel dafür, wie Symptome einer gesellschaftlichen Krise zum Anlaß für Reglementierung und Bestrafung genommen wurden. Die Verhältnisse, die die Straftaten oder eine sogenannte Verrohung der Jugendlichen begünstigten, wurden nicht hinterfragt.

Kriegsgewinnler beherrschen die Szene

19. 11. 1918: Es war der zweite Sonntag nach Kriegsende. Im *Hannoverschen Anzeiger* wurde die Innenstadt wie folgt beschrieben:

»Der eisige Ostwind hat mit dem Bummel auf der Georgstraße gut aufgeräumt, auch auswärtige Besucher sieht man heute nur wenige in der Stadt. Einige junge Landbewohner haben sich für die revolutionäre Großstadt gleich in Szene gesetzt; sie tragen blutrote Astern im Knopfloch, oder eine rote Schleife auf der Brust, auch sechs muntere frische Mädel tragen rote Schleifen. Der Schutzmann hat's Lächeln verlernt, ernst stiert er hinüber nach dem Depeschensaal des *Hannoverschen Anzeigers*, wo just neue Aushänge die Menge anlocken. Er ist edel hilfreich und gut und trägt noch keine rote Blume. Über den Theaterplatz, wo der kalte Ost besonders scharf pfeift und die kleinen Mädchen mit roten Wangen promenieren, schlendere ich der Kunstausstellung in der Sophienstraße zu. Sonst war sie an den Sonntagmittagen der Sammelpunkt der Aristokratie und der Gesellschaft. Diese Atmosphäre ist verschwunden. Die lautlose Eleganz und die Konvention sind hinweggefegt; merkwürdige Pelzeleganz ist eingekehrt. Leute, die man früher hier nie sah – die kommende Gesellschaft, nicht jene, die die Revolution hervorrief, nein, die Gewinner am Kriege.«

Die Kriegsgewinnler haben also in der »Bummelecke« die Atmosphäre verändert. Wo früher Adel und Bürgertum, die sogenannte Gesellschaft, die Szene prägten, promenierte nach dem Krieg »so allerlei Volk«. Die neuen Leute werden sehr anschaulich beschrieben:

»Auf fünfzig Schritt erkennt man sie: teils jüngere Leute, behängt mit Pelzen, Lack, Brillanten, mit Gold bewaffnet bis in die Zähne, alles echt, echt und nochmals echt, nur sie sind es nicht, irgendwo schimmert immer der geistesarme Protz durch. ›Das da is'n Bild vom Steinhuder Meer, das siehste doch. Wo soll denn sonst das Wasser herkommen?‹ erklärt ein Biberpelz seiner Begleiterin im Skunksfell. ›Szoooh!?‹ seufzt sie, und ihr Kunstbedürfnis ist befriedigt.«

Doch auch »Feldgraue« konnten mit dem Kunstangebot wenig anfangen. Folgende Humoreske ist überliefert:

»Zwei junge Leute in Feldgrau stehen vor einem der Bilder eines unserer bekanntesten Hannoverschen Künstler. ›Möchte nur wissen, weshalb der R. immer so häßliche Weiber auf seine Leinwand bringt?‹ – ›Leicht erklärlich‹ meint der andere, ›früher malte er alte Häuser und Straßenzüge aus Alt-Hannover, jetzt ist er bei der Bevölkerung angekommen und läßt dem Alter den Vortritt.«

Dann wird kurz die Auswirkung der Revolution auf die Straßengestaltung angedeutet: »... Über die Georgstraße lustwandeln Frauen und Männer und erfreuen sich an der Arbeitslust, mit der die Hoflieferantenschilder beseitigt wurden. Fabelhaft!« Am Treiben der jungen Leute hat sich auch nach dem Krieg nichts geändert: »... Die Dämmerung bricht herein, schnell füllen sich die Straßen der Georgstadt. In der Bahnhofstraße und am Kaffee Kröpcke schiebt sich trotz der rauhen Luft die Menge der Jugendlichen, Mädel und Jungen, daneben jüngere Feldgraue und die weibliche Jugend, die besonders die Bahnhofstraße belebt. Hier hat die Revolution nichts geändert; dieselben Leute, dieselbe Unterhaltung; fad, lüstern und – was dann kommt. Die höhere Schule konnte hier nichts daran ändern, vielleicht gelingts demnächst der Einheitsschule. Wir wollens hoffen im Interesse des neuen Deutschland. Bald eilen die Leute den Theatern und Lichtspielhäusern zu, nur der Bummel bei Kröpcke bleibt auf der alten Höhe. Vom Bahnhof kehren Feldgraue heim aus dem Westen; sie schleppen Kisten und Kasten; verwundert schauen sie dieses Getriebe: das war doch früher nicht? Aus den Anlagen am Hoftheater kreischen johlend und singend zwei Weiberstimmen. Sonntagsvergnügen am zweiten Friedenssonntag!«

Kein Zurschaustellen von Lebensmitteln im Schaufenster

Während der Hochinflation 1922/23, als ein großer Teil der Bevölkerung wirtschaftliche Not litt, kam es u.a. zu einer Vereinbarung zwischen dem Reichsernährungsministerium und den Spitzenverbänden des deutschen Hotel-, Gastwirts- und Kaffeehausgewerbes, die auch das Straßenbild in der Ernst-August-Stadt veränderte: Während dieser Krisenzeit sollten keine Lebensmittel in Schaufenstern ausgestellt und vor allem keine unnötigen kalten Buffets hergerichtet werden. Derartige Verbote wurden erlassen, um nicht dadurch sozialen Neid zu schüren oder sogar Schaufensterplünderungen zu provozieren.

Gehen Sie abends mal zu Kröpcke?

Oder in den Georgengarten . . . nach der Stadthallen-Terrasse? Dann denken Sie bitte immer daran, einen hübschen, leichten Fuchs mitzunehmen, denn wenn die Sonne fort ist, wird es schnell kühl. — Kommen Sie aber vorher zu uns, und lassen Sie sich die vielen neuen Sachen zeigen, die wir jetzt haben. Es ist bestimmt manches dabei, das auch Ihnen gut gefällt. Und daß die Sachen bei all ihrer Schönheit außerordentlich billig sind, beweist Ihnen schon ein Blick in unser Schaufenster. Dürfen wir Sie morgen oder übermorgen erwarten?

GR. PACKHOFSTR. 30

Abb. 5

Ungebrochene Vergnügungssuche

Es gehört zu den Charakteristika der zwanziger Jahre, daß Vergnügungssucht und wirtschaftliche Not eng beieinanderlagen. Die Innenstadt bot der ungebrochenen Suche nach Vergnügen und Ablenkung vom Alltag eine Vielzahl von Lokalitäten und Restaurationen. Eines der bekanntesten war auch damals das Café Kröpcke, zu dem ein Garten gehörte, der im Sommer im Schatten seiner Bäume rund 2.000 Menschen Platz bot. Eine Musikkapelle, in einem kleinen Pavillon am Rande des Gartens, sorgte täglich für Unterhaltung und gab dem Gesellschaftsspiel »Sehen und Gesehenwerden« die angemessene Untermalung. Nach vorn, zur Straße hin, bot das Café mit seiner großen Fensterfront den Gästen einen Blick auf das Treiben in den anliegenden Straßen. Das Kröpcke galt als »Sehcafé«. So erinnert sich ein Zeitzeuge: »Es war schon etwas besonderes, ins Café Kröpcke zu gehen. Eine ganz besondere Atmosphäre herrschte dort und man fühlte sich ein wenig wie im Café de la Paix in Paris.«[13] Gerne verglich man das Cafe Kröpcke auch mit dem Romanischen Café, einem berühmten Künstlercafé in Berlin. Die besondere Atmosphäre im

Kröpcke vermittelten u.a. Hannoversche Künstler, Literaten und Journalisten, die sogenannten Kröpcke-Indianer, die sich während der Zwanziger Jahre dort regelmäßig trafen. Sie diskutierten, arbeiteten oder lasen einige von den 250 Zeitungen und Fachblätter, die im Café täglich auslagen, eine Anzahl, die wohl nur noch von dem Zeitungskiosk direkt vor dem Café übertroffen wurde, der ein großes internationales Sortiment hatte.[14]

Für die kulturelle Szene Hannovers war das Café Kröpcke geradezu der Lebensmittelpunkt:

»...Aber plötzlich, fast über Nacht, kommt ein literarisches Leben in Gang. 1919/20 erschienen in Hannover gleich zwei Monatsschriften von einigem Rang und überlokalem Anspruch: ›Das hohe Ufer‹ und ›Der Zweemann‹, und der Zweemann-Verlag und gleich darauf der Verlag Paul Steegemann entfalten ihre Tätigkeit. Das Café Kröpcke ist der Treffpunkt für alle, die teilnehmen und mitreden wollen, da überschneiden sich die Kreise: Theodor Lessing residiert an einem Tisch, an einem anderen versammeln sich Johann Frerking, Steegemann, der Buchhändler Julius Beck, der Architekt Falke und andere. Bernhard Göttrup, der Herausgeber der ›Pille‹, tritt mit Aplomb auf«[15].

Vor dem »Sehcafé« stand die berühmte Kröpcke-Uhr. Dort trafen sich sowohl Hannoveraner als auch Auswärtige. Die Uhr diente als Treffpunkt, genauso wie das Reiterstandbild von König Ernst-August vor dem Bahnhof, von den Einheimischen auf »Unterm Schwanz« verkürzt. Die Uhr wurde als Wettersäule 1885 von Hannoverschen Bürgern für Hannoversche Bürger gestiftet. Ihr anschauliches Innenleben bestand aus Thermo-, Hygro- und Barometer sowie Wetterkarten und den neuesten Wettermeldungen. Die Wartenden, die dort rund um die Uhr zu sehen waren, konnten sich die Zeit mit der Wettervorhersage vertreiben. Ganz in der Nähe der Uhr stand eine Litfaßsäule, die den Rendezvouspartnern dazu diente, auf den Plakaten Notizen und Mitteilungen zu hinterlassen, zum Beispiel für verpaßte, verschobene oder verhinderte Treffen. Bunt durcheinander geschrieben und die Reklameplakate übersät war es allerdings schwierig, die eine richtige Nachricht zu finden. Diese populäre Umfunktionierung der Litfaßsäule verärgerte obendrein das Ordnungsamt. Das Zettelchaos entsprach nicht dem Ordnungssinn der Behörde. Es wurde daraufhin eigens ein Plakat angebracht mit Linien und Spalten für Namen, Ort und Zeit, auf denen die Nachrichten nun in geordneten Reihen hinterlassen werden sollten. Für viele vorherige Benutzer verlor der Brauch mit dieser ordnungspolitischen Maßnahme seinen Reiz, und so schlief allmählich diese doch recht originelle Verwendungsart von Litfaßsäulen ein.

Vom Licht ins Halbdunkel: Café Wellblech

Etwas abseits von der Bummelmeile, hinter dem Kröpcke-Garten, spielten sich ganz andere Szenen ab. Bei der öffentlichen Bedürfnisanstalt, unter den Linden des angrenzenden Theaterplatzes, traf sich die Hannoversche Homosexuellen-Szene im sogenannten »Schwulen Kessel« oder »Café Wellblech«. An diesem Ort hatte Haarmann einige seiner Opfer kennengelernt und abgeschleppt.

»Ich...ging abends, wie ich immer tat, zum schwulen Kessel, blieb dort einige Stunden und ging dann weiter zum Bahnhof«[16], so schilderte er seine täglichen Gewohnheiten

Das Neueste in der H. A.-Filiale.

Links:
„— ja, Trude ist verlobt.
Er ist übrigens ein netter
Mensch —"

Foto:
H. Kommerein

Mit der Eierkiste für
die Schwiegertochter
eben gelandet.

Schultenmutter aus
Kolenfeld interessiert
sich für die Wetter-
prognose.

Eine sehr abwechslungsreiche Selbstversorgung.

Der Pressephotograph auf der Lauer.

Schattenkurve des Verkehrsschutzgitters.

Links: Rechts:
In dieser Fahrradwache   nach Hildesheim?
gibt es keine Ruhepause.   Dort — immer geradeaus!"

Abb. 6

im Prozeß. Dieser Ort war einer von dreien in Hannover, in denen sich ein Gauner-, Hehler- und Prostituiertenmarkt entwickelte.

Theodor Lessing beschreibt die Gegend:

»Geht man vom Bahnhof aus die breite Baumallee der Bahnhofsstraße entlang, so gelangt man nach wenigen Minuten in die Georgstraße, die Herzader der Stadt. Ein weiter Boulevard, lindenüberblüht, voller Beete, Gartenanlagen, Pavillons und Denkmäler. Und dort zwischen dem alten berühmten Hoftheater und den schönen Gartenanlagen des sogenannten Café Kröpcke befand sich um 1918 ein zweites Zentrum der Sittenlosigkeit: der ›Markt der männlichen Prostituierten‹, deren 500 damals in den Polizeilisten eingeschrieben standen, indes der Kriminaloberinspektor die Gesamtzahl der sogenannten Homosexuellen in Hannover auf nahezu 40000 veranschlagte. Sie bildeten eine kleine Welt.«[17].

Das Café Wellblech, wie die öffentliche Bedürfnisanstalt genannt wurde, gab bereits um die Jahrhundertwende Anlaß zu Beschwerden. 1891 wurde ein Plan zur Versetzung der Anstalt vorgestellt. Sie hatte zuvor auf dem Theaterplatz gegenüber der einmündenden Luisenstraße gestanden. Der Umbau des Theaterplatzes machte eine Versetzung notwendig, so daß nun der Platz gegenüber, direkt am Café-Garten, als neuer Standort dienen sollte. Bei Bekanntwerden dieser Pläne beschwerten sich einige Anwohner beim Magistrat. Neben der zu befürchtenden Geruchsbelästigung sahen sie die Gefahr, daß die benachbarten Grundstücke in einer der »feinsten und theuersten Wohn- und Geschäftslagen der königlichen Residenzstadt« aus ästhetischen Gründen entwertet würden. Sie beantragten daher, die Anstalt so weit wie möglich nach Süden zu verlegen. Diesen Anträgen wurde jedoch nicht entsprochen. Einige Jahre später, 1910/11, gab es abermals Anlaß zu Beschwerden. Die Verunzierung städtischer Bedürfnisanstalten durch schamlose Abbildungen und Inschriften wurde beklagt. Doch wie konnten solche Schmierereien verhindert werden? Vielfältige Überlegungen stellte der »Verein zur Hebung der öffentlichen Sitte« an. Erst wurde ein dunkler Farbanstrich erwogen, doch verwarf man diese Idee schnell wieder, weil Schmierereien mit Kreide besonders gut hervorträten. Ein hell grauer Farbanstrich wiederum hätte Blei- und Blaustiftzeichnungen gut zur Geltung gebracht. Schließlich plädierte man für weiße Fliesen, weil diese wohl abweisenden Charakter hätten – nur war diese Verschönerung zu teuer für das Stadtsäckel. Der oben genannte Verein machte daraufhin den Vorschlag, die edlen Orte mit Wellblech zu verkleiden, was dann schließlich auch durchgeführt wurde – daher der Name Café Wellblech.[18]

»Es war einfach mehr Leben«: Die Verödung der Innenstädte

Zwar setzte die City-Bildung, die strukturelle Veränderung der Innenstädte, bereits im späten 19. Jahrhundert ein, aber von heute aus gesehen herrschte noch in der Zwischenkriegszeit auch abends und an den Wochenenden ein reges Treiben in der Innenstadt. Eine Hannoveranerin erinnert sich:

»Man hat sich früher mehr sehen lassen und bummelte eigentlich mehr. Sonnabends nachmittags waren die Geschäfte noch offen und dann ging man einkaufen oder in eine Konditorei auf eine Tasse Kaffee, oder abends, nach dem Theater, ging man noch irgendwo hin. Es war einfach mehr Betrieb. ... nicht so wie heute, wo die Innenstadt abends wie ausgestorben ist. Früher quoll hier noch kurz vor Mitternacht alles über. Dann waren die Kinos und Theater aus und danach ging es erst richtig los: die Lokale waren voll, andere bummelten vor den Schaufenstern – es war einfach mehr Leben.«[19]

Die verschiedenen aufgezeigten Aspekte zur Ausprägung des städtischen Raumes haben sich bis heute rasant weiterentwickelt. Der Funktions- und Wertewandel begünstigte den Einsatz immer schnellerer Verkehrsmittel, die wiederum den Umbau der Straßen erforderten. Die Aneignung der Straße als Ort des Aufenthaltes und der Freizeitgestaltung wird zunehmend schwieriger. Die Verkehrsteilnehmer werden in eigens definierte Zonen verbannt, wie z.B. Fußgängerzonen, Spielstraßen, Spielplätze, Fahrradwege, Schnellstraßen und vieles mehr. Der Schutzmann und Verkehrspolizist wurde durch Ampeln und Video-Überwachung ersetzt. Die Entwicklung des Straßenraumes ist durch Automatisierung und Funktionsverlust gegenüber früheren Jahrhunderten geprägt.

Anmerkungen:

1 Vgl. Röhrbein, in: Hannover 1913, S. 24-53.
2 Vgl. Kokkelink/Menke 1977, S. 12-16.
3 Vgl. den Aufsatz von Ines Katenhusen in diesem Band.
4 Vgl. Krau 1987, S. 1321.
5 Vgl. Polizeiverordnung v. 1900.
7 Vgl. Scharfe 1987, S. 44.
8 Vgl. Interview mit Frau M. im April 1988, im Besitz der Verfasserin.
8 Ludwig Sternheim, zit.n.Rischbieter 1978, 2.Bd., S. 247.
9 Vgl. Scharfe 1987, S.44.
10 Vgl. HTbl. v. 22.5.1930.
11 HA v. 15.9.1918.
12 Vgl. Maßnahmen zum Schutz der Jugendlichen 1915 – 1921, in: NHStA, Hann 80, Hann II, Nr. 657; vgl. auch den Aufsatz von Ines Katenhusen in diesem Band.
13 Interview mit Herrn u. Frau W. im April 1988, im Besitz der Verfasserin.
14 HAZ o. Datum, »Vertraulich riefen ihn die Gäste mit seinem Vornamen. Ein 93jähriger erinnert sich an eine glückliche Zeit.« (Interview mit Richard Uhlir, Oberkellner im Kröpcke); Sammlung Historisches Museum.
15 Rischbieter 1978, 2.Bd., S. 240.
16 Haarmann, zit.n. Lessing 1973, S. 148.
17 Lessing 1973, S. 13f. Als das erste Zentrum der Sittenlosigkeit galt die Altstadt; siehe auch den Exkurs von Rainer Hoffschildt, Die neuen Tanzvergnügungen der Homosexuellen, in diesem Bande.
18 Vgl. StAH XIV Fd 2 Unterakte 15.
19 Interview mit Frau M. im April 1988, im Besitz der Verfasserin.

Literatur:

Hannover 1913. Ein Jahr im Leben einer Stadt, Ausstellungskatalog des Historischen Museum Hannover 1988.
Kokkelink, Günther / Menke, Rudolf, Die Straße und ihre soziale schichtliche Entwicklung, in: Bauwelt, H.12 (Stadtbauwelt 53), 1977, S. 12-16.
Krau, Ingrid, Der öffentliche Raum der Stadt, in: Bauwelt, H. 36, 1987, S. 1314-1323.
Lessing, Theodor, Haarmann. Die Geschichte eines Werwolfes, München 1973.
Rischbieter, Henning, Hannoversches Lesebuch oder Was in Hannover geschrieben, gedruckt und gelesen wurde, 2. Band 1850-1950, Velber 1978.
Scharfe, Martin, Gespenst und Geisterfahrer. Zur zivilisationsgeschichtlichen Ambivalenz der Straße, in: Journal für Geschichte, H.2, 1987, S. 36-45.

Richard Birkefeld

Der Bauch von Hannover

Die Markthalle in den Zwanziger Jahren

Prolog

Am 6. März 1942 war im *Hannoverschen Anzeiger,* anläßlich des 50jährigen Bestehens der Markthalle, folgender Artikel zu lesen (Auszug):

»Von altersher fanden auf dem Marktplatz unserer Stadt Markttage statt, die den Hausfrauen Gelegenheit gaben, Erzeugnisse von der Landbevölkerung zu kaufen. Gegen Ende des 18. Jahrhunderts zählte das ›Ambt der Kramer‹ 59 Ambtgenossen, von denen 42 mit Gewürzen und sonstigen Erzeugnissen des Landes handelten. Ihr Amtshaus lag seit 1643 an der Leinstraße. Noch heute findet man ihr kunstvolles Wappen in der Ecke der Markthalle an der Leinstraße eingelassen. ›Ein Ambt und Innunge der Kramer‹ ist darauf zu lesen. Ein ebenso künstlerisches Kramerzunftzeichen finden wir an einem der neuen Bauten in der Kreuzstraße, das früher an dem alten Hause Kreuzstraße 5 saß und bei der Neuordnung dieser Straße dankenswerter Weise von der Stadt wieder angebracht wurde. Es ist das Hokenamtswappen von 1689 datiert, das der berühmte Meister Ludolf Witte geschaffen hat. Drei Heringe künden von der Zunft und den Mitgliedern, die mit Käse, Heringen und anderen Waren handelten.

Bald stellten sich in der wachsenden Stadt aber Verkehrsstörungen und andere Unzuträglichkeiten heraus. Deshalb verlegte man die Markttage der einzelnen Gewerbe in bestimmte Straßen. Nach 1870 bildeten auch diese Maßnahmen ein Hindernis, deshalb beschloß man 1892, nach dem Vorbilde anderer Städte in Hannover eine Markthalle zu bauen. Sie bildete damals eine der Sehenswürdigkeiten von Hannover. Man bewunderte ihre Eisenkonstruktion und die Glasbekleidung, die man bis dahin noch nicht in Deutschland gekannt hatte...«

15 Monate nach Erscheinen dieses Artikels suchte man das Hokenamtswappen an der bezeichneten Stelle vergeblich; auch an der Markthalle war nichts mehr zu bewundern: Am 26. Juli 1943 fiel sie den Bomben zum Opfer.

51 Jahre lang galt die alte Markthalle als der zentrale Ort, der für die Lebensmittelversorgung und -verteilung Hannovers von eminent wichtiger Bedeutung war. Außerdem spiegelte die Markthalle, in einem verkleinerten Maßstab natürlich, alle konjunkturellen Krisen, die ökonomischen Zyklen, die Auswirkungen zweier Weltkriege und nicht zuletzt die gesellschaftlichen Umbrüche mit ihren sozialen Spannungen wider.

51 Jahre lang, fast die Hälfte dieses Jahrhunderts, war sie ein wirtschafts- und sozialpolitisches Barometer der hannoverschen Stadtgeschichte.

51 Jahre lang war sie, nach einer von Emilie Zola entliehenen Metapher,[1] der »Bauch« von Hannover.

Nun, im Sommer 1943, stand nur noch das ausgebrannte Stahlgerippe der Markthalle, das einzige, was von der vielbewunderten Glas- und Eisenkonstruktion übrig war. Dem Betrachter mag es schwergefallen sein, sich in dieser Ruine das Marktleben vorzustellen, das so lange durch die Stände und Gassen pulsierte. Ein Marktleben, das nicht immer den heutigen hygienischen Anforderungen entsprach, aber doch einen Teil der sozialen Wirklichkeit widerspiegelte, die das Fin de siècle, der Erste Weltkrieg, das Ende der Kaiserzeit, die Revolutionswirren, die Weimarer Republik, die Inflation und letztendlich die nationalsozialistische Herrschaft dem Alltag der Markthalle aufzwang.

Wo waren in diesen Trümmern die Kohlköpfe aus der Leinemasch? Wo der Spargel aus Wülfel und Laatzen? Wo der duftende Harzer aus Algermissen, die Aale aus Steinhude? Erinnerte sich der Betrachter noch all der unzähligen Würste und Schinken aus ländlicher Schlachtung, an die vielen Blumenstände, an das Platt der Heidjer, der Calenberger und der Schaumburg-Lipper? Erinnerte er sich noch der Käuferinnen, die von Buttertisch zu Buttertisch gingen und mit dem Daumennagel oder mit der aus dem »Dutt« gezogenen Haarnadel Kostproben von den goldgelben Schlagen nahmen, um auch ja keine Butter heimzutragen, die etwa einen »Stich« hatte? Oder erinnerte er sich an die »faanen Däömen«, die sich von den einkaufenden

Abb. 1 Die Markthalle von 1892 – eine Eisenkonstruktion mit Glasbekleidung

Dienstmädchen und Arbeiterfrauen dadurch unterscheiden wollten, in dem sie Wert auf »aane, kläöre und raane Ausspräöche« ihres hannoverschen Hochdeutsch legten? Ja, die bekannteste hannoversche Anekdote, die in der Markthalle spielt, drängt sich durch das Wirrwarr der Erinnerungen:

Eine vornehme Dame trat an den Fischstand. Sie hob das Lorgnon ans Auge und musterte die ausliegende Ware. Ihr Blick glitt über Kieler Sprotten, Heringe und Dorsche, Kabeljaus und Goldbarsche, Karpfen und Schollen. Aber dieses reichhaltige Angebot schien nichts für ihren verwöhnten Gaumen bereitzuhalten. »Haben Sie Aale?« fragte sie. Die stämmige Marktfrau, eine echte Hannoveranerin, erwiderte: »Näön, ich häöbe Zaat...!«

»Sie mißverstehen mich, ich hätte gern gewußt, ob Sie Aale haben.« Die Augen der Fischverkäuferin funkelten unwillig: »Wäörum Aale? Ich säöge Ihnen doch: Ich häöbe Zaat! Mich traabt jäö kaaner!« Langsam dämmerte es der feinen Dame. In echtem »Hannoversch« fragte sie – nun zum drittenmal -: »Aber Äöle – die haben Sie doch ?« »Äöle«, lächelte die Marktfrau, »Äöle, häöbe ich!«[2]

Mag sich in der Erinnerung die anscheinend liebenswerte Pointe auf den hiesigen Dialekt reduzieren, so schält sich bei genauerer Betrachtung doch auch eine soziale Spannung heraus, die dadurch deutlich wird, daß die Marktfrau die feine Dame vielleicht ein wenig »veräörscht«, proletarisches Selbstbewußtsein zeigt, indem sie der Frau ihr Idiom aufzwingt.

Rufen die traurigen Überreste der Markthalle beim Betrachter all die Erinnerungen an die sozialen und wirtschaftlichen Probleme des Marktlebens der vergangenen Jahrzehnte hervor oder sind es nur Erinnerungen mit nostalgisch-folkloristischer Attitüde?

Walter Benjamin stilisierte seine Erinnerungen an die Berliner Markthalle in literarischer Form:

»... Hatte man den Vorraum mit den schweren, in kräftigen Spiralen schwingenden Türen hinter sich gelassen, heftete sich der erste Blick auf Fliesen, die von Fischwasser oder Spülwasser schlüpfrig waren und auf denen man leicht auf Karotten ausgleiten konnte oder auf Lattichblättern. Hinter Drahtverschlägen, jeder behaftet mit einer Nummer, thronten die schwerbeweglichen Weiber, Priesterinnen der käuflichen Ceres, Marktweiber aller Feld- und Baumfrüchte, aller eßbaren Vögel, Fische und Säuger, Kupplerinnen, unantastbare strickwollene Kolosse, welche von Stand zu Stand miteinander, sei es mit einem Blitzen der großen Knöpfe, sei es mit einem Klatschen auf ihre Schürzen, sei es mit einem busenschwellenden Seufzen, verkehrten. Brodelte, quoll und schwoll es nicht unterm Saum ihrer Röcke, war nicht dies der wahrhaft fruchtbare Boden? Warf nicht in ihrem Schoß ein Marktgott selber die Ware: Beeren, Schaltiere, Pilze, Klumpen von Fleisch und Kohl, unsichtbar beiwohnend ihnen, die sich ihm gaben, während sie träge, gegen Tonnen gelehnt oder die Waage mit schlaffen Ketten zwischen den Knien, schweigend die Reihen der

Abb. 2 Markttag in der Schmiedestraße 1887, mit zum Himmel stinkenden unhygienischen Begleiterscheinungen

Hausfrauen musterten, die mit Taschen und Netzen beladen mühsam die Brut vor sich durch die glatten, stinkenden Gassen zu steuern suchten...«[3]

...suchten. Erinnerungen suchen. Spuren suchen. Historische Momentaufnahmen in einem Querschnitt oder in einem Längsschnitt der Markthallengeschichte. Der Betrachter mag im Sommer 1943 vor den Überresten des Gebäudes die Augen geschlossen haben...

Chaotische Hygiene- und Verkehrsverhältnisse führten zum Bau der Markthalle

1887 hatte die Stadt Hannover zwischen der alten Köbelinger- und Leinstraße Grundstücke erworben, ohne zunächst daran zu denken, diese Immobilien für den Bau einer Markthalle zu nutzen. Dennoch hatte sich in der Stadtverwaltung der Gedanke, nach dem Beispiel anderer Städte, eine Markthalle zu bauen, in unerwartet kurzer Zeit entwickelt und verwirklicht. Im Frühjahr 1888 kam es durch die Bürgerschaft zu einer Eingabe an die Stadtverwaltung, um den Bau einer Markthalle in Gang zu setzen, da sich die Anwohner der Köbelinger- und der Leinstraße durch den ständigen Marktverkehr mit seinen im wahrsten Sinne des Wortes himmelstinkenden unhygienischen Begleiterscheinungen belästigt fühlten.

Obwohl der Magistrat noch im April darauf geantwortet hatte, daß er »zur Zeit« den Bau einer Markthalle nicht verwirklichen könne, mußte er sich schon im Herbst desselben

Jahres von neuem sehr ernsthaft mit dieser Frage beschäftigen, weil die Wochenmärkte in der Altstadt einen solchen Umfang angenommen hatten, daß der Verkehr so gut wie stillgelegt war. Ein zeitgenössischer Polizeibericht schildert eindrucksvoll die chaotischen Verkehrsverhältnisse. Demnach hatten sich an den Markttagen in der Altstadt von der Steintorstraße bis zum Aegidientorplatz, besonders aber um die Marktkirche herum, über 2.200 Verkäufer aufgestellt. Davon etliche Fleisch- und Wurststände, deren Produkte nicht fachgerecht transportiert und gelagert wurden und in den offenen Ständen Wind und Wetter ausgesetzt waren. Eine optimale Fleischkontrolle war in diesem Konglomerat von Händlern, Käufern, Ständen, Zugtieren und Leiterwagen nicht mehr gewährleistet. Allein in der Osterstraße wurden 314 ländliche Fahrzeuge gezählt.

Nur die Blumenstände luden in dieser geruchsschwangeren Luft zum Durchatmen ein.

»...die lebhaften weißen Flecken der Margeriten, das blutige Rot der Dahlien, das Blau der Veilchen, die lebendige Sinnlichkeit der Rosen. Und nichts war süßer und frühlingshafter als die Liebkosungen dieses Duftes, der einem auf dem Bürgersteig begegnete, wenn man aus den scharfen Ausdünstungen der Seefische und dem verpesteten Geruch von Butter und Käse kam.«[4]

Einstimmig war man nun der Meinung, daß eine Abhilfe der Verkehrsprobleme nur durch den Bau einer Markthalle geschaffen werden konnte. Zugleich gelang es dem natio-

111

nalliberalen Bauunternehmer Ferdinand Wallbrecht den von ihm schon seit 1868 geplanten Karmarschstraßendurchbruch in der Bürgerschaft durchzusetzen: die Verbindung zwischen Bahnhofstraße und Friedrichstraße, das Aufbrechen der Nord-Süd-Orientierung der mittelalterlichen Altstadt durch eine Ost-West-Achse.[5]

So wurde am 18. Dezember 1888 von den Städtischen Kollegien der Beschluß gefaßt, die Grupenstraße (heute Karmarschstraße), die damals nur bis zur Marktstraße ging, bis zur Leinstraße durchzuführen. Gleichzeitig wurde beschlossen, entlang des Durchbruchs die neue Markthalle zu bauen.

Daß man für den Bau der Markthalle die Altstadt wählte, war durchaus berechtigt, da sich hier seit undenklichen Zeiten der Marktverkehr abgespielt hatte, die betreffende Infrastruktur vorhanden war und eine Verlegung des Marktlebens die Altstadt aufs schwerste wirtschaftlich geschädigt hätte.

Allerdings mußte der Bauplatz zum Teil von anderen Gebäuden frei gemacht werden. So war es nötig, die alte Ratsapotheke und ein Schulgebäude an dieser Stelle abzureißen.

Die Ausarbeitung der Pläne nahm noch längere Zeit in Anspruch. In den Jahren 1891/92 wurde dann die Markthalle nach den Entwürfen des Stadt-Bauinspektors P. Rowalds errichtet. Das Vorbild der Markthalle war die Maschinenhalle der Pariser Weltausstellung von 1889. Am 18. Oktober 1892 wurde der Hallenbetrieb im Beisein der Städtischen Kollegien eröffnet. »Beiläufig bemerkt«, wie Ro-

wald in seinem Aufsatz »Die Städtische Markthalle zu Hannover« schreibt, »an einem Tage, welcher durch ein sehr unbehagliches Gemisch von Regen und Schnee den Händlern wie den Käufern die Nützlichkeit der neuen Einrichtung in erwünschter Weise klarmachte.«[6]

Die hannoverschen Tageszeitungen überboten sich mit ihren Lobeshymnen auf die neue Markthalle gegenseitig. Sie sei »ein herrliches Denkmal der Baukunst in unserer Stadt« und ihr »imposanter Anblick« erfülle »jeden Hannoveraner mit Stolz«.[7]

Die Markthalle machte der Altstadt Sorgen

Da stand sie nun: Hannovers neue Markthalle aus Glas und Eisen, mit den beachtlichen Maßen von 84 m in der Länge und 48 m in der Breite. Sie umfaßte 243 feste Stände für die Händler. In den folgenden Jahren sollte die Zahl der Stände noch auf fast 500 erweitert werden. Die neue Marktordnung legte fest, mit welchen Waren gehandelt werden durfte:

»Rohe Naturerzeugnisse mit Ausschluß des größeren Viehs; Fabrikate, deren Erzeugung mit der Land- und Forstwirtschaft, dem Garten- und Obstbau oder der Fischerei in unmittelbarer Verbindung steht oder zu den Nebenbeschäftigungen der Landleute der Gegend gehört oder durch Tagelöhnerarbeit bewirkt wird, mit Ausschluß

Abb. 3 Eine neue Marktordnung regelt das Angebot. Die Markthalle um 1894

Abb. 4 Markttag unter freiem Himmel. Auf dem Klagesmarkt um 1910

der geistigen Getränke; frische Lebensmittel aller Art. Verkauf von Milch und Pferdefleisch findet in der Markthalle nicht statt.«[8]

Daß viele Händler, zumeist als Bauern auch Erzeuger ihrer Ware, diese lieber weiterhin außerhalb der neuen Markthalle verkauft hätten, wurde vom Magistrat nicht registriert. Schon bei ihrer Eröffnung betrachtete mancher Händler die Markthalle mit Mißtrauen und größter Besorgnis. Sie befürchteten einen Verdrängungswettbewerb, bei dem die kleineren Händler durch die höheren Standmieten langfristig auf der Strecke blieben. Die Geschäftsleute der Altstadt fürchteten, daß die Bauern aus der Umgebung Hannovers, die bis dahin die eigentlichen »Marktleute« gewesen waren, die Halle nicht mehr aufsuchen, schließlich ganz fortbleiben und damit auch als Kunden ausfallen würden.

Der Magistrat teilte diese Sorgen nicht. Er ließ die Märkte in der Altstadt und auf dem Aegidientorplatz aufheben, so daß den Händlern gar nichts anderes übrig blieb, als die Halle mit all ihren Segnungen der Neuzeit in Anspruch zu nehmen: elektrischer Beleuchtung, Wasserdruck-Lastenfahrstuhl, elektrischer Uhr (von der Bahnhofsuhr gesteuert), Aborte mit Zementtrog für die Fäkalien und periodischer Spülung unter den Sitzen.

Im Laufe der nächsten Jahre erfuhr die Markthalle noch eine weitere Anzahl von technischen Verbesserungen und baulichen Veränderungen. Unter der Markthalle befanden sich die Kühl- und Gefrierräume, die 1909 mit einer modernen Kühlanlage ausgestattet wurden. Diese Kühlanlage galt für andere Städte im Reich als vorbildlich und sollte in

den folgenden Jahren für die Lebensmittelversorgung der Hannoverschen Bevölkerung eine entscheidende Rolle spielen.

»Goldene Zeiten«

Nach der Fertigstellung der Markthalle im Jahre 1892 wurden die Wochenmärkte hauptsächlich in die Halle verlegt. Eine große Anzahl von Händlern mußte ihre Stände auf öffentlichen Straßen und Plätzen gegen Markthallenstände eintauschen. Nur noch an zwei Tagen der Woche fanden Märkte unter freiem Himmel statt: auf dem Klagesmarkt und auf dem Neustädter Marktplatz. Von Mitte Juli bis Ende November gab es die Sonderregelung, daß am Dienstag und Samstag in der Altstadt dann ein Markt abgehalten werden durfte, wenn die Räumlichkeiten der Markthalle an diesen Tagen nicht ausreichten. Mit der Zeit verflüchtigten sich die anfänglichen Bedenken gegen die Markthalle. In den letzten Jahren vor dem Ersten Weltkrieg herrschte bereits ein derartiger Raummangel in der Markthalle, daß der Magistrat eine Erweiterung der Halle bis zum Knappenort erwog. Dieser Plan kam jedoch nicht zur Ausführung, weil bald darauf der Krieg begann.

Nach ihrem 20jährigen Betriebsjubiläum, 1912, zeigte die Markthalle die ersten Abnutzungserscheinungen. Durch die starke Beanspruchung der Halle wurden Ausbesserungen notwendig. Der Magistrat hatte über die Markthalleneinnahmen gute Gewinne erzielt, doch die notwendigen Verbesserungsarbeiten blieben durch den Beginn des Krieges aus. Lediglich die Gefrierräume unter der Halle wurden erweitert, eine Kriegsmaßnahme. Denn hier

113

wurden die von der Stadtverwaltung aufgekauften Lebensmittel gelagert, die für den Notfall die Versorgung der Bevölkerung mit Nahrungsmitteln sicherstellen sollten.

Krisenjahre und Lebensmittelunruhen

Die vor dem Ersten Weltkrieg prosperierende, wenn auch überforderte Markthalle verkam in den Kriegsjahren völlig. Im Magistratsbericht von 1935 heißt es über diese Zeit rückblickend: »Die Städtische Markthalle gehört zu den Einrichtungen, die in der Kriegs- und Nachkriegszeit am schwersten zu leiden hatten. Der Mangel an Lebensmitteln hatte den Betrieb gelähmt.«[9]

Infolge der Umstellungskrise auf die Kriegswirtschaft stiegen die Preise für Grundnahrungsmittel von 1914 bis 1916 um durchschnittlich 100 Prozent. Einige Artikel hatten sogar eine Preissteigerungsrate von 300 Prozent zu verzeichnen. Da viele Löhne mit dieser Entwicklung nicht Schritt hielten, verschlechterten sich gerade die Lebensbedingungen der Arbeiterschaft rapide. Die hannoversche Stadtverwaltung unter dem nationalliberalen Stadtdirektor Tramm bevorzugte eine Politik, die so wenig wie möglich versuchte, den Lebensmittelmarkt zu reglementieren. Die Festsetzung von Höchstpreisen wurde meist solange hinausgezögert, bis die hannoverschen Marktpreise zu den höchsten im gesamten Reich gehörten.[10] Außerdem vergrößerten Engpaßsituationen im Versorgungs- und Organisationswesen den Unwillen der Käufer und Käuferinnen.

1915/16 kam es zu den ersten spontanen Protestäußerungen und Lebensmittelunruhen, zu regelrechten Krawallen in der Markthalle. Was war passiert? Der Magistrat hatte das sozialdemokratische Angebot abgelehnt, die Pro-Kopf-Kontingentierung des städtischen Fleischverkaufs in die Verkaufshallen des Konsumvereins zu verlegen, um so den Verkauf zu dezentralisieren. Denn durch die Konzentration des Fleischverkaufs in der Markthalle wurden die weiter außerhalb wohnenden Arbeiterfamilien benachteiligt. Stundenlanges Warten in endlosen Schlangen hungernder Menschen wurde zur Regel. Dies begünstigte gerade die bessergestellten, nicht berufstätigen Hausfrauen oder diejenigen, die ein Dienstmädchen zum Einkaufen schicken konnten. Denn wer in der Schlange stand, fiel für die Berufs- oder Hausarbeit aus. Außerdem kam es oft vor, daß man nach endlosem Warten unverrichteter Dinge nach Hause gehen mußte, da das gesamte Fleisch schon verkauft war. Als 1916 dann ein Kartensystem für den städtischen Fleischverkauf eingeführt wurde, verlagerten sich die Käuferschlangen von den Schlachtereien zur Kartenausgabe, die zunächst auch in der Markthalle eröffnet, dann aber ins neue Rathaus verlegt wurde. In der Markthalle war es wiederholt zu Unruhen gekommen, vor allem wenn Militärpersonen sich vor den bereits stundenlang Wartenden angestellt hatten. Aber auch vor dem Rathaus kam es zu Protesten, wenn die Fleischkarten für die Wartenden nicht ausreichten.

Im Sommer 1916 entspannte sich die Lage ein wenig. Dies bestätigte auch der Regierungspräsident in seinem Bericht vom 25. Juli 1916. Er stellte fest, daß sich die Stimmung der Bevölkerung »sichtlich gehoben« habe, nachdem wieder ausreichend Kartoffeln vorhanden und die während des Krawalles im Rathaus lebhaft geforderten Fleischkarten eingeführt worden seien. Durch die Rationierung von Fleisch und Butter hatte sich die Lage deutlich entspannt, da jetzt die Überzeugung verbreitet werden konnte, daß

auch die Wohlhabenden Not litten.[11] Die Entschärfung der sozialen Konflikte änderte aber nichts an der verheerenden Lebensmittelversorgung der Bevölkerung, geschweige denn am Verfall des Marktlebens in der Halle. Die Kriegsjahre, die anschließenden Revolutionswirren und die beginnende Inflation forderten auch von der Markthalle einen hohen Tribut.

***

Im September 1918 erholte sich Friedrich Georg Jünger (Bruder von Ernst Jünger) von einer schweren Kriegsverwundung in Hannover. In dieser Zeit, so schreibt er, lernte er in der Markthalle das nüchterne, niedersächsische Wesen der Bauern und Händler mit ihrem unverfälschten Platt zu schätzen!

»Ich erwähne diese Markthalle als einen Ort, den ich oft besuchte, nicht um darin einzukaufen, sondern um den Geruch frischer Früchte und Gemüse einzuatmen, mich an ihrer cerealischen Feuchte zu laben und die Gespräche von Käufern und Verkäufern zu belauschen, deren trockener Ton mich belustigte.«[12]

Vom Bauern zum Händler

Das Marktleben hat besonders in der Nachkriegszeit eine wesentliche Veränderung erfahren. In früherer Zeit brachten die Bauern die Erzeugnisse selbst auf den Markt und verkauften ihre Produkte an die Verbraucher. Den erworbenen Erlös verwendeten sie zum Einkauf ihrer Bedürfnisse in den Läden und Kaufhäusern der Stadt, da in ihren Heimatdörfern kaum Gelegenheit dazu bestand.

Nach dem Kriege machte sich ein Wandel bemerkbar, der auch in der Markthalle festzustellen war. Die Obst- und Gemüsebauern kamen in weit geringerer Anzahl zum Markt als in den Jahren zuvor. Sie verkauften ihre Produkte in der Hauptsache an Händler, die dann ihrerseits den Markt aufsuchten. Diese Händler rekrutierten sich größtenteils aus dem Kleinbürgertum und den Mittelschichten, die von den politischen und wirtschaftlichen Veränderungen der Nachkriegszeit stark betroffen waren. Arbeitslos oder durch die Inflation teilweise ruiniert, suchte diese gesellschaftliche Gruppe nach neuen Betätigungsfeldern und fand eine marktwirtschaftliche Nische im Zwischenhandel.

Diese Händler zogen nun von einem Marktplatz zum anderen. Später besaßen einige Händler auf jedem Marktplatz Stände und ließen sie von Angestellten betreiben, wenn an den selben Tagen auf verschiedenen Plätzen der Stadt Märkte stattfanden. Die Nachfrage nach Ständen wuchs deshalb beträchtlich.

Die Markthalle war in der Nachkriegszeit bis auf den letzten Platz besetzt. Hunderte von Anmeldungen konnten nicht berücksichtigt werden. Das gleiche Bild zeigte sich auf den offenen Märkten, wo die Händler trotz Erweiterung der Märkte auf die angrenzenden Straßen kaum unterzubringen waren. Daraufhin wurde der Markt auf dem Altstädter Marktplatz wieder ständig eingerichtet. Auf dem Stephans- und auf dem Moltkeplatz entstanden neue Wochenmärkte.

Die Markthalle reichte auch für die Unterbringung sämtlicher Großhändler längst nicht mehr aus, so daß im Jahre 1924 der Großmarkt zum Klagesmarkt verlegt werden mußte. Die chaotischen Verkehrsverhältnisse auf dem Alt-

Abb. 5 Der Zwischenhandel blüht. Ein Verkaufsstand vor der Markthalle

städter Marktplatz und den angrenzenden Straßen machten es notwendig, auch den Gemüse-Kleinmarkt auf dem Klagesmarkt unterzubringen. Dort fand künftig an drei Tagen in der Woche Markt statt. Außerdem kamen noch neue Märkte auf dem Pfarrlandplatz und dem Fiedelerplatz hinzu. Die vielen Frucht- und Gemüsestände prägten das bunte Bild des Marktlebens:

»Salat, Endivie, Lattich zeigten, noch von der fetten Gartenerde bedeckt, ihre strahlenden Herzen; die Spinat- und Ampferpflanzen, die Bohnen- und Erbsenhaufen, die Stapel von mit Strohhalmen zusammengebundenem römischen Salat sangen die ganze Tonleiter des Grüns vom Lackgrün der Schoten bis zum derben Grün der Blätter, eine anhaltende Tonleiter, die erst bei den Flecken der Selleriestengel und den Porreebunden erstarb. Aber die gellendsten Töne, die am lautesten erklungen, waren noch immer die lebhaften Flecke der Möhren und die reinen Flecke der Kohlrüben, die in ungeheurer Menge über den ganzen Markt verstreut waren und ihn mit der grellen Zusammenstellung ihrer beiden Farben erhellten. Und hier und da entflammten der Goldkäferlack eines Korbes Zwiebeln, das blutige Rot eines Haufens Tomaten, das vermischte Gelb einer Ladung Gurken, das dunkle Violett einer Traube Eierfrüchte...«[13]

Doch die schleichende Inflation trübte dieses Bild scheinbarer Prosperität des hannoverschen Marktlebens.

Verfall der Markthalle in der Inflationszeit

Infolge der Geldentwertung waren die Standgebühren der Markthalle fast wertlos, wenn sie von Händlern gezahlt wurden. Der Geldmangel wiederum verhinderte die schon lange notwendigen Instandsetzungsarbeiten.

In der Markthalle vollzog sich während der Inflationsphase eine Entwicklung, die mit Enttäuschung, Resignation und Apathie einherging.[14]

Damals öffneten die Ladeninhaber der Stadt ihre Geschäfte nur für wenige Stunden. Die Händler der Markthalle wurden dagegen vom Magistrat gezwungen, ihre Stände während der festgesetzten Verkaufszeit offen zu halten. Viele Standinhaber fristeten ein kümmerliches Dasein, weil in den ersten vier Tagen der Woche die Markthalle fast wie ausgestorben war. Durch die Inflation mußten die Menschen ihr Kaufverhalten ändern. Sie setzten ihre Löhne am Wochenende sofort in Verbrauchsgüter um, so daß in der Woche kein Geld vorhanden war. Viele Händler konnten kaum die Standgebühren aufbringen. Der Gerichtsvollzieher war ständiger Gast der Markthalle. So wechselten in den Jahren 1921/22 häufig die Mieter der Markthallenstände, vielfach gegen Zahlung höherer Summen unter der Hand.

Der Magistrat fühlte sich deshalb genötigt, die Standbesitzer an die bestehende Marktordnung zu erinnern. Diese sah vor, daß Markthallenstände nur durch Vermittlung der Betriebsleitung der Markthalle in der Reihenfolge der Vornotierung vermietet werden können und daß auf Zuwiderhandlung gegen diese Anordnung die sofortige Kündigung folge. Außerdem wies der Magistrat in einem Rundschreiben an die Standbesitzer darauf hin, daß ein großer Teil der Stände nicht in dem gewünschten sauberen und hygienischen Zustand wären und daß diese Mängel nicht gerade verkaufsfördernd wirkten. Darüber hinaus versuchte der Magistrat, den Verfall der Markthalle mit kleinen Ausbesserungsarbeiten aufzuhalten, doch selbst diese Kosten stiegen 1922 ins Unermeßliche und blieben von daher auch nur Stückwerk. Um Kostendeckung bemüht, mußte der Magistrat immer wieder die Standmieten erhöhen, was im Februar 1923 zu einer Protestversammlung der Standinhaber führte. Folgende einstimmige Entschließung wurde dem Magistrat vorgelegt:

»Die Versammlung erhebt einstimmig Protest gegen die maßlosen Erhöhungen der Markthallengebühren um wiederum 60 bis 100 Prozent. Nachdem der Magistrat die Gebühren ständig erhöht hat (die letzte trat erst am 1. Januar d. J. in Kraft), erklären sich alle Standinhaber außerstande, den hohen Forderungen nachzukommen, denn keinem Geschäftsmann ist es möglich, diese Gebühren noch aufzubringen. Da die Kaufkraft des Publikums, besonders der werktätigen Bevölkerung, erheblich nachgelassen hat, sind auch die Verdienste wesentlich zurückgegangen. Der größte Teil der Waren wird mit einem Bruttoverdienst von 10 Prozent gehandelt. Hiervon sind noch 2 Prozent Umsatzsteuer, Gewerbesteuer, Einkommensteuer usw. zu zahlen, so daß dem Kleinhändler nur ein ganz bescheidener Nutzen verbleibt. Sollten die neuen Gebühren die Zustimmung des Bürgervorsteherkollegiums erhalten, so müßte ein großer Teil der Verkaufsstände geschlossen werden. Bekannte Tatsache ist es, daß die Markthalle preisregulierend wirkt, und im Interesse des Publikums wäre es lebhaft zu bedauern, wenn durch die Gebührenpolitik des Magistrats dieser Preisregulator ausgeschaltet werden sollte; andererseits aber würden viele Standinhaber brotlos werden und der öffentlichen Fürsorge anheimfallen, während heute die Markthallenstandinhaber einen ganz erheblichen Teil Steuern zahlen müssen. Schon allein um die Steuerkraft der Standinhaber zu erhalten, dürfte der Magistrat kein Mittel unversucht lassen, um die Markthalle zu erhalten. Dem Publikum wird es kaum bekannt sein, daß ein Stand in der Markthalle in der Größe von etwa 10 Quadratmeter 52.000 bis 110.000 M pro Jahr kosten soll, wozu für besonders günstig gelegene Stände noch Aufschläge von 15 bis 50 Prozent erhoben werden. Kühlräume kosten künftig 1 Quadratmeter 27.000 M, Gefrierräume 36.000 M und Kellerräume 4.200 M jährlich. Wir fragen den Magistrat als Hauswirt der Markthalle, ob er noch andere Hausbesitzer kennt, die solch horrende Mieten für gewerbliche Räume erhalten...«[15]

Falls ihren Forderungen nicht nachgegeben würde, drohten die Standbesitzer einen Streik an, der aber nach einem Beschwichtigungsschreiben des Magistrats dann ausblieb.

Der äußerliche Verfall der Markthalle nahm weiterhin zu. Auch im Innern bot die Markthalle ein unschönes Bild. Viele Stände hatten behelfsmäßige Aufbauten aus Kistenbrettern und sahen aus wie Holzbuden.

Die Stände auf der Galerie waren besonders verwahrlost, die Standbeleuchtungen nicht ausreichend. In den Verzierungen der Eisenkonstruktion sammelte sich Dreck und Staub, der von den Öfen aufgewirbelt wurde. Die hölzernen Verkaufstresen und die Holztische der Fischstände hatten etliche Gerüche konserviert, und der reingetragene Straßenschmutz vermischte sich mit Abfällen und Spülwasser auf dem Boden. Auch die Ungezieferplage war recht lästig geworden, weil die hygienischen Maßnahmen immer mehr zu wünschen übrig ließen. In der hinter der Markthalle gelegenen Abfallgrube suchten hungrige Hannoveraner nach noch Verwertbarem, und manch verdorbene Ware wurde wieder in den Handel gebracht.

Unhygienische Verhältnisse auf offenen Märkten

Hatte der Magistrat in der Nachkriegszeit sein größeres Interesse der Erweiterung der offenen Märkte zugewandt, so entstand hierdurch zunächst der Markthalle kein Nachteil. Die Auswirkungen fielen erst nach 1924 auf, als die Nachfrage nach Ständen in der Halle geringer wurde und sowohl Händler als auch Käufer die offenen Märkte bevorzugten. Offenbar ließen sich hier bessere Geschäfte machen.

Namentlich waren es die Schlachter und Wursthändler, welche die offenen Märkte in großer Zahl belebten, nachdem der Verkauf von frischem Fleisch auf diesen freigegeben wurde.

Aber der Fleischverkauf auf den offenen Märkten hatte auch seine Nachteile. In einem Bericht über die bedrängte Lage der Markthallenstandbesitzer versuchte der verantwortliche Marktleiter, Inspektor Hartmann, rückblickend diese Nachteile aufzuzeigen, um im Interesse der Markthalle den Polizeipräsidenten zum Einschreiten zu bewegen:

»... Eine solche Maßnahme ist schon allein im gesundheitlichen Interesse der Bevölkerung der Stadt begründet. Immer und immer wieder haben die Polizeiärzte und die Beamten der Lebensmittelüberwachungspolizei im Laufe der Zeit auf die unhygienischen Zustände bei dem Verkaufe des Fleisches auf offenen Märkten hingewiesen. Sie wiesen auch wiederholt auf die Mängel im Antransport und auf den unkontrollierbaren Verbleib des auf einem Markt unverkauft gebliebenen Fleisches hin, das oft an einem andern Tage und auf einem offenen Markt in einem andern Stadtteile feilgehalten wird. Daß sowohl im Sommer als auch im Winter das Fleisch durch die Einwirkung der Witterung und des Straßenstaubes leidet, bedarf keiner besonderen Erwähnung. Durch das Ein- und Auspacken, das Übereinanderlagern und das Zusammenlagern mit geruchsverbreitenden Waren in ungeeigneten Behältern, Fahrzeugen und Räumen wird die Qualität des Fleisches ebenfalls ungünstig beeinflußt. Alle diese Mängel sind dann sofort behoben, wenn das Fleisch in der Markthalle, also in einem überdachten Raume, feilgehalten und in den auf dem gleichen Grundstücke liegenden Aufbewahrungs- und Kühlräumen eingelagert würde. Eine eingehende Kontrolle des Fleisches durch Tierärzte, wie sie in der Markthalle vorgenommen wird, ist auf den offenen Märkten technisch unmöglich. Viele Marktbesitzer meiden die Markthalle wegen dieser Kontrolle, die aber zum Schutze der Bevölkerung dringend erforderlich ist.«[16]

Trotz dieser überzeugenden Darstellung waren der Polizeipräsident, der für die Aufrechterhaltung des Marktlebens verantwortlich war, und die Stadtverwaltung nicht zu bewegen, auf Hartmanns Vorschläge einzugehen, weil die bestehende Gewerbe- und Marktordnung restriktive Maßnahmen nicht ohne weiteres zuließ. Die Markthalle mußte sich wohl oder übel der Konkurrenz stellen, sich etwas anderes einfallen lassen, um die langsame Agonie zu stoppen.

Neuer Anstrich – aber kein Ende der Probleme

Am 15. November 1923 wurde das Ende der Inflation mit der Einführung der Rentenmark (1 Rentenmark = 1 Billion Papiermark) eingeleitet. Es begann die Phase der Währungsstabilisierung.

Mit der Einführung der neuen Währung wurden in der Markthalle auch neue Standmieten festgesetzt und Maßnahmen ergriffen, die Markthalle wieder attraktiv zu machen. Zunächst kam es bei der Erneuerung des Betriebes darauf an, die Grundlage für eine betriebliche Rentabilität zu schaffen. 1924 wurden deshalb sämtliche Stände und Räume neu vermessen und mit laufenden Nummern versehen. Die Betriebsleitung übernahm die Einziehung der Benutzungsgebühren. Eigenmächtigkeiten bei der Weitervermietung von Ständen wurden nicht mehr geduldet, die freigewordenen Stände wurden nach der Reihenfolge der Anmeldung vergeben. Auch gegen die Gepflogenheit, daß sich ein Händler bei der Abgabe des Standes von seinem Nachfolger eine hohe Abstandssumme zahlen ließ, wurde energisch eingeschritten. Die Betriebsleitung pochte auf die strikte Einhaltung der Markthallenordnung und machte die Händler darauf aufmerksam, daß sie unregelmäßige Kontrollen in Bezug auf die Sauberkeit der Stände durchführen und bei Verstößen rücksichtslos vorgehen werde. U. a. wurden die Geflügelhändler darauf hingewiesen, daß das Schlachten, Rupfen und Zerlegen von Geflügel und Wild nicht in der Markthalle, sondern ausschließlich im Schlachthause der Markthalle zu erfolgen hätte. Langsam dämmerte es wohl auch den Händlern, daß diese Maßnahmen in ihrem ureigenen existentiellen Interesse lagen. Nur die neuen Mieten schufen ständige Schwierigkeiten zwischen dem Magistrat und den Standinhabern. Zum Jahresbeginn 1925 erschienen in den hannoverschen Tageszeitungen verschiedene kritische Artikel, in denen dem Magistrat übertriebene Mietforderungen vorgeworfen wurden, die weit über dem Miet-Niveau der »Friedenszeiten« liegen würden. Durch die immer noch schlechte Kaufkraft der Konsumenten könnten viele Standbesitzer von den kargen Gewinnen kaum die Mieten bezahlen.

Daraufhin vom Magistrat befragt, nahm Inspektor Hartmann zu den Zeitungsartikeln Stellung:

»Wenn behauptet wird, 50 bis 60 Prozent der Standinhaber verdienen kaum so viel, um ihre Miete bezahlen zu können, so ist dies stark übertrieben. Es ist richtig, daß bei der augenblicklichen Kaufkraft der Markthallenbesucher in gewissen Ständen geringe Umsätze erzielt werden, dagegen haben mir mehrere Standinhaber erklärt, daß sie mit einem Ladengeschäft nicht tauschen möchten, weil sie in der Markthalle für ihre Ware stets bares Geld bekommen, während in den Geschäften oft Kredit gewährt werden muß. Obgleich am Freitag und Sonnabend jeder Woche der Verkehr in der Markthalle nach wie vor sehr stark ist, klagen einige Standinhaber über geringen Verdienst. Die Ursache liegt in der allgemeinen wirtschaftlichen Lage, oft liegt es aber auch an den persönlichen Eigenschaften des Verkäufers, seiner Ware und Aufmachung und Lage des Standes. Lebhafte Klage wird von den Standinhabern über die Verlegung des Großmarktes nach dem Klagesmarkt geführt. Ferner wird darüber geklagt, daß die Märkte am Moltke- und Stephansplatz nicht am 31. Dezember geschlossen sind.«[17]

Die Standbesitzer der Markthalle hätten es natürlich gern gesehen, an diesem erfahrungsgemäß guten Geschäftstag

Abb. 6 Konkurrenz für die Markthalle: die offenen Märkte

konkurrenzlos zu bleiben. Hartmann plädierte im übrigen auch wieder geschickt für die Einschränkung der offenen Märkte. Aber trotz aller Klagen, schienen die Standbesitzer doch nicht mehr mit den Standinhabern auf den offenen Märkten tauschen zu wollen, was aus dem seltenen Besitzerwechsel der Markthallenstände dieser Zeit gefolgert werden kann.

Aber die folgende »Krise« 1925/26, von der ein großer Teil der hannoverschen Arbeiterfamilien durch Arbeitslosigkeit direkt oder indirekt betroffen waren, schlug sich wieder in der Markthalle nieder. Die kurze Erholungspause war vorbei. Der Verkehr in der Halle wurde von Woche zu Woche geringer und die Konkurrenz der offenen Märkte trat immer mehr in Erscheinung.

Um das völlige Aussterben der Markthalle zu verhindern, hatte der Magistrat die Möglichkeit, die Vorteile der Halle, nämlich die Witterungsunabhängigkeit, die Kühlräume mit dem preiswerten Gefrierfleisch, die sorgsame Fleischkontrolle, die täglichen Öffnungszeiten, durch weitere Verbesserungen herauszustellen oder aber die offenen Märkte einzuschränken. Der Magistrat entschied sich für den ersten Weg.

Der relative Aufschwung, der den Unternehmen 1927 den Höchststand der Kapitalrentabilität in der Weimarer Republik einbrachte, führte auch bei der Stadt Hannover zu höheren Einnahmen, und so genehmigte die städtische Finanzkommission weitere Verbesserungsarbeiten in der Markthalle.

Die Markthalle bekam zunächst einen neuen Anstrich. Dann wurden die elektrischen Anlagen verbessert, die Beseitigung der Abfälle neu geregelt, bessere Entlüftung eingebaut und das verschnörkelte Galeriegitter mit Holz verkleidet, da es als Staubfänger unhygienisch war. Außerdem wurde die Warmwasseranlage erneuert und vergrößert, ebenso die Kühlanlagen. Die sechs eisernen Öfen, die viel Staub und Schmutz verursacht hatten, wurden durch neuzeitliche Gaslufterhitzer ersetzt. Neue Blumenstände wurden eingerichtet und die Eismaschine auf eine Tagesleistung von 360 Zentnern gebracht. Ferner wurde die Fleischkontrolle noch gründlicher als zuvor geregelt.

Die hannoverschen Tageszeitungen waren voll des Lobes. Der *Hannoversche Kurier* veröffentlichte am 4. 11. 1928 unter dem Titel »Durch Hannovers Markthalle« einen ganzseitigen euphorischen Artikel über die renovierte Markthalle und stellte abschließend fest, daß das »wirksamste Reklamemittel für die sich langsam wieder mit Publikum füllende Markthalle die Sauberkeit sei«.

Doch ein paar Monate später begannen sich schon die ersten Auswirkungen der Weltwirtschaftskrise abzuzeichnen. Diesmal wurde die Markthalle noch schwerer gebeutelt, als in den schwierigen Jahren zuvor. Aber sie überlebte auch diese Krise. Anfang der Dreißiger Jahre galt es, die Markthalle für den Kunden wieder attraktiv, für die Marktverwaltung rentabel und gegenüber den offenen Märkten konkurrenzfähig zu machen. Auch dann sollte die Sauberkeit, die Hygiene wieder die beste Reklame für die Halle werden. Nur daß dann Sauberkeit mit Ordnung, Hygiene mit »Reinheit des deutschen Blutes« in Verbindung gebracht wurde, sollte in der ohnehin ereignisreichen Geschichte der Markthalle zu einer neuen erschreckenden Erfahrung werden. Die jüdischen Händler waren die ersten Opfer dieser verbrecherischen »Rassenpolitik«. Ab dem 30. 6. 1933 durften sie ihrem Gewerbe auf Hannovers Wochenmärkten nicht mehr nachgehen.[18]

Durch die Aufrüstungsmaßnahmen der Nationalsozialisten stabilisierte sich 1935 das Wirtschaftsleben. Auch die Markthalle florierte, bis sich die Auswirkungen des Krieges auf die Lebensmittelversorgung der Bevölkerung bemerkbar machten.
Am 26. Juni 1943 fielen die Bomben...

***

Das Leben in der Markthalle der zwanziger Jahre war von permanenter Improvisation geprägt, von einem Auf und Ab zwischen Niedergang und Erholung, zwischen Fortschrittsanspruch und resignierendem Stillstand, aber immer verzweifelt bemüht, an die erfolgreichen Tage des Jahrhundertbeginns anzuknüpfen. Aber die gesellschaftspolitischen und wirtschaftlichen Probleme der Weimarer Republik gingen auch an der Markthalle nicht spurlos vorüber. 1925 lebte jeder dritte Deutsche in einer Großstadt, ein weiteres Drittel in Mittel- und Kleinstädten und das letzte Drittel auf dem Lande. Die Modernisierung der Landwirtschaft hielt mit der Industrialisierung anderer Wirtschaftszweige, der Urbanisierung der Städte mit ihren wachsenden Ansprüchen nicht Schritt. In der Markthalle, im Marktwesen überhaupt, trafen diese unterschiedlichen Entwicklungen aufeinander. Auf der einen Seite standen die noch herkömmlich produzierenden Bauern, die später von den Händlern abgelöst wurden, auf der anderen Seite eine städtische Kundschaft, deren Kaufverhalten von den Indikatoren abhing, die ihnen der oft schmerzhafte und krisengeschüttelte Prozeß der Wirtschaftsentwicklung, wie z. B. geringes Einkommen, Arbeitslosigkeit durch Wirtschaftskrisen und Rationalisierungsmaßnahmen, auferlegte. Die Nachfrage an Lebensmitteln war durch die Verstädterung der Gesamtbevölkerung gestiegen, insbesondere die nach preiswerten Produkten. Was für die gesamte Weimarer Republik galt, traf auch auf die Lebensmittelverteilung der hannoverschen Markthalle zu.

Was immer also an wirtschaftlichen Verteilungskonflikten anstand, konnte nur durch Umverteilung oder auf Pump gelöst werden. Ein Spielraum für soziale Kompromisse durch Umverteilung der Zuwächse bestand niemals.[19]

Der Magistrat von Hannover konnte weder den Bauern, den Händlern noch den Käufern helfen, lediglich Angebot und Nachfrage ein wenig steuern, indem die Zulassung der offenen Märkte erweitert oder eingeschränkt wurde.

Die architektonische Einfriedung und Überdachung des ausufernden Marktlebens, das in einer modern sein wollenden Stadt des ausgehenden 19. Jahrhunderts als unkontrollierbares archaisches Relikt von Ständen, Tieren und fliegenden Händlern galt, kennzeichnete eine von Fortschrittsgläubigkeit geprägte Urbanisierungsvorstellung, die ähnlich einer Flußbegradigung eine Naturbeherrschung impliziert, die zwar die technische Ausführung beherrscht, aber spätere Auswirkungen noch nicht einzukalkulieren versteht. So blieb die Markthalle eine ständige Einrichtung, die, wenn Geld vorhanden war, auch ständig renoviert und verbessert wurde, um das schwer zu kanalisierende Marktleben halbwegs in der Markthalle zu zentralisieren. Die Halle verkörperte wohl auch einen Teil jenes Modernisierungsgedankens, der die Janusköpfigkeit der Zwanziger Jahre kennzeichnete: War das Marktleben schon nicht zu stabilisieren, so sollte sich diese Instabilität an einem Ort abspielen, der zumindest äußerlich den modernen Anforderungen entsprach, sich den urbanen Herausforderungen

Abb. 7 Die Überreste der Markthalle nach dem Bombenangriff im Juni 1943

stellte und der durch seine ständige räumliche Präsenz in krisenbewegter Zeit Kontinuität und optimistische Beständigkeit symbolisierte. Denn es ist sehr erstaunlich, daß die Markthalle von 1914–1934 im Sterben lag, ohne daß jedoch der endgültige Tod eintrat. Die alte Städtische Markthalle muß unter den Hannoveranern und Hannoveranerinnen viele Liebhaber, Verehrer und Helfer gehabt haben, die dieses Phänomen ermöglichten.

Epilog

Sommer 1991. An der Ecke Karmarsch-/Leinstraße kann man heute den gleichen Blickwinkel einnehmen, den der Fotograf innehatte, der um die Jahrhundertwende die alte Markthalle ablichtete. Und an fast genau derselben Stelle steht wieder eine Markthalle. Diesmal aber die »Neue«, die 1955 gebaut wurde, nachdem die dachlose Ruine der alten Markthalle ab 1943 noch 12 Jahre als notdürftig repariertes Provisorium gedient hatte, auf dessen Grundfläche Zelte und Bretterbuden die zerstörten Stände ersetzten.

Die Markthalle, die wir heute betrachten, ist also 36 Jahre alt. Auch in diesen Jahren bestimmten die wechselhaften sozial- und wirtschaftspolitischen Entwicklungen das Bild und das Leben der Markthalle, das Konsumverhalten ihrer Kunden: Der Wiederaufbau, das »Wirtschaftswunder«, die Rezession, Vollbeschäftigung und wachsende Arbeitslosigkeit, High Tech und Neue Armut. Stadtgeschichte und Staatsgeschichte in Kongruenz. Damals wie heute.

Sommer 1991. Die Markthalle hat sich zu einem Spezial-Kaufhaus entwickelt, das wohl nicht mehr die Konkurrenz der offenen Märkte zu fürchten braucht. Die Stände sind übervoll an Angeboten. Versorgungsschwierigkeiten gibt es nicht mehr. Der Algermisser Harzkäse konkurriert mit dem anatolischen Schafskäse, der Wunstorfer Spargel mit französischen Auberginen und italienischen Artischocken. Viele ausländische Verkaufsstände bereichern das Bild, schaffen großstädtische Vielfalt und eine kosmopolitische

Atmosphäre. Dennoch spiegeln sich auch an diesem Ort die Gegensätze unserer heutigen Gesellschaft wider: Hier die Arbeitslosen oder Einkommensschwächeren auf der Suche nach preiswerten Sonderangeboten, um ihren Wochenbedarf an Lebensmitteln zu decken; dort die Besserverdienenden, die in ihrer Mittagspause ein Gläschen Champagner trinken und Austern schlürfen.

Auf Karotten rutscht hier allerdings niemand mehr aus, erst recht nicht auf Lattichblättern. Die Markthalle ist ein attraktiver Treffpunkt geworden, Sauberkeit und Hygiene eine Selbstverständlichkeit, Fleischbeschau per Gesetz geregelt. Wem würde es heute noch als sinnvoll erscheinen, auf eine verschärfte Fleischkontrolle hinzuweisen, um seine Produkte von der Konkurrenz abzuheben? Oder vielleicht doch? Die heutige landwirtschaftliche Produktionsweise kann zwar den Bedarf der Bevölkerung an Lebensmittel decken, aber auch nicht problemlos. Ein wachsendes Umweltbewußtsein hat sich in der Öffentlichkeit breitgemacht. Die Nachfrage an schadstoffarmen Nahrungsmitteln steigt. Ein Konsumverhalten, das sich auch früher oder später in der Markthalle, dem »Bauch« Hannovers, niederschlagen und früher oder später hier strukturelle Veränderungen bringen wird.

»Haben Sie Aale? Aber bitte keine aus verschmutzten Gewässern...!«

Anmerkungen:

1 Zola 1974.
2 Pressemitteilung der Landeshauptstadt Hannover v. 16.10.1967 zum 75jährigen Bestehen der Markthalle, vgl. auch HAZ v. 12./13.3.1955.
3 Benjamin 1987, S.36.
4 Zola 1974, S.37.
5 Rischbieter 1978, S.71; vgl. auch den Aufsatz von Silke Radloff in diesem Band.
6 Rowald 1894, S.10.
7 HK v. 16.10.1892.
8 Rowald 1894, S.23.
9 Arends 1935, S.84.
10 Boll 1981, S.194.
11 Ebd., S.202.
12 Jünger 1951, S.186ff.
13 Zola 1974, S.43ff.
14 Vgl. Jahoda 1960.
15 HA v. 15.02.1923.
16 Schr. v. 20.9.1932, in: StAH X A.3.21.
17 Stellungnahme v. 28.1.1925, in: STAH X A.3.21.
18 Am 4.5.1936 mußten die letzten drei jüdischen Händler die Markthalle verlassen, Erlaß in: STAH X A.3.25.
19 Vgl. Peukert 1987, S.25.

Literatur und Quellen:

Arends, Theodor / Ernst, Otto, Zehn Jahre Aufbau. Die Hauptstadt Hannover von 1925 - 1935, Hannover 1935.
Benjamin, Walter, Berliner Kindheit um Neunzehnhundert. Fassung letzter Hand, Frankfurt/M. 1987.
Boll, Friedhelm, Massenbewegungen in Niedersachsen. 1906 - 1920, Bonn 1981.
Jahoda, M. u.a., Die Arbeitslosen von Marienthal, Bonn 1960.
Jünger, Friedrich Georg, Grüne Zweige, München 1951.
Peukert, Detlev J.K., Die Weimarer Republik. Krisenjahre der klassischen Moderne, Frankfurt/M. 1987.
Rischbieter, Henning, Hannoversches Lesebuch oder: Was in Hannover geschrieben, gedruckt und gelesen wurde, 2. Bd. 1850 - 1950, Velber 1978.
Rowald, Paul / Bokelberg, G., Die städtische Markthalle zu Hannover, Hannover 1894.
Verwaltungsbericht des Magistrats der königlichen Haupt und Residenzstadt Hannover, 1906 - 1907, Hannover 1908.
Wabner, Rolf, Rahmen- und Ausgangsbedingungen konkreter Reaktions- Aktionsformen der Arbeiterschaft in Hannover während der Weimarer Republik. Eine historisch empirische Untersuchung. Schriftliche Hausarbeit im Rahmen der wissenschaftlichen Prüfung für das höhere Lehramt. TU Hannover, Seminar für politische Wissenschaft, Hannover 1978.
Wabner, Rolf, Lernen aus verpaßten Chancen. Zur Geschichte der hannoverschen Arbeiterbewegung (1815 - 1933), Diss. Universität Hannover 1980.
Zola, Emile, Der Bauch von Paris, München 1974.

Thomas Masselink

»…daß Benzin dazu gehört.«

Tankstellen auf öffentlichen Straßen und Plätzen im Hannover der Zwanziger Jahre

Tankstellen

>»Jeder der gern Auto fährt,
>ist darüber aufgeklärt,
>daß Benzin dazu gehört.
>Hat das Auto kein Benzin,
>fährt es nirgendwo mehr hin.«
>**(An der Tankstelle, Bertie-Buch 21)**

Mit der Verdrängung der traditionellen Pferdefuhrwerke durch das Automobil beginnt die Geschichte des Tankstellenwesens. Zu Beginn dieses Jahrhunderts diente der Pkw vornehmlich als Luxusfahrzeug für Aristokraten und Industrielle. Nach dem Ersten Weltkrieg begannen die motorisierten Fortbewegungsmittel allmählich das Straßenbild zu beherrschen. Um dem neuen »Autoboom« gerecht zu werden, wurde die Kraftfahrzeugsteuer von einer reinen Luxussteuer auf eine allgemeine Automobilsteuer für Personen- und Lastkraftwagen umgestellt[1]. Die Straßenordnungen mußten den Erfordernissen des Automobilverkehrs angepaßt werden und zwar durch Festsetzen von Höchstgeschwindigkeiten und Einrichten von privaten, aber polizeilich überprüften Kraftfahrschulen. Da nicht jeder Automobilbesitzer über eine eigene Garage verfügte, boten die Großgaragen eine notwendige Alternative: Bis in die Zwanziger Jahre war es vielfach verboten, sein Auto über Nacht draußen stehen zu lassen.

Aber auch in der Erdölindustrie gab es einen durch das Aufkommen des Automobils bedingten Strukturwandel.

Die ursprüngliche Bedeutung des Erdöls lag in der Gewinnung von Petroleum, das als Leuchtöl für Petroleumlampen, Straßenlaternen diente, kurz: für alles was leuchten sollte. Da die ersten großen Ölfunde in Amerika gemacht wurden, war es auch das erste Land, das seinen Überfluß an Petroleum in den Export lenken konnte[2]. So baute die amerikanische Standard Oil lange vor dem Ersten Weltkrieg ein weltweites Vertriebsnetz für Petroleum auf, das bei der Umstellung auf Benzinverkauf genutzt werden konnte.

Fünf Jahre vor Ausbruch des Krieges, 1909, drängte das »Exportbüro der Österreichischen Raffinerien« unter dem Namen »Olex« auf den deutschen Markt. Den wirtschaftlichen Interessen dieser Firma verdankt Hannover eine Besonderheit: den Bau der ersten öffentlichen Tankstelle Deutschlands im Jahre 1923. Durch die zunehmende Verwendung von Gas und Elektrizität ging der Verbrauch an Leuchtöl seit Beginn des Jahrhunderts kontinuierlich zurück, während durch die fortschreitende Technisierung der Bedarf an Benzin anstieg.[3] Daher galt es nach dem Ersten Weltkrieg für alle Mineralölkonzerne, ihren Verkauf auf diese Produkte umzustellen und sich Marktanteile in Europa und vor allem im Deutschen Reich, das selbst keine nennenswerte Rohölförderung hatte, zu erkämpfen und langfristig zu sichern. Die Olex schaffte es, binnen weniger Jahre ein funktionierendes Verkaufsnetz zu errichten, das sich jedoch hauptsächlich auf den Verkauf von Petroleum beschränkte. In dem Bemühen, sich Marktanteile im Benzinverkauf zu sichern, lag die »Olex« weit hinter der »Deutsch Amerikanischen Petroleum Gesellschaft« (DAPG, Tochter der Standard Oil) und Shell zurück, die bereits Benzintankstellen auf privatem Gelände in Großgaragen aufstellten.[4]

Die »eiserne Jungfrau« Vom Faß- und Kannenhändler zur feuersicheren Zapfsäule

Um sich trotz des Vorsprungs der amerikanischen Mineralölgesellschaften eigene Marktanteile zu sichern, wollte die Olex Neuland betreten und Zapfsäulen auf öffentlichen Straßen und Plätzen aufstellen. Sie versuchte daher, mit verschiedenen deutschen Städten Monopolverträge über die Aufstellung von Tankstellen auf städtischem Grund abzuschließen, u.a. mit der Stadt Hannover.

Bevor es diese öffentlichen Tankstellen gab, holte sich der »Herrenfahrer« oder »Autler«, wie man damals sagte,

Abb. 1 Kraftwagenhalle 1928

sein Benzin von »Faß- oder Kannenhändlern«, die das Benzin mit Hilfe von Meßbechern und Trichtern aus Fässern oder Kanistern in den Autotank füllten. Das waren häufig Kolonialwarenhändler oder Gastwirte, die den Benzinverkauf als Nebenverdienst betrieben. Apotheker und Drogisten verkauften das ursprünglich als Reinigungsmittel benutzte Benzin häufig ebenfalls in größeren Mengen. Später führten auch Kohlenhändler und Garagenbesitzer Benzin, oder der Automobilbesitzer (bzw. sein Chauffeur) fuhr direkt zu einem Mineralöllager, in Hannover zum Beispiel am Lindener Hafen, um sich dort den Betriebsstoff abzuholen. Dabei füllte der Kraftfahrer aber nicht nur den Tank seines Automobils, sondern auch noch einige Kanister und Kannen, um sich zu Hause im Hof, in der Garage oder gar im Keller einen gewissen Vorrat anzulegen. Diese »Schwarzlager« waren aufgrund der unsachgemäßen Aufbewahrung natürlich gefährlich, und es kam häufig zu Explosionen.[5] Doch weder gelegentliche Unfälle noch Verbote konnten die Autofahrer von dieser Praxis abbringen. Ein erster Schritt, die problematische Schwarzlagerung einzudämmen, erfolgte durch die Benzinzapfstellen, die die großen Mineralölkonzerne, z.B. DAPG oder Shell, auf Hinterhöfen, in Toreinfahrten oder in Großgaragen aufstellten.

Eine solche Zapfanlage, auch »eiserne Jungfrau« genannt, war nun keine Tankstelle im heutigen Sinn. Sie bestand aus einem Erdtank von 2500 oder 5000 Litern Inhalt und einem darauf befindlichen etwa zwei Meter hohen Pumpständer mit einer Handpumpe. Diese Zapfsäulen wurden ab 1922 in Deutschland zunächst nur auf privaten Grundstücken aufgestellt.[6]

Nach Auffassung der Olex sollten aber Zapfanlagen auf städtischem Grund, d.h. auf dem Bürgersteig oder auf neben der Straße gelegenen Grundstücken errichtet werden. Bevor es jedoch zum Abschluß von Verträgen zur Aufstellung von Tankanlagen auf städtischem Grund kommen konnte, mußte zunächst das von der Olex verwendete Tankverfahren genehmigt werden. Für Hannover beantragte die Herstellerfirma Martini & Hünecke Maschinenbau AG im November 1921 beim Magistrat der Stadt eine grundsätzliche Genehmigung zur Aufstellung ihrer Zapfsäulen.[7] Die Ingenieure von Martini & Hünecke hatten eine schnelle und sichere Tanktechnik entwickelt, die eine Explosion der Tankstelle weitgehend ausschloß. Die Zapfanlagen arbeiteten nicht wie die anderen Pumpständer mit einer Handpumpe, sondern förderten den Betriebsstoff durch ein Druckgas, meistens Kohlensäure, aus dem unterirdischen Tank nach oben. Darüber hinaus diente die Kohlensäure als Schutzgas, um die Bildung eines leicht entzündlichen Benzin-Luft-Gemisches zu verhindern.[8] Das war gegenüber der bisher üblichen Kanister- und Kannenbetankung ein erheblicher sicherheitstechnischer Fortschritt.

Aus einem Schreiben der Technischen Prüfungs- und Versuchsanstalt Karlsruhe geht hervor, daß diese eine generelle Genehmigung für Tankstellen nicht geben könne, daß aber das Ministerium des Innern eine allgemeine Genehmigung zur Lagerung größerer Mengen Benzin erteilt habe, sofern diese nach dem Prinzip Martini & Hünecke erfolgen würde. In einem Gutachten des Leiters der sicherheitspolizeilichen Überwachungsstelle des Polizeipräsidiums Berlin wird das Tankverfahren ebenfalls favorisiert.

KEIN WOCHENENDE OHNE DAPOLIN!

Abb. 2 Die Mineralölkonzerne liegen im Trend und unterstützen die Mobilität in der Freizeit

Ein Zurückgreifen auf die Anlagen der Firma Martini & Hünecke, »der Begründerin der modernen Sicherheitstechnik«, sei aus feuer- und verkehrspolizeilichem Interesse nicht nur zulässig, sondern in »feuersicherheitlicher Beziehung« erwünscht. »Im Interesse einer geregelten Versorgung der Kraftfahrzeuge werden derartige Anlagen nur zu begrüßen sein.«[9]

Je nach Durchmesser der verwendeten Rohrleitung konnten 25 oder 55 Liter Kraftstoff in der Minute gefördert werden, wobei die Tanks der Automobile auch damals schon 40 bis 60 Liter faßten. Der Kraftstoff wurde aber nicht direkt in das tankende Fahrzeug gepumpt, sondern in 10 oder 20 Liter fassende Meßgläser im oberen Teil der Tanksäule. Von da ließ man das Benzin dann durch einen »Einfüllrüssel« in den Kraftstofftank des Fahrzeugs laufen.

Das Tankverfahren war wegen der verwendeten Kohlensäure jedoch sehr teuer, so daß das Prinzip Martini & Hünecke bereits 1925 durch das sogenannte Salzkotten-Verfahren abgelöst wurde. Bei diesem Verfahren wurde der Treibstoff mit einer Handpumpe gefördert. Zur Feuerverhütung versah man die Be- und Entlüftungsleitungen mit Kiestöpfen oder Davyschen Sicherheitsnetzen, die ein Durchschlagen von Flammen oder Funken ins Tankinnere verhindern sollten.[10]

Unabhängig vom Tankverfahren stellte die Firma Martini & Hünecke im Februar 1922 zwei konkrete Bauanträge für Tankstellen am Raschplatz und am Schäferdamm[11], die vom Magistrat einen Monat später genehmigt wurden. Über eine mögliche Betreiberfirma wollte die Stadt getrennt entscheiden. Sie behielt sich sogar das Recht vor, die Tankstelle eventuell selbst zu unterhalten.

Über den Betrieb der Tankstelle führte die Stadt Verhandlungen mit der Deutschen Erdöl AG (DEA). Diese erhielt im April 1922 dann auch das ausschließliche Recht zur Aufstellung von Zapfsäulen nach dem Prinzip Martini & Hünecke, das die DEA an ihre Verkaufsorganisation, die Olex Petroleum Gesellschaft mbH, übertrug. Die DEA hatte 1911 die Olex-Verkaufsorganisation in Deutschland als Tochtergesellschaft übernommen.

Von Mitte des Jahres 1922 an verhandelten die Olex und die Stadt Hannover direkt miteinander.[12] Im August des Jahres kam es zur Unterzeichnung eines Vertrages über die Errichtung von Tankstellen auf öffentlichen Straßen und Plätzen in Hannover.

»Auf Irrwegen« – Die Suche nach dem richtigen Standort

Das äußere Erscheinungsbild der Tankstellen spielte bei den Verhandlungen zunächst eine untergeordnete Rolle. Die Olex wollte nicht nur einfache Zapfsäulen auf dem Bürgersteig aufstellen, sondern Tankhäuser bauen. Der Name »Tankhaus« ist dabei nach heutigen Kriterien eine maßlose Übertreibung. Es handelte sich dabei um eine Art Kiosk, mit einem Durchmesser von 2,70 Metern und einer Höhe von 3,20 Metern.[13] Darin war eine Zapfanlage installiert, ein Kompressor zum Auffüllen von Autoreifen, ein elektrischer Heizkörper und ein wenig Platz für den Tankwart. Trotz dieser bescheidenen Ausstattung waren solche Tankhäuser verhältnismäßig aufwendig und teuer, deshalb blieben Olex-Tankhäuser die Ausnahme. Bei allen anderen Marken dominierten bis zum Zweiten Weltkrieg die einfachen Bürgersteig-Zapfsäulen.

Doch wo sollte das erste Tankhaus Hannovers errichtet werden? Zur Diskussion standen zunächst Raschplatz oder Theaterplatz.

Der Polizeipräsident, der bis 1927 für die Genehmigung von Mineralöllagerungen zuständig war, lehnte eine Tankstelle auf dem Theaterplatz aus verkehrs- und sicherheitstechnischen Gründen ab. Er bezog sich dabei auf die »Polizeiverordnung betreffend den Verkehr mit Mineralölen« vom 7.3.1903, die besagte, daß um ein Mineralöllager von mehr als 1000 kg Inhalt eine Schutzzone von 20–30 Metern eingehalten werden müsse.[14]

Den Raschplatz hielt die Kommission für das Garten- und Friedhofswesen für gänzlich ungeeignet und empfahl, das Häuschen auf dem Promenadenweg der Georgsanlagen gegenüber der Dresdner Bank zu errichten. Die Baudeputation hörte auf die Empfehlung, beschloß aber als

Standort den Promenadenweg der Georgsplatzanlage gegenüber der Hannoverschen Bank (heute Deutsche Bank). Daraufhin kam es zu zahlreichen Protesten. Der *Hannoversche Kurier* hielt diesen Beschluß für einen »schlechten Scherz«[15] und bezichtigte die Baudeputation, sich »auf Irrwegen« zu befinden. Der Redakteur wies auf den sogenannten »Schönheitsparagraphen« hin, der eine Verunstaltung des Stadtgebiets verbot und der hier zur Anwendung kommen und das Projekt verhindern müsse.

Aus der Stadt Hannover.
Ein Benzintank auf der Georgstraße.
Die Baudeputation auf Irrwegen.

Es klingt wie ein schlechter Scherz, ist aber doch wahr: die städtische Baudeputation hat in einer ihrer letzten Sitzungen dem Plane zugestimmt, in den Anlagen der Georgstraße, gegenüber der Hannoverschen Bank, einen Benzintank zur Abgabe von Benzin an Automobile zu errichten.

Wie ein solcher Beschluß zustande kommen kann, ist eigentlich unfaßbar. Inmitten unserer »besten Stube«, als welche die Georgstraße doch stets bezeichnet wird, eine derartige Anlage einrichten zu wollen! Mag die Not der Stadt auch groß und jede Einnahmequelle an Pacht verlockend sein, so gibt es doch gewiße Dinge, an die auch die bitterste Not nicht heran kommen darf. Schon verschandelt die städtische Reklame mit ihren Uebertreibungen die Straßen im Stadtinnern in einem Maße, wie man es in keiner anderen Großstadt zu sehen bekommt, und nun will man auch noch eine derartige gewerbliche Anlage, die zu Zeiten mit viel „Betrieb" verbunden ist, in den schönsten Teil unseres Stadtbildes bringen?

Es ist zu hoffen, daß dieser Beschluß der Baudeputation noch kein endgültiger ist und daß die obere Instanz, die, wie wir hören, schon gegen andere weit weniger exponierte Plätze, die für diese Anlage in Aussicht genommen waren, schärfste Bedenken hatte, ihn wieder in der Versenkung verschwinden läßt. Die Baudeputation, die gegen harmlose Firmenschilder in Nebenstraßen den „Schönheitsparagraphen" ins Feld führt, hier aber den Schutz der Schönheiten im Stadtbilde so ganz und gar nicht zu kennen scheint, hat mit diesem Beschluß ihr Ansehen in der Bürgerschaft nicht erhöht. △

Abb. 3

Durch diesen Zeitungsartikel aufmerksam geworden, schickten auch die Direktoren der umliegenden Gymnasien, des Rats- und des Realgymnasiums, einen gemeinsamen Beschwerdebrief an die Stadt.[16]

»Falls für die Errichtung der Georgsplatz in Aussicht genommen sein sollte, möchten wir namens der hier gelegenen hohen Schulen ausdrücklich auf die Gefahren, die daraus unseren Schülern erwachsen würden, hinweisen. Denn einmal sehen wir die Jungen, die sich in den Pausen in den Anlagen des Georgsplatzes ergehen, durch die Möglichkeit einer Explosion des Tanks, ferner aber durch den infolge einer solchen Errichtung sicherlich gesteigerten Automobilverkehr auf das schwerste gefährdet. Wir bitten daher dringend, die Benzinabgabestelle nicht auf dem Georgsplatz zu errichten.«
Auch die umliegenden Banken, die Reichsbankhauptstelle, die Hannoversche Bank und die Mitteldeutsche Creditbank mißbilligten in einem gemeinsamen Schreiben ihrer Direktoren das Vorhaben der Stadt. Die Banken wiesen »zunächst auf die mit einer Benzinstation verbundene Explosions- und Feuergefahr hin, die für die anliegenden Bankinstitute geradezu unerträglich sein würde.« Für den besonders vor Geldinstituten regen Verkehr von Fußgän-

gern und Wagen entstünde Gefahr durch den vor dem Benzintank sich entwickelnden Autoverkehr, »ganz abgesehen von dem Gestank, der aus der Gegend überhaupt nicht mehr verschwinden wird«.[17]

Nach Ablehnung des Theaterplatzes und zahlreichen Protesten gegen den nahegelegenen Georgsplatz kam der Raschplatz als Standort für die Tankstelle wieder ins Gespräch. Die Olex, allmählich nervös geworden, wandte sich an das Amt für Reklamewesen, um auch dort auf die Dringlichkeit des Projekts hinzuweisen. Sie versuchte, die Einwände des Polizeipräsidenten auszuräumen, damit das Projekt auf dem Raschplatz nicht aus den gleichen Gründen scheiterte, wie auf dem Theaterplatz: Die Tankstelle würde den Verkehr nicht behindern, im Gegenteil; Anlagen gerade auf verkehrsreichen Straßen und Plätzen seien wünschenswert, um so auch den Durchgangsverkehr versorgen zu können; die »Entnahme von Benzin aus den meistens an der Peripherie der Stadt gelegenen Benzinlägern« sei wegen der unnötigen Leerfahrt unpraktisch und besonders für Kraftdroschken ein vermeidbarer Kostenfaktor, der gerade zu den Schwarzlägern in Garagen und schlecht belüfteten Hinterhöfen geführt habe.[18]

Die Oberpostdirektion erhob jedoch Einspruch gegen den Standort Raschplatz, da sie dort den Bau eines neuen Postscheckamtes plante. Der Landgerichtspräsident und der Oberstaatsanwalt wandten sich gegen eine Tankstelle vor dem Gerichtsgebäude, da bei ihnen oft ortsfremde Personen geladen würden, die den Großstadtverkehr nicht gewohnt und somit einer besonderen Gefährdung ausgesetzt seien. Allgemein gehe von den Tankstellen eine Verkehrsbehinderung und eine Lärmbelästigung durch das Ankurbeln aus. Die Stadt ließ sich durch solche Einwände jedoch nicht mehr beirren. Diese seien vom Stadtbaupolizeiamt und vom Polizeipräsidenten hinreichend geprüft und berücksichtigt worden. Dem Bau der ersten Tankstelle auf öffentlichem Boden in Deutschland stand nun nichts mehr im Wege.[19]

»Als im Winter 1922 hinterm hannoverschen Hauptbahnhof gebaut und gebuddelt und dann ein Steinkiosk hochgezogen wurde, herrschte unter den Anwohnern zuerst Rätselraten über den Zweck des Häuschens. Der bekittelte ältere Herr mit Dienstmütze, der dort arbeitete, war weder Zeitungsverkäufer noch Toilettenmann. Doch die Aufschrift ›Olex-Tankstelle‹ war unübersehbar, mehrmals rundherum aus jeder Richtung lesbar. Durch aufwendige Verzierungen und ein überdimensioniertes Dach wirkte dieses ›Tank-Haus‹ mitten auf dem Platz wie ein Tanktempel.«[20]

Das Olex-Monopol in der Autofahrerstadt Hannover

Mit der Inbetriebnahme des Tankhauses im Januar 1923 am Raschplatz wurde der zwischen der Stadt Hannover und der Olex Petroleum GmbH geschlossene Vertrag wirksam. Er sicherte der Olex das Alleinverkaufsrecht von Kraftstoffen aller Art auf öffentlichen Straßen und Plätzen im Stadtgebiet von Hannover zu.[21]

Die Stadt erhielt dafür nicht nur die Einkünfte aus der Grundstücksmiete, sondern auch das Recht, zwei Drittel der zur Verfügung stehenden Reklameflächen zu ihren Gunsten zu verpachten. Ferner war sie per Umsatzbeteiligung bis zu 3 Prozent an den Einkünften der Tankstelle beteiligt.

Abb. 4 Das erste massive Tankhaus in Deutschland, erbaut 1922 hinter dem hannoverschen Bahnhof

Der Nutzen der Stadt reichte aber noch weiter. Hannover hatte sich als fortschrittliche Stadt gezeigt. Die Motorisierung belebte Handel und Industrie. Die neuen Tankstellen trugen dazu bei, das Autofahren attraktiver und billiger zu machen. Der Kraftstoff war dort immer einen oder mehrere Pfennig billiger als bei der Kanisterbetankung.[22]

Die Olex mußte bestrebt sein, Monopolverträge durchzusetzen, um ein Vordringen der anderen, finanzkräftigeren Firmen auf diesem Gebiet zu erschweren. Sie hatte sich, wahrscheinlich nicht zufällig, eine günstige Stadt ausgesucht, denn Hannover war in den Zwanziger Jahren, vom Durchgangsverkehr einmal abgesehen, eine Autofahrerstadt. 1927 entfiel im Deutschen Reich auf 87 Einwohner ein Fahrzeug, in Hamburg auf 69, in Berlin auf 66 und in Hannover auf nur 58. Die höchste Motorisierungsdichte wiesen Stuttgart und München auf mit einem Kraftfahrzeug auf 42 bzw. 44 Einwohner.[23] Hannover war also eine gut motorisierte Stadt und hatte nun einen weiteren Schritt zur Belebung des Automobilwesens getan, indem es als erste deutsche Stadt einen Vertrag über Tankstellen auf öffentlichem Grund abschloß. Dieser Vertrag sah auch schon Regelungen für einen weiteren Ausbau des Tankstellennetzes vor. Neu beantragte Tankstellen der Olex durften nicht mehr generell abgelehnt werden, sondern nur noch, wenn es berechtigte verkehrstechnische Einwände gab. Umge-

kehrt konnte der Magistrat, nach einer entsprechenden Vertragserweiterung im Jahre 1924, von der Olex die Errichtung weiterer Tankanlagen fordern, wenn dies im öffentlichen Interesse notwendig und deren Rentabilität gesichert war.

Die Konkurrenz meldet sich zu Wort

Der zwischen der Olex und der Stadt Hannover geschlossene Vertrag war eine sicherlich wünschenswerte Neuerung, weil er neben den ebenfalls entstehenden Tankstellen auf privatem Grund eine weitere Möglichkeit zum Ausbau eines sicheren Versorgungsnetzes für Benzinabgabestellen bot. Gleichzeitig förderte er auch, eben wegen des Monopols, die Entstehung von Tankstellen auf Privatgrundstücken, denn die Konkurrenzfirmen suchten jetzt, um gleichwertige Zapfanlagen schaffen zu können, Privatgrundstücke, die aber nicht mehr wie früher auf Hinterhöfen oder weitab der Straßen lagen, sondern direkt am Straßenrand. So mußte nur noch der Gehsteig überquert werden, um tanken zu können. Häufig wurde dieser auch einfach vermittels einer Schlauchleitung, »in Übermannshöhe verlegt«, überbrückt, so daß die Fahrzeuge am Straßenrand halten und trotzdem von einer Tankstelle auf einem Privatgrundstück versorgt werden konnten.[24]

Während Hannover im Jahre 1926 fünf Tankstellen auf öffentlichen Straßen und Plätzen zählte[25], hatte die Konkurrenz auf Privatgrundstücken bereits 47 Zapfständer, von denen 34 sichtbar an der Straße standen und deshalb denen auf öffentlichem Gelände gleichwertig waren.[26] Das Alleinverkaufsrecht der Olex traf hauptsächlich die kleineren Firmen, die sich in der Aufbauphase befanden. Deshalb protestierten hauptsächlich solche Firmen gegen den Monopolvertrag.[27]

Außerdem meldeten sich die Benzolkonkurrenten zu Wort, so der Benzolverband Bochum. Er gab dem Magistrat der Stadt zu bedenken, daß Monopolverträge nach dem Beispiel von Hannover auch in anderen Städten abgeschlossen werden könnten. Die Tankstellen seien zwar für die Entwicklung des Straßenverkehrs dienlich, nicht jedoch Monopolverträge.

Die Thyssensche Handelsgesellschaft dagegen strebte einen Monopolvertrag an, allerdings für Benzol, denn Benzol sei ein viel besserer Kraftstoff als Benzin.

Der Streit um das richtige Gemisch

Um die Qualitätsmerkmale von Benzol wurde in den entsprechenden Fachzeitschriften unter Experten heftig gestritten.[28] Doch im Grunde hing die Antwort davon ab, in welchem Motor man den Kraftstoff verwendete. Aufgrund der Kraftfahrzeugsteuer in Deutschland, die nach dem Hubraum der Fahrzeuge berechnet wurde, waren die deutschen Automobilbauer bemüht, Motoren mit wenig Hubraum und dafür höherer Verdichtung zu produzieren.[29] Um das Klopfen dieser Motoren zu verhindern, – damals war Benzin noch bleifrei – war es angebracht, ein Benzin-Benzolgemisch zu tanken. Andererseits war gerade das Tanken von reinem Benzol für Autos, deren Motoren auf Benzin eingestellt waren, nicht empfehlenswert. Der Verkauf eines Treibstoffgemisches, 1923 von der Olex eingeführt, brachte erhebliche Kosten mit sich, weil an den betreffenden Zapfanlagen entweder ein zweiter unterirdischer Tank eingebettet oder der alte Tank entfernt und ein neuer, in zwei Kammern geteilter Tank eingesetzt werden mußte. Der Antrag, das Tankhaus Raschplatz in dieser Weise umzubauen, erreichte den Magistrat der Stadt Hannover im Dezember 1924. Auch der Benzolverband bot, wo er vertreten war, ab 1924 ein Benzin-Benzolgemisch, Aral, an.[30]

Der Versuch der Thyssenschen Handelsgesellschaft, ein Alleinverkaufsrecht für Benzol zu erhalten, war aber aussichtslos, denn das Monopol der Olex galt nicht nur für Benzin, sondern für den Verkauf von Automobilbetriebstoffen jeder Art.

Bereits 1925, drei Jahre nach Vertragsabschluß, zog die Stadt Hannover erstmals Erkundigungen ein, wie eine Lösung des Olex-Vertrages möglich sei. Sie wandte sich an die Stadt Düsseldorf, die einen ähnlichen Vertrag eingegangen war, der jedoch gegen die Genehmigung von drei zusätzlichen Zapfständern gelöst werden konnte.

Abb. 5 Tankstelle an der Hildesheimer Straße, 1930

Abb. 6 Bedürfnisanstalt und Tankstelle am Moltkeplatz, 1929

Schließlich drängte 1926 auch noch die Industrie- und Handelskammer Hannover den Magistrat, den Vertrag zu kündigen. Dieser Brief wurde von der Stadt Hannover zum Anlaß genommen, nach dem Vorbild Düsseldorfs über eine Vertragsauflösung zu verhandeln.[31]

Die Industrie- und Handelskammer machte geltend, daß die Monopolstellung der Olex dazu führe, aus Kostengründen wenig Tankstellen in Hannover zu bauen. Dies wiederum hätte verkehrsbehindernde Warteschlangen zur Folge und verleite zum Anlegen von Schwarzlagern. Das Monopol bewirke ferner den Bau von Tankstellen auf Privatgrundstücken, die jedoch verkehrsgefährdend seien, weil die an- und abfahrenden Fahrzeuge die Bürgersteige überqueren müßten, oft sogar rückwärts. Die Monopolstellung führe darüber hinaus zum Preisdiktat und verhindere Wahlmöglichkeiten. Das könne den durchaus gewünschten Durchgangsverkehr vermindern, weil Autler, die ihren Kraftstoff in Hannover nicht bekämen, die Stadt vielleicht gar nicht erst anführen.

Beinahe die gleiche Argumentation findet sich im September 1926 in einem Artikel des *Hannoverschen Anzeigers*. Darin heißt es außerdem, es sei »im Schritt mit der Zunahme des Verkehrs... ein dringendes Erfordernis, feuersichere Zapfanlagen für die Versorgung der Automobile mit Betriebsstoff zu schaffen.« Den Verkehr zu fördern hieße auch, Tankstellen an Verkehrsstraßen zu schaffen. »Es scheint so, als ob man sich speziell in Hannover noch nicht ernsthaft mit dieser wichtigen Frage beschäftigt hat...«. Der Verfasser des Artikels fordert die »Hannoverschen Behörden, insbesondere die Stadtverwaltung [auf], dieser für die späteren Verkehrsverhältnisse so überaus wichtigen Frage einmal ihre Aufmerksamkeit [zuzuwenden].«[32]

Im Oktober 1926 ging bei der Stadt erneut ein gegen den Olex-Vertrag gerichtetes Schreiben vom Benzolverband Bochum ein.[33] Hierin wird auf die schwierige wirtschaftliche Situation der Gesellschaft hingewiesen. Eine deutschnationale Argumentation bestimmte den Tenor des Briefes: Man befinde sich mit den Benzingesellschaften im Kampf um deutsches Absatzgebiet, wobei der Benzolverband durch Zwangslieferungen an Frankreich, durch Inflation und Ruhrbesetzung sowieso schon geschwächt sei. Dabei sei er doch ein rein deutsches Unternehmen.

Der Ausstieg aus dem Monopol-Vertrag

Anfang Juni 1926 wurde vom Magistrat der Stadt Hannover der Beschluß gefaßt, neue Anlagen der Olex erst dann zu genehmigen, wenn eine Entscheidung über den beiderseitigen Ausstieg aus dem Vertrag herbeigeführt worden sei. In den folgenden Verhandlungen einigten sich die beiden Vertragsparteien generell über die Art des vorzeitigen Vertragsendes. Dabei hatte das Verkehrsamt, das hier in Vertretung des Magistrats als Grundstückseigner auftrat, die Anzahl der noch zu genehmigenden Zapfsäulen auf 15 heruntergehandelt. Schließlich wurde im März 1927 in einer Magistratssitzung beschlossen, nur noch mit dem Angebot von 12 zusätzlichen Tankstellen in die Verhandlungen mit der Olex zu treten.[34] Die Olex drängte auf eine rasche Einigung, weil sie auf eine schnelle Genehmigung ihrer zusätzlichen Tankstellen angewiesen war. Gegen die Genehmigung von zwölf weiteren Tankstellen und eine Klausel, nach der die Konkurrenzfirmen erst drei Monate nach Inkrafttreten des neuen Vertrages mit dem Bau von

Tankstellen auf öffentlichen Straßen und Plätzen beginnen durften, ließ die Olex am 28. März 1928 ihr ausschließliches Recht zur Errichtung und Inbetriebnahme öffentlicher Tankstellen im Stadtbezirk von Hannover fallen.[35]

Um nach der Lösung des Monopolvertrages der Flut von neuen Bauanträgen Herr zu werden, vereinfachte man zunächst das Genehmigungsverfahren. Nach einer Verfügung vom 7.5.1927 entschied künftig allein das Stadtbaupolizeiamt über die Lagerung von Mineralöl im Stadtgebiet von Hannover.[36] Neben den 12 Anträgen der Olex lagen bereits 25 von Rhenania Ossag (Shell), 41 der DAPG und 12 der Deutschen Gasolin AG vor.[37] Weitere Anträge sollten folgen, darunter auch einige von weniger großen Firmen. Die Investitionsbereitschaft war auffallend: Man witterte das große Geschäft.

Ausblicke: Alles unter einem Dach...

In Hannover wie auch in anderen Städten kam es Mitte der Zwanziger Jahre zu einem regelrechten Tankstellenboom. 1927 gab es etwa 10.000 Zapfstellen in Deutschland. 1930 waren es bereits 50.000.[38] Derart starke Zuwachsraten konnten in den Großstädten natürlich nicht mehr erzielt werden, weil dort schon seit den frühen Zwanziger Jahren mit dem Ausbau des Tankstellennetzes begonnen worden war, während der Boom in kleinen Städten und ländlichen Gegenden erst am Ende des Jahrzehnts einsetzte. Bereits um die Jahreswende 1932/33 befanden sich zwei Drittel aller Tanksäulen auf dem Lande. In der Großen Wirtschaftskrise ging allerdings der Bedarf an neuen Tankstellen zurück. In Hannover steuerte das Stadtbaupolizeiamt schon vorher die Entwicklung mit einer restriktiv gehandhabten Genehmigungspolitik. Im März 1928, wenige Tage nach Auflösung des Vertrages mit der Olex, einigten sich die zuständigen Behörden der Stadtverwaltung, wohl unter dem Eindruck der neuen Flut von Bauanträgen, in einer Besprechung über Tankstellen: »Alle beteiligten Amtsstellen halten eine Häufung von Tankstellen im Straßengelände für städtebaulich unzweckmäßig und unerwünscht. Sie sollen beschränkt werden auf Fälle, wo Zusammenlegung mit anderen Notwendigkeiten des Verkehrs, ferner Bedürfnisanstalten usw., eine geeignete Voraussetzung für die Zulassung geben.«[39] Am 3.8.1929 stellt das Stadtbaupolizeiamt dazu fest, es sei »in letzter Zeit so verfahren worden, daß dort, wo sich die Notwendigkeit einer Regulierung von Verkehrseinrichtungen ergibt oder die Errichtung öffentlicher Einrichtungen erwünscht ist, geprüft wird, ob die Anlage mit einer Tankstelle verbunden werden kann, um diese Abänderung leichter zu finanzieren.«[40]

Auch wollte man keine Tankstellen auf Bürgersteigen mehr erlauben. Damit lag man im Trend der Zeit, denn die Entwicklung der ausgehenden Zwanziger und noch stärker der Dreißiger Jahre ging weg von der Straßenzapfsäule auf dem Bürgersteig und hin zum Bau von sogenannten Großtankstellen. Merkmale der Großtankstellen waren ein festes Haus als Kassenraum, eine vorgelagerte »überdachte Tankinsel« mit mehreren Zapfständern, sowie Wagenheber und andere Reparatureinrichtungen. 1934 wurde schließlich ein Tankstellensperrgesetz erlassen. Es sollte nicht nur den Bau von Tankstellen kontrollieren, sondern auch die Art des verkauften Treibstoffs regeln. An Gasöl-Gemisch-Tankstellen herrschte nämlich großer Mangel, während es Benzin-Öl-Gemisch-Tankstellen für Zweitaktmotoren im Überfluß gab.[41]

Nach 1945 tendierten in Hannover die Tankstellenfirmen dazu, das jeweils an die Tankstelle grenzende Privatgrundstück aufzukaufen und dann die ganze Anlage hinter die Baufluchtlinie zurückzuverlegen.[42] So verschwanden schließlich die Tankstellen von öffentlichen Straßen und Plätzen.

Anmerkungen:

1 Otten 1926, S. 21.
2 Förster 1979, S. 25.
3 Ebd., S. 99 und S. 134.
4 Ebd., S. 136.
5 Polster 1982, S. 19.
6 Ebd., S. 32.
7 Schr. v. 17.11.1921, in: StAH HR XIV F.c. 5 Nr. 2.
8 Schr. v. 12.01.1922, in: StAH HR XIV F.c. 5 Nr. 1 Bd. 1.
9 Anlage zu Schr. v. 30.09.1922, in: StAH HR XIV F.c. 5 Nr. 1 Bd. 1.
10 Schr. v. 12.01.1923, in: StAH HR XIV F.c. 5 Nr. 4.
11 Schr. v. 14.02.1922, in: StAH HR XIV F.c. 5 Nr. 2.
12 Entspr. Schr. in: StAH HR XIV F.c. 5 N.1 Bd. Ersten
13 Bauzeichnung, in: StAH HR XIV F.c. 5 Nr. 1 Bd. 1.
14 Schr. v. 29.09.1922, in: StAH HR XIV F.c. 5 Nr. 1 Bd. 1.
15 HK v. 23.09.1922.
16 Schr. v. 26.09.1922, in: StAH HR XIV F.c. 5 Nr. 1 Bd. 1.
17 Schr. v. 29.09.1922, in: StAH HR XIV F.c. 5 Nr. 1 Bd. 1.
18 Schr. v. 30.09.1922, in: StAH HR XIV F.c. 5 Nr. 1 Bd. 1.
19 Unterschiedliche Angaben über angeblich erste Tankstellen erklären sich häufig durch eine Unterscheidung zwischen Tankhaus, Zapfstelle und Großtankstelle. Das Tankhaus am Raschplatz war jedoch die erste Benzinentnahmestelle auf städtischem Grund in Deutschland.
20 Polster 1982, S. 31.
21 Original des Vertrages, in: StAH HR XIV F.c. 5.
22 Vgl. entsprechende Veröffentlichungen in damaligen Fachzeitschriften, z.B. Das Garagenwesen; Der Motorwagen; vgl. Polster 1982, S. 38.
23 Statistische Erhebung des Deutschen Reiches.
24 Schr. v. 23.06.1923, in: StAH HR XIV F.c. 5 Nr. 4.
25 Vier Tankstellen gehörten der Olex Petroleum Gmbh. Die fünfte Tankstelle war eine Dapolin-Tankstelle der DAPG (Deutsch Amerikanische Petroleumgesellschaft) auf dem Welfenplatz, damals noch Reichsgelände und deshalb vom Monopolvertrag nicht betroffen.
26 Die DAPG unterhielt 26 Zapfsäulen, Rhenania Ossag (Shell) 16 Zapfsäulen, die Deutsche Gasolin AG 3 Zapfsäulen und die Allgemeine Ölhandelsgesellschaft 2 Zapfsäulen.
27 Verschiedene Schr. in: StAH HR XIV F.c.5.
28 Vgl. die Fachzeitschriften in Anm. 22.
29 Polster 1982, S. 43; Otten 1926, S. 21f.
30 Polster 1982, S. 53.
31 Schr. v. 10.06.1926, in: StAH HR XIV F.c. 5.
32 HA v. 05.09.1926.
33 Schr. v. 26.01.1926, in: StAH HR XIV F.c. 5 Nr 8.
34 Beschluß der Magistratssitzung vom 11.03.1927, in: StAH HR XIV F.c.5 Nr.1 Bd.1.
35 Orginal des Vertrages in StAH HR XIV F.c.5 Nr.1 Bd.2.
36 Schr. v. 10.05.1927, in: StAH HR XIV F.c.5.
37 Schr. v. 22.03.1928, in: StAH HR XIV F.c. 5 Nr.4; Schr.v. 15.10.1927, in: StAH HR XIV F.c. 5 Nr.12.
38 Polster 1982, S.41.
39 Niederschrift der Besprechung über Tankstellen vom 31. März 1928, in: StAH HR XIV F.c. 5 Sondermappe Tankstellenplan.
40 Schr. v. 3.8.1929, in: StAH HR XIV F.c.5.
41 Schr.v. 26.03.1935, in: StAH HR XIV F.c. 5.
42 In: StAH HR XIV F.c. 5 Nr.1 Bd.3.

Literatur:

Förster, Fren, Geschichte der Deutschen BP, 1904-1979, Hamburg 1979.
Mander, Helmut, Automobilindustrie und Automobilsport. Die Funktion des Automobilsports für den technischen Fortschritt, für Ökonomie und Marketing von 1894 bis zur Gegenwart. Frankfurt/Main 1978.
Otten, Clemens, Die Verbreitung und Rentabilität des Kraftwagens, verglichen mit dem Pferdefuhrwerk, Diss. Bonn Poppelsdorf 1926
Polster, Bernd, Tankstellen, Die Benzingeschichte, Berlin 1982.

Ines Katenhusen

»Die Herzader der Stadt«
Die Geschichte der Georgstraße

1991: Zwangloser Freizeittreff – Der neue Schorsenbummel

Ort: Hannover-Georgstraße. Zeit: Sonntagvormittag, halb zwölf, Mitte Juni 1991.

Wer sich vom Bahnhof nähert, hört Bigbandsound, Orgel- und Blasmusikklang vom Georgs- und vom Opernplatz, vom Kröpcke und vom Steintor. Wer am Kröpcke steht, sieht es: Hier wird gerade der 1981 wieder belebte Schorsenbummel inszeniert, eine etwa 200 Jahre alte hannoversche Besonderheit. Benannt ist sie nach George III., welfischer Kurfürst und englischer König in einer Person. Auf der Prachtstraße mit seinem Namen gewöhnte man sich Ende des 18. Jahrhunderts das Schlendern und Flanieren an. Und aus dem Georgenbummel muß nach englischer Aussprache alsbald der Schorsenbummel geworden sein, wie ja überhaupt ein hannoverscher Georg auch heute oftmals Schorse gerufen wird.

Die Teilnehmer des neuen Schorsenbummels empfinden es nach eigener Aussage als »angenehm«, unter den Klängen der Musik zwischen Georgsplatz und Steintor über die Georgstraße zu bummeln, die Schaufenster der Geschäfte zu betrachten, Bekannte zu treffen und den jugendlichen Skateboardfahrern auf dem Opernplatz zuzuschauen. Für sie ist die Georgstraße »der Mittelpunkt der City«, und am Schorsenbummel nehmen sie teil, weil »hier immer was los« ist.

Da macht man sich dann gern zum Mittelpunkt, selbst wenn es dazu der Hilfe einer Waran-Echse sowie eines grünen Leguans bedarf, mit denen man über die Georgstraße zur besten Flanierzeit spaziert. So geschehen im September 1986 und ausgeführt von einem anscheinend besonders spleenigen Hannoveraner.

Strenges Ritual – Der alte Schorsenbummel

Die Großväter und Großmütter derjenigen, für die auf der Georgstraße »halt immer was los ist«, hätten diesen Sachverhalt vielleicht etwas anders formuliert. Sie hätten wohl auch das zwanglose Auftreten ihrer Enkel, deren Äußeres sich nur wenig von dem des Alltags unterscheidet, mißbilligt. – Zu ihrer Zeit, also in den Jahren vor und nach dem Ersten Weltkrieg, war der Schorsenbumel ein Gesellschaftsspiel nach den Regeln des »Sehen- und Gesehenwerdens«, und zwar beileibe kein Gesellschaftsspiel für jeden, der daran teilnehmen wollte.

Zum Schorsenbummel traf sich das gehobene Bürgertum und blieb auch unter sich[1]. – Herbert Ihering, Theaterkritiker und Hannoveraner, schreibt dazu: »Es wurde auf Unterschiede und Formen gehalten... Die Gemessenheit der Umgangsformen war peinlich korrekt und beinahe steif. Die Klassen schlossen sich gegenseitig ab...«[2] Und Karl Jakob Hirsch, dem wir eine dichte Schilderung der Atmosphäre im wilhelminischen Hannover in seinem Roman »Kaiserwetter« zu verdanken haben, ergänzt: »Das Bürgertum war tonangebend und mehr noch der Offizier.«[3]

Angesichts einer solchen Dominanz von Bürgertum und Militär wäre es einem Arbeiter vermutlich gar nicht erst in den Sinn gekommen, »an'ner Prommenääde« teilzunehmen. Und selbst wenn er sich in bürgerlicher Aufmachung in dieses Stück inszenierter wilhelminischer Kultur gewagt hätte, so würde er sich wohl kaum gut gefühlt haben – zu unterschiedlich waren seine Verhaltensformen zu denen der wohlhabenden Flaneure.

Die jedenfalls zeigten, was sie hatten, posierten in der jeweils neuesten Mode und wurden auch nicht müde, dies immer wieder zu tun.

»Das Aneinander-Gedrängtsein und das bunte Durcheinander des großstädtischen Verkehrs wären ohne psychologische Distanzierung ... unerträglich. Daß man sich mit einer so ungeheuren Zahl von Menschen so nahe auf den Leib rückt, wie es die jetzige Stadtkultur ... bewirkt, würde den Menschen vollkommen verzweifeln lassen, wenn nicht eine Objektivierung des Verkehrscharakters eine innere Grenze und Reserve mit sich brächte. Die entweder offen-

Abb. 1 Schorsenbummel vor dem Opernhaus 1912

bare oder in tausend Gestalten verkleidete Geldhaftigkeit der Beziehungen schiebt ... eine funktionelle Distanz zwischen die Menschen, die ein innerer Schutz...gegen die allzu gedrängte Nähe ist.« (Walter Benjamin, Der Flaneur[4])

Der alte Schorsenbummel war auf das kleine Stück der Georgstraße zwischen Windmühlen- und Ständehausstraße beschränkt.[5] Es konnte hier nicht darum gehen, vor dem Mittagessen noch einmal tüchtig auszuschreiten, sondern es kam darauf an, den exklusiven Charakter dieser Flanierstraße par excellence zur besten Stunde zu genießen.

Und die bürgerlichen Teilnehmer, die sich allein schon aufgrund ihrer gesellschaftlichen Stellung als einzig Berechtigte zu diesem Vergnügen wähnten, waren anspruchsvoll: Das Adreßbuch der Stadt Hannover von 1925 beispielsweise weist für die wenigen Meter von der Ständehaus- zur Windmühlenstraße allein vier Juweliere, Goldwarenhändler und Edelsteinläden auf, ferner fünf Hofphotographen und Photographen, sieben Geschäfte, die sich der standesgemäßen Bekleidung der flanierenden Hannoveraner und ihrer Gattinnen annahmen, und je einen Seidenwaren- und Musikalienhandel – die Creme der ansonsten an Geschäften gehobenen Standards insgesamt nicht armen Georgstraße.

Und hier flanierten sie dann, sonntag vormittag zwischen 11 und 12 Uhr – die Zeit bis zum »Start« des gesellschaftlichen Rituals mit einer Tasse Kaffee im Cafe Kröpke überbrückend,[6] denn noch war die Georgstraße menschenleer. Aber dann wälzte sich die Flut der erlebnishungrigen, sonntagsgelaunten Bürgerlichen durch die von zwei Baumreihen eingefaßte Straße. Man sprach mit seines- und ihresgleichen, beredete das Vergangene und mutmaßte über das Kommende. Man tauschte hinter vorgehaltener

Hand den Tratsch der Woche über diejenigen aus, mit denen man eben noch belanglose Worte gewechselt hatte, kurz: Man fühlte sich in seinem Element. Schließlich flanierten neben dem bei solchen Anlässen stets präsenten Aufgebot an Offiziersanwärtern aller preußischen Kavallerieregimenter[7] auch die »blühende Jugend, in lockenden Batistblusen, mit schiefgesetzten Schülermützen.«[8]

War einer der beiden Endpunkte des Schorsenbummels erreicht, wandte man sich um, den gerade absolvierten Gang aufs Neue zu wiederholen. Ein ständiges Auf und Ab und Auf und Ab...

Beide Straßenecken waren gleichsam akustische Grenzpunkte. Die Musik der Militärkapelle, die auf der Freitreppe des Opernhauses Platz genommen hatte, war stets im Ohr.[9] Diese bot nun ein buntes Potpourri all dessen, was man zu hören wünschte. Den so vertrauten Märschen folgten leichte Operettenmelodien, deren Titel Inhalt und Originalität wohl hinreichend beleuchten: »Nun hüll in die Mantille fester dich ein«, »Dollarprinzessin« und »Ich bete an die Macht der Liebe« waren feste Bestandteile des musikalischen Programms vor 1910.[10]

Die Attraktion des Atmosphärischen

Wie genau die Stadtverwaltung um die Attraktivität dieser sonntäglichen Konzerte wußte, zeigt folgender Vorfall aus dem Jahre 1925. Da schlug die *Niederdeutsche Zeitung* doch tatsächlich vor, die Konzerte hinter das neue Rathaus zu verlegen. Schließlich sei klar, »daß das Geräusch des Verkehrs schon in allernächster Umgebung den Genuß der Musik« störte und daß der »übliche Fußgängerverkehr und die benachbarten Konzerte aus dem Garten bei Kröpcke keine Verbesserung der musikalischen Leistungen bedeuten«.[11]

Mit Schwung geht es in die Haarnadelkurve hinein

Und immer wieder gleitet der Zug von bunten Mützen und Bändern auf und ab

Abb. 2 aus: Illustrierte Beilage des Hannoverschen Anzeigers, August 1932

Der Bummel in der Georgstraße.
Von B. G.

Hannover ist im Kranz der deutschen Städte eine bevorzugte Perle.

Wir haben manches vor den andern voraus. Wir haben das Ernst-August-Denkmal, den Kurier, das prachtvolle, wie aus einem Spielbaukasten gegossene Rathaus, haben unter uns geistige Größen, wie den staunenden Woldemar Schwarzschild, konservieren in Paul Steegemanns Verlag den literarischen Geist der Steinzeit, haben dreierlei Sozialdemokraten, zweierlei Kommunisten; wir besitzen 38 Tanzschulen, einen hannoverschen Oberpräsidenten aus Sachsen (um den uns die Arbeiter der ganzen Welt beneiden), einen vergoldeten Rathauskopf (Spitze wäre zu wenig gesagt), der es uns noch anstreichen wird; wir haben einen Straßenbahnerstreik als dauernde Verkehrseinrichtung; wir haben die deutschvölkische Buchhandlung in der Schmiedestraße; wir haben — den schönsten Bummel der Welt.

In der Tat, unsern Georgstraßenbummel kann uns niemand nachmachen. „Gibt es was Schöneres, als stundenlang wie eine Hammelherde auf- und abzulaufen, Couleurmützen zu schwenken und Köpfchen zu neigen?" „Aber nein, Verehrteste, davon verstehen Sie nun wieder garnichts. So einfach ist das nicht."

Die ersten 3mal auf und ab dienen der Musterung; bei der 4. Tour starrt man der Auserwählten in die lieblichen, einladenden Äuglein; bei der 5. Tour lächelt man; bei der 6. Tour lächelt sie; bei der 7. Tour lächelt er und sie; bei der 8. Tour geht man hinterher; bei der 9. Tour geht man nebeneinander; bei der 10. Tour spricht man vom Wetter; bei der 11. Tour vom Theater; bei der 12. Tour von der Liebe und bei der 13. von wo und wann?

Daß es altmodische Eltern gibt, die nicht einsehen wollen, wie wichtig der Georgstraßenbummel ist, ist tief bedauerlich. Mußte ich doch neulich mit ansehen, wie so ein rabiater Rabenvater sich mitten in die glückliche Jugend drängte und sein holdseliges Töchterchen vor den Augen des versammelten Kriegsvolks nach allen Regeln urväterlicher Pädagogik verbläute.

Natürlich war weit und breit weder ein Blauer noch ein Grüner zu sehen, der die Allgemeininteressen an dem ungestörten Verlauf unseres Bummels würdig in Schutz genommen hätte.

Unter sotanen Umständen wäre es wirklich nicht verwunderlich, wenn die Veranstalter unseres köstlichen Bummels gelegentlich mal Fehde und Streik ansagten.

Behüt' uns der Himmel davor!

∞

Abb. 3 aus: »Die Pille« (1920, H.2). Der Autor B.G. = Bernhard Gröttrup war auch Herausgeber dieser »aktuellen, kritischen, witzigen, frechen, unparteiischen hannoverschen Wochenschrift«

Die Stadtverwaltung tat jedoch den ganzen Vorschlag mit der Begründung ab, der musikalisch untermalte Schorsenbummel gehöre nun einmal zu Hannover. Nicht nur die Belange des Fremdenverkehrs, sondern auch die Gewohnheiten jedes Hannoveraners (gemeint waren natürlich nur die des gutbürgerlichen Hannoveraners nebst Gemahlin) würden durch die Verlegung des Konzertes in unzulänglicher Weise betroffen werden.

Diese eigentlich eher anekdotenhafte Begebenheit wirft ein Licht auf das Image, die Atmosphäre der Georgstraße. So wie jede Straße ihr ganz eigenes Wesen, ihren eigenen Charakter hat, so auch die Georgstraße; geplante Exklusivität, kalkulierte Noblesse, geordnetes Vergnügen. Nicht umsonst äußerte Theodor Fontane 1880 anläßlich eines Besuchs des in unmittelbarer Nähe liegenden »Kastens Hotel«: »Hannover macht einen vornehmen Eindruck, aber doch sonderbar ... etwas rauf Gepufftes, wie jemand, der sich über seine Kräfte anstrengt und dem die Puste ausgeht.«[12] Dieses Image, diesen Charakter galt es aufrechtzuerhalten, und hoch waren die Ansprüche: Da sprach eine

städtische Werbeschrift 1927 von Geschäften, »deren Auslagen auf beachtenswerter Höhe«[13] stünden, da prahlte eine andere Stadtwerbung mit den Worten: »Das gibt es nicht ein zweites Mal in einer anderen Stadt«[14], womit das Café Kröpcke gemeint war, da verstieg sich Wilhelm Meyer-Förster um 1900 gar zu der Beschreibung der Georgstraße als einer Straße, die »mit ihren Parkanlagen, ihren monumentalen Gebäuden und dem großstädtischen Verkehr vielleicht die schönste deutsche Straße«[15] sei!

200 Jahre Bemühen um das richtige Flair – Aus der Geschichte der Georgstraße

Am 17. Februar 1787 setzte Georg III., welfischer Kurfürst und König von England, seine Unterschrift unter den Erlaß, demzufolge auch die Residenzstadt Hannover eine Prachtstraße erhalten sollte.[16]

Er ließ damit den schon seit der Mitte des 18. Jahrhunderts verfolgten Plan ausführen, die Stadt um das Aegidientor herum zu erweitern. Schließlich hatte sich nach dem Siebenjährigen Krieg gezeigt, daß die Stadtmauern keinen Feind mit modernen Kriegswaffen mehr an einem Angriff hindern konnten. Durch die jetzt begonnene Schleifung der Stadtwälle entstand dort die nach Georg benannte Straße, wo zuvor Bastionen und Kurtinen-Wege waren.[17]

Georg III. war den Hannoveranern zwar kein Unbekannter, immerhin regelten seine Erlasse das Stadtleben bis in untergeordnete Bereiche hinein, aber zu Gesicht bekamen sie ihn nie. Der Herrscher zog es vor, von London aus die Geschicke der Stadt zu lenken.[18] Da die geplante Renommierstraße nun aber seinen Namen tragen sollte, stiftete er 14.000 Taler für die eigentliche Anlage und zusätzlich 500 Taler für jeden, der sich hier niederlassen wollte.[19] Ein großzügiges Angebot, das aber nur wenig genutzt wurde. Das lag unter anderem an den Auflagen von 1795, wonach dort nur Massivbauten und nicht etwa die weit verbreiteten, viel billigeren Fachwerkbauten zulässig waren.

Erst mit dem Eisenbahnbau und der Anlage des Bahnhofs kam die Entwicklung dieses Areals erneut in Schwung, schließlich wollte man den aussteigenden Gästen etwas bieten. Außerdem war 1837 der königliche Hof nach Hannover zurückgekehrt, Gründe genug, die Idee, einen modernen Prachtstadtteil entstehen zu lassen, voranzutreiben.[20]

Das Aussehen der Georgstraße hat sich in einer Generation grundlegend geändert: 1848 standen hier erst 24 Häuser, ab 1880 durfte die Bebauung schon als geschlossen gelten.[21] Und daß diese Bebauung nun den – klassizistischen – Gesetzen der Einheitlichkeit und Geschlossenheit Rechnung trug, dafür sorgte unter anderem der Oberhofbaudirektor Georg Ludwig Friedrich Laves, der den gesamten Innenstadtbereich Hannovers in jener Zeit ganz entscheidend prägte. Selbst die Grünanlagen demonstrierten ein Höchstmaß gärtnerischer Kunst und Akkuratesse.

Eine 1822 durch Laves Einfluß eingesetzte königliche Baukommission überwachte die Einhaltung einer einheitlichen Hausbreite und -höhe sowie die Umsetzung weiterer baulicher Auflagen. Diese Vorgaben ermöglichten es nur noch wenigen, sich hier niederzulassen; das Wohnen wurde sehr teuer.
Exklusive Geschäfts-, Bank- und Bürohäuser verdrängten die Wohnungen nach und nach in die oberen Stockwerke und später aus dem gesamten Bereich Georgstraße.

Licht und Schatten in der Georgstraße

Daß gerade die Häuser in der Georgstraße findige Reklameleute jener Zeit auf die Idee bringen mußten, aufwendige Produktwerbung auf ihre doch so oft betrachteten Fassaden malen zu lassen, nimmt nicht wunder. Bald zeigte sich jedoch, daß man hier einen schweren Stand hatte: Von »Auswüchsen der modernen Geschäftswuth« schrieb man im *Hannoverschen Courier* und wetterte über die »aus Holz gedrechselte Küchenfee, welche mit steifem Arme ein Kaffeepaket in die Luft streckt, (den) rothjackigen Radfahrer auf ultramarin blauem Hintergrunde, der mit blödsinnigem Lächeln ins Nichts starrt, und andere Ausgeburten einer in Form und Farbe gleich aufdringlichen und gleich häßlichen Plakatmalerei.«[22]

Der Magistrat der Königlichen Haupt- und Residenzstadt Hannover reagierte auf die Kritik, ein derartiges Reklamewesen zu dulden, mit der regelmäßigen Anordnung genauerer Überwachung der Plakat-, Reklame- und Zettelverteiler in der Georgstraße[23], – ein Eingeständnis auch an die Kunden der Georgstraßengeschäfte und -büros, die ihren Ärger in mehreren offenen Briefen an die hannoverschen Zeitungen zum Ausdruck brachten. Doch Beruhigungen halfen nicht immer. So entrüstete sich ein Bürger anonym (Ende 1919): »Die zuständigen Behörden haben .. das Recht, Schmierhammel gewisser Art zur Rechenschaft zu ziehen. Der Worte sind endlos genug gefallen, nur Taten können noch Respekt schaffen und ohne solche kann das freieste Volk der Welt nicht weiterleben.«[24]

Die Passage: Anlaß zu Stolz und Selbstzufriedenheit

In einer Zeit, in der jede Stadt, die auf sich hielt, eine Passage baute, wollte Hannover nicht zurückstehen. Das *Hannoversche Tageblatt* jubelte am 11.5.1901: »Die Passage, welche Fußgänger-Verkehr aus der Ost- und Nordstadt mit der Altstadt verbinden soll, bietet einen überaus freundlichen und hellen Anblick, wenn erst die Läden ihren Schmuck entfalten und Licht den Bau belebt, wird der Totaleindruck der Passage der denkbar Beste sein.«[25]

»Passagen...
Die Passage ist ein Objekt der Bauspekulation: Ihr Florieren ist in hohem Maße abhängig von dem städtebaulichen Zusammenhang, in dem sie eingebettet ist. Sie kann nur existieren, wenn sie im Hauptgeschäftsgebiet der Stadt liegt... Die Passage ist immer ein selbständiges Gebäude mit eigenem Grundstück. Das illusionistische Element ist der Passageraum: gedachter Außenraum als Innenraum – ins Innere hereingezogene Fassade mit Außenarchitektur. Von der Straße unterscheidet sich der Passagenraum nur dadurch, daß er mit einem Glasdach überdacht ist, symmetrische Fassaden hat und ausschließlich dem Fußgänger dient...
Die Passage hat ihr eigenes Publikum...
Die Passage ist in ihrer Entstehung der Ort der Luxuswaren und der Mode. Sie gab dem bürgerlichen

Abb. 4 »Ich folgte dem Verkehr, der noch sehr lebendig war, bis in die Hauptstraße, um endlich von einem jener geschlossenen Verkaufsgänge eingesogen zu werden, die man Passagen nennt und in denen man zu jeder Stunde auf Gestalten stoßen wird, deren einzige Aufgabe im Schlendern oder Verweilen besteht.« (Friedrich Georg Jünger, Afrikanische Spiele, Hamburg 1936)

Publikum und seinen wunderlichen Erscheinungen wie dem Flaneur, dem Bohemien und dem Boulevardeur und ihren weiblichen Entsprechungen Raum, sich zu zeigen, sich darzustellen, und die Gelegenheit, die Produkte einer aufblühenden Luxusindustrie zu bewundern, zu kaufen, zur Schau zu stellen und zu verbrauchen. Dieses Publikum, in dessen Dienst sich die Passagen stellen, fühlt sich am wohlsten in dem künstlichen Licht der Theaterfoyers, der Cafehausterrassen, der weiträumigen Restaurants und Bars und unter den Glasdächern der Passagen – in dieser illusionistischen Sphäre einer gebauten, dschungelhaften Stadtwirklichkeit, die die Natur ersetzt.«

aus: Johann Friedrich Geist, Passagen – Ein Bautyp des 19. Jahrhunderts, München 1969, S. 12.

72 m lang und 5 m breit war die Georgspassage! Rechts wie links historisierende Formen, in der Mitte Georg der Drachentöter unter riesigem Zierturm, das Ganze höchst repräsentativ.[26] Für Modernität sorgte dagegen die Attraktion der Passage, das »Automatische Restaurant«. Das lag in der Mitte, in der achteckigen Rotunde, deren sieben angrenzende Seiten je ein renommiertes hannoversches Geschäft beherbergten. Über den einladenden Geschäftsbildern, die die großen Firmen wie Pelikan und Bahlsen allegorisch vorstellten, wölbte sich eine runde Kuppel aus grünlich schimmerndem Glas.

Den in das Restaurant eintretenden Kunden empfing eine künstliche Welt voller kleiner automatischer Wunder, die er – gegen entsprechende Bezahlung natürlich – selbst in Gang setzen konnte. Denn hatte er sich mit einem ihm aus unsichtbaren Kanälen entgegenrutschenden Brötchen und mit einem Glas Bier, das sich per Knopfdruck nach erfolgtem Einwurf von 10 Pfennigen selbst zapfte, gestärkt, konnte er sich in einem zweiten Raum mit zahlreichen rummelplatzartigen Apparaten vergnügen. Elektrische Klaviere gab es da und Guckkastenautomaten, die, wenn man an einer Kurbel drehte, Einblick in holprige Slapstickfilme boten. Schießstände ermunterten ebenfalls zur Selbstbe(s)tätigung. Ein rauschender Wasserfall wie auch ein künstlicher Vogel, der -wieder nach 10-Pfennig-Einwurf- annähernd speziesgerechte Laute von sich gab, täuschten Natur mitten in urbaner Umgebung vor.[27]

Die Georgspassage lag gegenüber dem seit 1903 ansässigen Kaufhaus Karstadt und damit in jenem Teil der Georgstraße, der der eigentlichen Schorsengasse (vom Kröpcke bis zum Aegidientor) reputationsmäßig nicht ganz das Wasser reichen konnte. Hier befanden sich zwar weniger Renommiergeschäfte, trotzdem konnte man gut einkaufen, vor allem Wohnungseinrichtungen, Kleidung, Gebrauchsgegenstände und Spielwaren.[28]

Zwischen »gutem Geschmack« und Belästigungen

In der Georgstraße wurde dem Kunden auf wenigen hundert Metern die inszenierte Idealstadt, der Brennpunkt urbanen Lebens nach gutbürgerlichem Vorbild suggeriert. Alles, was nicht ins Bild paßte, sollte aus der Straße verbannt werden. Vielleicht hat die Abschottung vor »schädigenden« Einflüssen später dazu beigetragen, daß sie nicht mehr nur als prächtig und schön angesehen wurde, sondern auch als Straße ohne persönliche Note galt.

Die Straße gehörte den gehobenen Kreisen, hier wollte man unter sich bleiben. Ein pedantischer aber umso selbstbewußterer Bürger ließ sich nach Streitigkeiten mit einem Obsthändler und unter Hinzuziehung der Polizei beispielsweise ein viertel Pfund Birnen abwiegen. Der Händler mußte die Birnen bis aufs Gramm genau zerschneiden.[29]

Auch findet man immer wieder Bitten und Beschwerden an den Magistrat, – der häufig genug den Wünschen der Antragsteller entsprach –, die öffentlichen Bedürfnisanstalten aus dem Straßenbild zu verbannen.[30]

Bettler paßten ebensowenig ins Bild der Straße. Auf eine besorgte Anfrage des Magistrats teilte der Polizeipräsident am 5.2.1900 mit, daß die Schutzmannschaften seit dem Mai 1894 angewiesen seien, »alle die auf den Straßen zum Zwecke des Almosensammelns stehenden, liegenden oder gehenden Personen, mögen dieselben nun ihre Gebrechen zur Schau stellen, um das Mitleid Vorübergehender zu erwecken, oder mögen sie auf irgend eine Art von Handel als Deckmantel zu benutzen, unnachsichtlich zur Anzeige bringen, sofern sie durch Worte, Gebärden oder andere Handlungen, sei es direkt oder verblümt, das Publikum um Gaben anzusprechen versuchen.«[31]

Darüber hinaus wurden Zigeunerinnen und Zigeuner nicht auf der Georgstraße geduldet. Nachdem es schon 1899 zu Aufforderungen seitens entrüsteter Bürger gekommen war, die »Zigeuner«, die allerorten – und unfreiwillig – für Menschenaufläufe sorgten und die ohnehin für alle auch in weiterer Umgebung stattfindenden Diebstähle verantwortlich seien, gefälligst aus dem Innenstadtbereich zu entfernen[32], meldete sich der Polizeipräsident Hannovers am 19. Juni 1900 mit folgendem Plan zu Wort: Die »Zigeuner« sollten doch für die Dauer ihres Aufenthaltes auf einem Grundstück an der Engelbosteler Chaussee interniert werden, dasselbe sei dann mit einer 2 m hohen Planke einzufrieden (die Genauigkeit des Beamten ließ auch Angaben über Dicke und Festigkeit des Materials nicht aus), ein Schlüssel sei den auf diese Weise endlich Kontrollierten selbst zur Verfügung zu stellen, der andere hingegen der Königlichen Polizei zu übergeben.[33] – Zwar kam dieser Plan nicht zur Ausführung, aber die Ablehnung blieb bestehen.

Weder mit den Gesetzen des Wilhelminismus, noch mit denen des Krieges oder – später – mit denen der Republik scheint die Verbindung Georgstraße-Prostitution vereinbar gewesen zu sein. Jedenfalls finden sich keinerlei Hinweise auf Derartiges. Einmal waren sie allerdings schon ganz nahe: Laut *Hannoverschem Courier* vom 30. Juli 1880 spielte sich diese Begebenheit ausgerechnet vor der altehrwürdigen Gaststätte »Ewige Lampe« an der Packhofstraße nahe der Georgstraße zwischen Dirnen, »welche gerade hier, in der belebtesten Gegend der Stadt, unbehelligt ihr Wesen treiben« und Ordnungskräften ab. Der Weg in die Pferdestraße in der Altstadt war nicht weit. Einem Bericht des *Volkswillen* vom 29. September 1929 zufolge verludere die Altstadt immer mehr und »die Zahl der Dirnen und demgemäß der Zuhälter« sei »auch gegen früher auf das Vielfache gewachsen.« Dagegen blieb die Georgstraße durchaus solide.

Das rege Treiben auf der Georgstraße ging auch während des Ersten Weltkrieges weiter, als sei nichts geschehen.

Zwar räumte der *Hannoversche Kurier* vom 16. Mai 1918 ein: »Es wird mit Recht viel gesprochen über eine vom Krieg verursachte Verwilderung unserer Jugend. Wo so viele Lehrer und Väter im Felde sind, ist das wohl unausbleiblich!«, ereifert sich aber im gleichen Atemzug nicht etwa über die Unsinnigkeit des Krieges, sondern über die Frechheit der Kinder, die es wagten, in der Straßenbahn sitzenzubleiben, wenn Ältere diese betraten.

Auch wurden die sozialen Unterschiede während und nach dem Kriege besonders augenfällig. Die »Städtische Altbekleidungsstelle« mit Sitz in der Georgstraße rief beispielsweise im Mai 1918 im *Hannoverschen Kurier* zur »freiwilligen Abgabe getragener Männerkleidung« für bedürftige Arbeiter bei der Eisenbahn und in der Landwirtschaft auf.[34] – Nur kurze Zeit später finden wir in der gleichen Zeitung eine dreimal so große Anzeige des Kaufhauses Karstadt; angeboten werden teure seidene Mäntel.

Kein Bedarf an Politischem

Mochten andernorts in Hannover Arbeitsniederlegungen und Demonstrationen als Folge der wirtschaftlichen und politischen Wirren während der Revolution und der ersten Nachkriegszeit an der Tagesordnung gewesen sein – in der bürgerlichen Georgstraße hätte man, wenn es nicht zu kurzfristigen Arbeitsniederlegungen der Bühnenarbeiter des altehrwürdigen Opernhauses gekommen wäre,[35] nur wenig von diesen unruhigen Zeiten gemerkt. Und auch dieser Streik war weniger ein Protest gegen bürgerliche Selbstzufriedenheit und kulturellen Genuß trotz Krise und Not, sondern ergab sich mehr aus den Veränderungen im Management des renommierten Hauses, denn das war nach dem Kriegsende in den Besitz der Stadt Hannover übergegan-

gen.[36] Auf jeden Fall mußte das Publikum einer »Siegfried«-Aufführung im Dezember 1919 bereits nach dem zweiten Aufzug nach Hause geschickt werden. Nichts ging mehr – die Bühnenarbeiter streikten.[37]

Politische Veranstaltungen fanden übrigens auf keinem der fünf die Georgstraße berührenden Plätze (Steintor, Kröpcke, Opernplatz, Georgsplatz, Aegidientorplatz) statt. Diese wurden an weniger renommierten Orten der Stadt (Klagesmarkt, Waterloo- und Welfenplatz) abgehalten.

Das Treiben in der Georgstraße lief in den Jahren, die heute verklärend so gern als die Goldenen Zwanziger bezeichnet werden, auch ohne politische Demonstrationen hektisch ab, es war allerdings eine ganz andere Hektik. Neue Möglichkeiten des Vergnügens und der Zerstreuung boten u.a. die »Weltspiele« in der Georgstraße und die Veranstaltungen im Georgspalast.

Die Georgstraße paßte sich – teilweise zumindestens – in den Zwanziger Jahren dem Wunsch nach Zeitvertreib an. Dennoch schien alles etwas geordneter, an traditionellen Werten orientiert, zugegangen zu sein als anderswo.

Noch immer: Gegen störende Elemente

Die Folgen des Ersten Weltkrieges zeigten sich auch im Straßenbild der Stadt. Wieder versuchten einige Gutsituierte, die nicht zum Flair der Georgstraße passenden Menschen von diesem Ort (und möglichst auch aus ihren Gedanken) zu verdrängen.

Abb. 5 Das Opernhaus in der Georgstraße

Fliegender Unterstand für Fahrräder.

Gesetzlich geschützt. **Gesetzlich geschützt.**

Sichere Aufbewahrung der Fahrräder

vor öffentlichen Gebäuden, auf Plätzen, in den Verkehrszentren der Städte, bei Volksbelustigungen etc.

Die Unterstände entsprechen einem dringenden Bedürfnis und bieten dem radelnden Publikum schützende Unterstellmöglichkeiten der Fahrräder gegen Diebstahl, Regen und Sonne.

Den Fürsorgeämtern der Großstädte bieten sie

den Aufbau eines neuen Erwerbszweiges

für Arbeitslose sowie Kriegsbeschädigte, die in festen Betriebsstätten infolge der Art ihrer Beschädigung nicht mehr untergebracht werden können.

Die Unterstände zeichnen sich aus durch:

Geringes Gewicht. **Bequemen Transport.** **Leichte Aufstellung.**
Zerlegbarkeit. **Einfachste Handhabung.** **Von Einarmigen auszuführen.**

Abb. 6 Werbeschrift eines findigen Händlers: Kriegsbeschädigte können hier »nutzbringend« eingesetzt werden

Die Herstellung der Fahrrad=
ständer erfolgt in peinlich ge=
nauer Facharbeit u. in moderner
Serienfabrikation. Zum Bau
werden nur ausgewählte Materi=
alien (dünnwandiges Stahlrohr u.
Leichtmetalle) von bester Qualität
verwendet.
Das geringe Gewicht der Fahrrad=
Unterstände, sowie die dreh= und
klappbaren Konstruktionsteile
**ermöglichen einem Einarmigen ein
leichtes Transportieren,** Auf= und Ab=
bauen des Gestelles.

Die vertikalen
Säulen werden
in ortsfeste und
im Erdreich ein=
gelassene Guß=
füße gesteckt
und geben dem
ganzen Ständer
einen sicheren
Halt. Lassen die
örtlichen Ver=
hältnisse das An=
bringen der Guß=
füße im Erd=
boden nicht zu,
so werden weg=
nehmbare Füße
verwendet.

Die Fahrräder
können mit dem

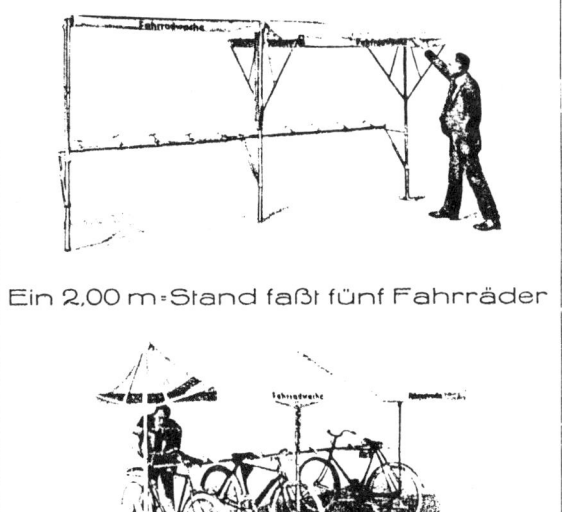

Ein 2,00 m=Stand faßt fünf Fahrräder

Die Abbildungen zeigen 4,00 m=Stände

Vorder= oder
Hinterrade in
den Stand ge=
schoben wer=
den. Die Haltevor=
richtung ermög=
licht durch **einen
Griff die Arretier-
ung** der Fahr=
räder.
Die Unterstände
werden in Län=
gen von 2,00 m
geliefert u. lassen
sich durch Zu=
setzen von Mittel=
säulen mit Mar=
kisendach und
Haltevorrich=
tung beliebig
verlängern.

Länge in Metern	2	4	6	8	10
Gewicht in Kilo	20	40	60	80	100
Für Fahrräder (Stück)	5	10	15	20	25

Die Ständer werden auch als **Obst- und Gemüse-Verkaufsstände** etc. gebaut, und
ich bitte hierüber Sonderofferte zu verlangen.

Carl Kuntze, Eisenbau, Erfurt

Gegründet 1836 **Weitergasse Nr. 22-23** Fernruf Nr. 418

Hatte sich der Magistrat schon um die Jahrhundertwende mit Beschwerden seitens der Bürger über die zunehmende Werbung zu befassen, so mußte zum Beispiel der Polizeipräsident am 1.12.1923 das unentgeltliche Verteilen von Druckschriften und das Ankleben von Plakaten nicht zuvor gestatteten Inhalts verbieten.[38]

»Häuserphotographen und Vergrößerungsreisende« gingen durch die Straße und boten ihre Dienste der flanierenden Prominenz an, in der Hoffnung ein Foto zu verkaufen. Auch sie wurden von der Georgstraße mit der Begründung vertrieben, sie belästigten das Publikum.[39] Da half es wenig, das zum Beispiel ein Berufsfotograph 1927 flehentlich um eine Arbeitskonzession bat: »Da der Kampf um das Dasein sehr schwer ist und ich eine 5-köpfige Familie zu ernähren habe, bitte ich untertänigst um eine Genehmigung, da ich der Stadt durch Unterstützung nicht zur Last fallen möchte.«[40] Höflich, aber bestimmt wurde der Antrag abgelehnt.

Ebenso wie jener eines »35-jährigen unbescholtenen Stadthannoveraners«, der im Frühjahr 1927 an den Magistrat schrieb: »Da ich wegen Skrofule an der rechten Hand, an welcher der Mittelfinger fehlt, meinem Beruf nicht mehr nachgehen kann, und ich mit der am 1.12.1926 begonnenen Bürgersteigreinigung noch nicht existenzfähig bin, bin ich gezwungen noch ein neues Gebiet zu bearbeiten.«[41] Er wollte in der Nähe des Cafe Kröpcke, also an der belebtesten Stelle der Stadt, eine Fahrradreinigung betreiben, benötigte dafür maximal 1 qm Platz – und bekam gut zwei Monate später vom Magistrat zu hören: »...2. würden auch durch die Reinigung der Fahrräder die Straßen beschmutzt werden und somit das Stadtbild verunziert. Ferner dürfte eine Reinigung in der Nähe der Fahrradwache am Cafe Kröpcke... auf keinen Fall in Frage kommen, da dann das Publikum durch die Reinigung wiederum belästigt würde...«[42]

Nach den Gesetzmäßigkeiten dieser »exklusiven« Gesellschaft der Georgstraße und dem sie umgebenden Ernst-August-Viertel waren Menschen, die den Ansprüchen dieser gehobenen Gesellschaftsschicht nicht gerecht wurden, ihrer Hilfe und Fürsorge nicht wert. Und wer nicht mehr Tritt fassen konnte, wer die Spielregeln nicht lernen wollte, wurde ausgegrenzt und aus dem Blickfeld entfernt, wie man es schon immer mit Randgruppen gemacht hat. Nirgendwo anders in der Stadt zeigten sich gesellschaftliche Unterschiede deutlicher als hier.

»Die ruhmreich Heimgekehrten« – Kriegsbeschädigte in der Georgstraße

Kriegsbeschädigte und Kriegskrüppel waren während des Krieges wohlgelitten. Der *Hannoversche Kurier* verkündete im Sommer 1918 pathetisch: »Die erste Juni-Woche gehört den Kriegsbeschädigten... Dank sei ihnen, den ruhmreich Heimgekehrten, die uns ihre Gesundheit opferten! Nicht aus Mitleid geben wir, denn sie wollen und brauchen unser Mitleid nicht, sondern aus dem bewegtesten Dankgefühl für ihre großen Gaben, die wir ihnen nur schlecht ersetzen können. Wir wollen ihnen zu neuer Gesundheit verhelfen, zu neuer Tatenlust, wir wollen sie ihren Familien zurückgeben, wollen ihnen zeigen, wie die Heimat für ihre besten Söhne sorgt...«[43]

Die »Sorge für unsere besten Söhne« war auch spürbar auf der »Feier der Heimkehr unserer siegreichen Truppen« am 20. Dezember 1918 im Georgpalast, anläßlich derer auch die Kriegskrüppel noch einmal Erinnerungen austauschen durften.[44]

Von da an scheint die Sorge nachgelassen zu haben; Arbeit zu finden war für Versehrte besonders schwer – die älteren Hannoveraner erinnern sich vielleicht noch an den schnürsenkelverkaufenden Kriegsbeschädigten in der Packhofstraße.[45]

Und dann kam Mitte der Zwanziger Jahre der Plan des Bezirksfürsorgeamtes auf, die Bewachung der in Mode gekommenen Fahrradstände in der Innenstadt, etwa am Kröpcke und am Georgsplatz, »Leichtkriegsversehrten und abgebauten unteren Beamten zu übertragen«.[46] Auch der Magistrat stellte fest: »Die Unterbringung der Schwerkriegsverletzten in Arbeitsgelegenheit ist bei der gegenwärtigen Wirtschaftslage besonders schwierig. Es besteht wenig Aussicht, daß die Verhältnisse sich in absehbarer Zeit bessern.«[47] Deshalb entschloß man sich, sowohl am Cafe Kröpcke als auch am Georgsplatz – vor dem Toilettenhäuschen –, am Ernst-August-Platz und in der Tivolistraße[48] je einen Kriegsbeschädigten mit Fahrradwache zu postieren. 10 Pfennige kostete die Bewachung für Fahrräder tagsüber, 20 Pfennige für Motorräder.[49] Und die Fahrradwachen wurden ein voller Erfolg: 62.727 Räder sind 1927 allein am Cafe Kröpcke abgegeben worden.[50] Wegen der großen Nachfrage machte man sich daran, noch effektivere Konstruktionen zu entwerfen. Nun mußte der einarmige Kriegsversehrte, den die Vertriebsfirma findigerweise in ihrem Werbeprospekt gleich Modell stehen ließ, einen Unterstand für fünf Fahrräder, 2 m lange und 20 kg schwer, transportieren können. Die Stadtverwaltung war inzwischen der Meinung, daß die Fahrradständer abends von der Georgstraße zu entfernen seien – ihr Äußeres könne den flanierenden Hannoveranern nun wirklich nicht mehr zugemutet werden.

Aber selbst wenn der Kriegskrüppel auch zu solchen allabendlichen Transporten noch bereit gewesen wäre, seine Tage als Aufpasser auf die Fahrräder anderer Leute waren gezählt. Denn es mehrten sich die Beschwerden über die Unattraktivität der Fahrradständer. Da wurde beispielsweise behauptet: »Kastens Hotel, das zu den Häusern ersten Ranges am Platze gehört, nimmt Gäste des In- und Auslandes aus besten Kreisen auf. Es kann diesen Gästen schlechthin nicht zugemutet werden, bei einem Ausblick von den Fenstern, den Betrieb einer Fahrradwache zu sehen, der sich zweifellos besonders in den Abendstunden nicht lautlos abwickeln läßt.«[51]

Vielleicht war es auch der Kriegsbeschädigte selbst, dessen Anblick den Gästen aus besseren Kreisen nicht zugemutet werden konnte – auf jeden Fall erfolgte Anfang der Dreißiger Jahre das endgültige Aus für die von Kriegsversehrten bewachten Fahrradständer: »Eine erste automatische Fahrradwache ist seit einigen Tagen vor der Reichsbank aufgestellt«, hieß es im April 1933.[52]

Ausblick: Die Georgstraße im Nationalsozialismus – Alles bleibt beim Alten?

Wie paßte sich die Georgstraße einer Bewegung an, die um sie herum schon allein durch die rigorose Umbenennung von Straßen und Plätzen neue, tausendjährige Zeiten heraufbeschwor? Die Bahnhofstraße wurde zur Adolf-Hitler-Straße, der Rathausplatz zum Bernhard-Rust-Platz. Die Georgstraße hieß weiterhin Georgstraße und den Schorsenbummel gab es auch nach 1933. Was änderte sich, was blieb beim Alten?

Der bürgerliche Flaneur fand sich nun immer seltener zum geselligen Plausch unter seinesgleichen am Sonntagvormittag ein. Stattdessen erlebte die Georgstraße nationalsozialistische Aufmärsche; fahnenschwenkende Menschen begrüßten durchreitendes oder durchfahrendes Militär.

Eine Politisierung der Prachtstraße und deren Öffentlichkeit fand statt, gleichzeitig wurde das Politische ästhetisiert (Benjamin).

Warum das Amt für Kommunikationsförderung noch 1981 mit dem Schorsenbummel von 1935 wirbt, bleibt ein Rätsel oder zeigt, wie wenig der historische Kontext um den Schorsenbummel beachtet wird.

Literatur:

Anlauf, Karl, Die Revolution in Niedersachsen, Hannover 1919.
Benjamin, Walter, Der Flaneur, in: Gesammelte Werke, Band V.1., Frankfurt 1977.
Dörries, Bernhard/Plath, Helmut, Alt-Hannover – Die Geschichte einer Stadt in zeitgenössischen Bildern 1600-1900. Hannover 1960.
Engels, Friedrich, Die Lage der arbeitenden Klasse in England, Leipzig 1848.
Eyssen, Jürgen, Hannover in historischen Luftbildern, Braunschweig 1980.
Geist, Johann Friedrich, Passagen – Ein Bautyp des 19. Jahrhunderts, München 1969.
Hannoversche Geschichtswerkstatt e.V., Alltag zwischen Hindenburg und Haarmann – Ein anderer Stadtführer durch das Hannover der 20er Jahre, Hamburg 1987.
Hirsch, Karl Jakob, Kaiserwetter, Berlin 1976.
Hoerner, Ludwig, Hannover, Heute und vor hundert Jahren, Hannover 1982.
Klein, Diethart H. (Hg.), Hannover – Ein Lesebuch. Die Stadt Hannover einst und jetzt in Sagen und Geschichten, Erinnerungen und Berichten, Briefen und Gedichten, Husum 1987.
Marwedel, Rainer, Theordor Lessing 1872-1933. Eine Biographie, Darmstadt 1987.
Möller, Hans Herbert, Denkmaltopographie Bundesrepublik Deutschland – Baudenkmale in Niedersachsen, Stadt Hannover, Teil 1, Braunschweig 1983.
Oberschelp, Reinhard, Politische Geschichte Niedersachsens 1714-1803, Hildesheim 1983.
Plath, Helmut (Hg.), Heimatchronik Hannovers, Hannover 1956.
Plath, Helmut, Hannover im Bild der Jahrhunderte, Hannover 1959.
Röhrbein, Waldemar/Zankl, Franz (Hg.), Hannover im 20. Jahrhundert. Aspekte der neueren Stadtgeschichte, Hannover 1978.
Röhrbein, Waldemar, Hannover – so wie es war 2, Düsseldorf 1979.
Saldern, Adelheid v. (Hg.), Stadt und Moderne. Hannover in der Weimarer Republik, Hamburg 1989.
Schulzescher Stadtführer, Hannover 1924.
Toll, Hans-Joachim, Fluch im Paradies, Hannover 1973.
Toll, Hans-Joachim, Hanno dazumal. Ein Album mit Erinnerungen für Eltern und Großeltern u. wahren Märchen für Kinder und Großkinder, Hannover 1971.
Weidlich, Hansjürgen / Stille, Ulrich / Toll, Hans Joachim, Hannover – so wie es war 1, Düsseldorf 1968.
Zimmermann, Helmut, Hannover in der Tasche – Bauten und Denkmäler von A - Z, Hannover 1983.

Anmerkungen:

1 Vgl. Toll 1971, S. 9f.
2 Zit. n. Röhrbein 1979, S. 73.
3 Ebd. S. 73.
4 Benjamin 1977, S. 561.
5 Vgl. Toll 1971, S. 19.
6 Vgl. Weidlich/Stille 1968, S. 8; Röhrbein 1979, S. 39; Toll 1971, S. 19; Hirsch 1976, S. 177.
7 Vgl. Meyer-Förster, zit. n. Klein 1987, S. 39.
8 Hirsch 1976, S. 177; vgl. auch Weidlich/Stille 1968, S. 8; Röhrbein 1979, S. 39; Toll 1971, S. 19.
9 Vgl. Weidlich/Stille 1968, S. 103; Toll 1971, S. 19; Hirsch 1976, S. 177.
10 Vgl. Hirsch 1976, S. 18ff, 85.
11 Niederdeutsche Zeitung v. 9.5.1925.
12 Zit. n. Röhrbein 1979, S. 47.
13 Ebd., S. 73.
14 Ebd., S. 47.
15 Meyer-Förster, zit. n. Klein 1987, S. 16.
16 Vgl. Möller 1983, S. 66.
17 Vgl. Röhrbein 1979, S. 38; Möller 1983, S. 15f.
18 Vgl. Plath 1959, S. 44; Oberschelp 1983, S. 96.
19 Vgl. Weidlich/Stille 1968, S. 101; HK v. 22. September 1929; Toll 1971, S. 22.
20 Vgl. Röhrbein 1979, S. 47; Möller 1983, S. 66ff.
21 Ebd., S. 44; Röhrbein 1979, S. 38.
22 HC v. 14.8.1900.
23 Vgl. z.B. Schr. des Polizeipräsidenten an den Magistrat v. 25.11.1911, 1.12.1924 u. 12.6.1929, in StAH XIV F.b.2.
24 HTbl. v. 20.12.1919.
25 HTbl. v. 11.5.1901.
26 Vgl. Geist 1969, S. 188; Toll 1971, S. 40.
27 Vgl. Marwedel 1987, S. 209f; Weidlich/Stille 1968, S. 6; Röhrbein 1979, S. 44f.
28 Vgl. Hannoversches Adreßbuch 1927/28.
29 Vowi v. 27.8.1924, vgl. auch StAH XIV.F.c.8/1.
30 Vgl. den Aufsatz von Silke Radloff in diesem Band.
31 STAH XXI.C.15.
32 Vgl. StAH XXI.C.18.
33 Ebd.
34 HK v. 6.5.1918.
35 Vgl. HK v. 23.11.1918, 30.5.1922, 30.7.1922; Vowi v. 30.6.1922.
36 Vgl. Röhrbein 1979, S. 95.
37 HA v. 20.12.1919.
38 Vgl. Schr. des Polizeipräsidenten an den Magisrat v. 12.6.1929, in: StAH XIV.F.b.2.
39 Vgl. Schr. des Magistrats v. 15.7.1927, in: StAH II.L.8.
40 Schr. des Fotographen Franz Ahrend an die Städtische Gartendirektion v. 14.7.1927, in: StAH II.L.8.
41 Schr. v. Karl Schreiber an den Magistrat v. 11.4.1927, in: StAH XIV.F.h.7.
42 Schr. des Magistrats an Karl Schreiber v. 24.6.1927, in: StAH XIV.F.h.7.
43 HK v. 4.6.1918.
44 HK v. 20.12.1918.
45 Vgl. Weidlich/Stille 1968, S. 6.
46 Schr. des Karl Meinecke an den Magistrat v. 15.12.1924, in: StAH XIV.F.h.7. Meinecke schlägt die Unterhaltung eines solchen Standes durch Kriegsbeschädigte vor.
47 Schr. des Bezirksfürsorgeamtes Hannover-Stadt an den Magistrat v. 10.4.1926, in: StAH XIV.F.h.7.
48 Vgl. Schr. des Bezirksfürsorgeamtes Hannover-Stadt an den Magistrat v. 1.5.1926, in: StAH XIV.F.h.7.
49 Vgl. Vowi v. 29.8.1926.
50 Vgl. HK v. 17.2.1928.
51 Schr. v . Mary Soralek an den Magistrat v. 28.3.1933, in: StAH XIV.F.h.7.
52 Niederdeutsche Zeitung v. 26.4.1933.

Abkürzungen:

ALKH	Archiv des Landkreises Hannover
Aufl.	Auflage
Bd./Bde.	Band/Bände
bzw.	beziehungsweise
dt.	deutsch
e.V.	eingetragener Verein
entspr.	entspricht
HA	Hannoverscher Anzeiger
HC	Hannoverscher Courier
Hg./hrsg.	Herausgeber / herausgegeben
Hist. Mus.	Historisches Museum/Hannover
HK	Hannoverscher Kurier (ab 16.8.1914)
HAZ	Hannoversche Allgemeine Zeitung
HLZ	Hannoversche Landeszeitung
HR	Hauptregistratur
HTbl.	Hannoversches Tageblatt
JB.	Jahrbuch
Jg.	Jahrgang
M	Mark
Nds.	Niedersachsen, niedersächsisch
NHStA	Nds. Hauptstaatsarchiv
NRÜ	Neustadt am Rübenberge
NSDAP	Nationalsozialistische Deutsche Arbeiter-partei
passim.	folgende
SA	Sturmabteilung
Schr.	Schreiben
Sitz.	Sitzung
sog.	sogenannten
SPD	Sozialdemokratische Partei Deutschlands
Spr.	Springe
Städt. Koll.	Städtisches Kollegium
StAH	Stadtarchiv Hannover
Stat. Jb.	Statistisches Jahrbuch
Stat. Vjber.	Statistische Vierteljahresberichte
u. a.	unter anderem
vgl.	vergleiche
Vjber.	Vierteljahr(e)sberichte
Zs.	Zeitschrift
Ztg.	Zeitung

AutorInnenverzeichnis

Sid Auffarth, Bauhistoriker, geb. 1938, Maurerlehre und Studium der Architektur in Hannover und Zürich, Dipl. Ing., seit 1974 Wissenschaftlicher Mitarbeiter und Akademischer Rat am Institut für Bau- und Kunstgeschichte der Universität Hannover.

Alke Bauer, geb. 1964, Studium der Geschichte und Germanistik an der Universität Hannover, M.A., heute Schauspielerin.

Richard Birkefeld, geb. 1951, Studium der Geschichte und Politik an der Universität Hannover, M.A., Wissenschaftlicher Mitarbeiter am Institut für Kunst- und Baugeschichte und am Historischen Seminar der Universität Hannover (Projekte: »Historische Freizeitforschung« und »Historische Stadtforschung«), Veröffentlichungen: verschiedene stadtgeschichtliche und feuilletonistische Aufsätze.

Marina Diop, geb. 1966, Studium der Geschichte, Soziologie und Germanistik an der Universität Hannover, M.A., anschließend Studium der Pädagogik.

Susanne Döscher-Gebauer, geb. 1951, kaufmännische Ausbildung, Studium der Soziologie und Politik an der Universität Hannover, M.A.; Wissenschaftliche Mitarbeiterin am Historischen Seminar und am Institut für Bau- und Kunstgeschichte der Universität Hannover (Projekte: »Widerstand gegen den Nationalsozialismus«, »Historische Freizeit« incl. Ausstellung).

Stefan Gostomczyk, geb. 1961, Studium der Architektur in Hannover, Dipl. Ing., seit 1991 Mitarbeiter in einem Architekturbüro.

Rainer Hoffschildt, geb. 1948, Dipl.-Ökonom, Verwaltungsrat im Öffentlichen Dienst, Homosexuellen-Forschung.

Ines Katenhusen, geb.1966, Studium der Geschichte und Germanistik an der Universität Hannover.

Hartmut Lohmann, geb. 1957, Studium der Geschichte und Germanistik an der Universität Hannover, M.A., 2. Staatsexamen für Höheres Lehramt, zeitweise Lehrer; dann Forschungsprojekt »Nationalsozialismus im Landkreis Stade«, verschiedene Veröffentlichungen zu Arbeitersport und Nationalsozialismus.

Thomas Masselink, geb. 1961, Studium der Geschichte und Germanistik an der Universität Hannover.

Helma Meier-Kaienburg, Dr. phil., geb. 1948, Studienrätin, Studium der Anglistik und Geschichte in Bonn und Hannover, Veröffentlichung: Frauenarbeit auf dem Land. Zur Situation abhängig beschäftigter Frauen im Raum Hannover in der Zwischenkriegszeit, Diss. phil., Hannover 1990.

Silke Radloff, geb. 1961, Vermessungstechnikerin, Studium der Geschichte und Romanistik an der Universität Hannover und Rouen, M.A., freie Autorin und Verlagsmitarbeiterin.

Christel Eleonore Ring, geb. 1954, Studium der Geographie an der Universität Hannover, Diplom, Schulbuch-Redakteurin.

Adelheid von Saldern, Dr.phil., geb. 1938, Professorin für Neuere Geschichte am Historischen Seminar der Universität Hannover.

Annette Schultz, geb. 1961, Tischlerinnenlehre und Gesellenjahre, z. Zt. arbeitslos.

Jens Vogel, geb. 1958, Studium der Geschichte und Soziologie an der Universität Hannover, dann tätig in der psychiatrischen Krankenpflege.

Elmar Wellenkamp, geb. 1959, Studium der Architektur an der Universität Hannover.

Uta Ziegan, geb. 1960, Studium der Geschichte und Germanistik an der Universität Hannover, M.A., Wissenschaftliche Mitarbeiterin am Institut für Bau- und Kunstgeschichte und am Historischen Seminar der Universität Hannover (Projekt: »Historische Freizeit« incl. Ausstellung), seit 1991 Wissenschaftliche Mitarbeiterin am Historischen Museum Hannover.